Mégan

Journal d'une Princesse 7

La Fête d'une Princesse

7

Meg Cabot

Journal d'une Princesse 7

La Fête d'une Princesse

Traduit de l'anglais (États-Unis)
par Josette Chicheportiche

HACHETTE
Jeunesse

Je remercie Beth Ader, Jennifer Brown, Barbara Cabot, Sarah Davies, Michèle Jaffe, Laura Langlie, Fliss Stevens et surtout Benjamin Egnatz, qui est l'auteur de plusieurs chansons et poèmes figurant dans ce livre, et qui s'est également occupé de moi pendant que j'écrivais.

L'édition originale de cet ouvrage
a paru en langue anglaise
chez HarperCollins Children's Books USA
sous le titre :
The Princess diaries, volume VII : Party princess

Extraits tirés de l'édition originale PERFECT PRINCESS initialement
parue en langue anglaise.

Traduction des extraits : Blandine Mécheri

Illustrations des extraits : Chesley McLaren

L'indépendance et la volonté de n'importe quelle autre enfant auraient été brisées par… par les changements qu'elle a subis. Mais, ma parole, elle semble aussi peu abattue que si… que si elle était une princesse !

Petite Princesse,
Frances Hodgson Burnett.

Du bureau de S.A.R. la princesse Amelia Mignonette Thermopolis Renaldo

« Cher Dr Carl Jung,

Je sais que vous ne lirez jamais cette lettre, puisque vous êtes mort. Mais il y a quelques mois, au cours d'une période très pénible de ma vie, une infirmière m'a vivement conseillé d'exprimer davantage mes sentiments, et j'ai pensé à vous.

Je me doute bien que ce n'est pas en adressant une lettre à un mort que j'exprimerais davantage mes sentiments, mais ma situation est telle que je vois très peu de personnes autour de moi à qui je peux parler de mes problèmes. Pourquoi ? Parce que c'est à cause de ces mêmes personnes que j'ai des problèmes.

En vérité, Dr Jung, je m'efforce depuis quinze ans et trois quarts de m'autoréaliser. Vous vous souvenez du concept de l'autoréalisation de soi, n'est-ce pas ? Après tout, c'est vous qui l'avez inventé.

Bref, chaque fois que je me dis que je vais pouvoir m'auto-réaliser, un événement ou un autre survient pour tout fiche en l'air. Comme cette histoire de princesse. Au moment où je pensais que ma vie ne pouvait pas être plus ratée qu'elle ne l'était, j'apprends que je suis princesse.

Beaucoup de gens pensent que c'est cool d'être princesse. Ben voyons ! J'aimerais bien voir comment ILS réagiraient s'ILS devaient passer toutes LEURS heures de loisir à prendre des leçons auprès de leur Grand-Mère, ou bien à éviter les paparazzi ou à assister à des cérémonies officielles plus barbantes les unes que les autres avec des gens qui n'ont jamais entendu parler de The OC, ou qui ne savent rien des amours compliquées entre Seth et Summer.

Mais ce n'est pas uniquement mon statut de princesse qui m'a empêchée de m'autoréaliser. Le fait d'être la seule personne saine d'esprit à m'occuper de mon petit frère ne m'a pas non plus beaucoup aidée. En parlant de mon frère, j'ai l'impression qu'il a de gros problèmes de développement. À dix mois, il est toujours incapable de marcher debout sans tenir la main de quelqu'un – en général, la mienne – (et bien qu'il semble apparemment très en avance pour son âge en ce qui concerne le langage, il connaît deux mots "ature" pour voiture et "sa" pour chat, il les emploie au hasard pour désigner toutes sortes d'objets, et pas seulement des voitures et des chats).

Mais bon. Pour en revenir à ce qui me concerne, qu'est-ce que je dois penser de mon élection de présidente des délégués de classe… alors que je continue d'être l'une des élèves les moins appréciées de mon lycée ?

Ou qu'après m'être découvert un véritable talent (d'écriture, au cas où vous ne l'auriez pas remarqué en me lisant), je me suis aperçue que je ne pourrais jamais faire carrière dans le domaine de mon choix car je serais trop occupée à régner sur une minuscule principauté en Europe. Ou que je ne serais jamais publiée ou ne trouverais jamais de travail comme auteur de sitcom car, d'après Mrs. Martinez, ma prof d'anglais, j'abuse des adjectifs qualificatifs dans mes dissertations.

Ou encore que j'ai enfin rencontré l'homme de mes rêves pour découvrir que son cours d'histoire de la dystopie dans les films de science-fiction l'accaparait tant que j'ai à peine le temps de le voir.

Comprenez-vous mon dilemme ? Chaque fois que l'autoréalisation me semble à portée de main, le destin s'en saisit cruellement. Ou ma Grand-Mère.

Je ne me plains pas, je me demande seulement… jusqu'à quel point un être humain doit-il souffrir avant de pouvoir se considérer comme autoréalisé ?

Parce que, très franchement, je ne pense pas pouvoir en supporter davantage.

Auriez-vous par hasard des petits tuyaux pour m'aider à me transcender avant mon seizième anniversaire ? Ça me rendrait bien service.

Merci.

Amicalement,
MIA THERMOPOLIS.

P.S. : Que je suis bête, j'ai oublié. Vous êtes mort. Désolée. Laissez tomber les tuyaux. Je me débrouillerai avec les livres de la bibliothèque. »

Mardi 2 mars, en étude dirigée

ASSEMBLÉE BIMENSUELLE
DES DÉLÉGUÉS DE CLASSE DU
LYCÉE ALBERT-EINSTEIN

Présents :
Mia Thermopolis, présidente
Lilly Moscovitz, vice-présidente
Ling Su Wong, trésorière
Mrs. Hill, conseillère
Lars van der Hooten, garde du corps de S.A.R. Mia Thermopolis
Absents :
Tina Hakim Baba, secrétaire (a dû se rendre d'urgence chez son orthodontiste parce que son petit frère a jeté son appareil dans les toilettes)

Ce qui explique pourquoi c'est moi qui rédige le compte rendu de la réunion. Ling Su ne peut pas, à cause de son écriture d'« artiste », qui ressemble énormément à celle des médecins, c'est-à-dire qu'elle est illisible. Quant à Lilly, il paraît qu'elle est atteinte du syndrome du canal carpien depuis qu'elle a tapé à l'ordinateur la nouvelle qu'elle a envoyée pour le concours « Écrivains en herbe », du magazine *Seize ans*.

Ou plutôt les CINQ nouvelles.

Je ne sais pas comment elle a fait pour trouver le temps d'écrire CINQ nouvelles. Moi, j'ai à peine eu le temps d'en écrire UNE.

Cela dit, je suis assez contente de moi. *Assez de maïs !* – c'est le titre – possède TOUS les ingrédients d'une nouvelle : l'amour, le pathos, un suicide et du maïs. Que demander de plus ?

PROPOSITION DE L'ASSEMBLÉE DU 15 FÉVRIER : APPROUVÉE

Rapport de la présidente :

« Ma requête qui voulait que la bibliothèque reste ouverte le week-end a rencontré un refus massif de la part de l'administration sous prétexte qu'il faudrait payer des heures supplémentaires à la bibliothécaire et au concierge, puisqu'il serait obligé de vérifier les cartes d'identité des personnes qui se présenteraient à sa loge afin de s'assurer qu'elles sont bien inscrites à Albert-Einstein et ne sont pas des SDF. »

Réponse de la vice-présidente :

« Le gymnase est ouvert le week-end. Pourquoi le concierge ne pourrait-il pas vérifier l'identité des sportifs ET des élèves qui se soucient de leurs résultats scolaires ? Par ailleurs, ne pensez-vous pas qu'un concierge, même modérément intelligent, ferait la différence entre un SDF et un élève d'Albert-Einstein ? »

Réponse de la présidente à la réponse de la vice-présidente :

« Je sais et j'en ai parlé. Mais la principale Gupta m'a rappelé que le budget pour le sport était décidé en début d'année et qu'il n'y a pas de budget prévu pour ouvrir la bibliothèque le week-end. Elle a aussi précisé que les concierges sont embauchés essentiellement sur la taille qu'ils font et non sur leur intelligence. »

Réponse de la vice-présidente à la réponse de la présidente :

« Eh bien, peut-être faudrait-il rappeler à la principale Gupta que les élèves d'Albert-Einstein qui détestent le sport ont besoin de passer plus de temps à la bibliothèque, et que le budget doit être revu. Et qu'il n'y a pas que la taille qui compte dans la vie. »

Réponse de la présidente à la réponse de la vice-présidente à la précédente intervention de la présidente :

« Je l'ai fait, Lilly, qu'est-ce que tu crois ? Elle m'a dit qu'elle y avait déjà réfléchi. »

(Pourquoi Lilly me contredit-elle systématiquement pendant les assemblées ? À cause d'elle, Mrs. Hill doit penser que je n'ai aucune autorité.

Franchement, j'étais persuadée qu'elle avait oublié cette histoire comme quoi JE devais me retirer de la présidence pour qu'ELLE devienne présidente à ma place. C'était il y a des MOIS, et j'ai cru qu'elle m'avait pardonné après que j'ai obtenu de mon père qu'elle l'interviewe pour son émission sur la politique de l'immigration en Europe.

Bon d'accord, ça ne lui a pas permis de rebondir comme elle l'espérait.

Mais *Lilly ne mâche pas ses mots* est toujours l'émission la plus regardée du câble (je tiens toutefois à préciser qu'elle ne passe qu'à Manhattan, mais quand même) – après *L'Ange de l'Enfer* qui montre comment faire la cuisine au-dessus d'un pot d'échappement –, même si les producteurs qui ont mis une option sur son émission n'ont toujours pas réussi à la vendre à des chaînes nationales.)

Rapport de la vice-présidente :

« Les poubelles servant au recyclage sont arrivées. Ce sont des modèles divisés en trois parties – papier, bouteilles et boîtes –, avec un broyeur mécanique sur le côté. Les élèves s'en servent plutôt bien.

Cependant, nous avons un petit problème avec les autocollants. »

Réponse de la présidente :
« Quels autocollants ? »

Réponse de la vice-présidente à la réponse de la présidente :
« Ceux qui se trouvent sur le couvercle des poubelles de recyclage et sur lesquels on peut lire *Papier, Bouteilles et Bottes.* »

Réponse de la présidente à la vice-présidente :
« C'est *Papier, Bouteilles et Boîtes* et non *Bottes.* »

Vice-présidente :
« Non, c'est bien *Bottes* qui est écrit. »

Présidente :
« OK. C'était à qui de vérifier les autocollants ? »

Vice-présidente :
« Normalement, à la secrétaire. Qui n'est pas là. »

Trésorière :
« Ce n'est pas la faute de Tina. Elle était super stressée à cause des contrôles. »

Présidente :
« Il nous faut de nouveaux autocollants, *Papier, Bouteilles et Bottes* est inacceptable. »

Trésorière :

« On n'a plus d'argent pour commander de nouveaux autocollants. »

Présidente :

« Contacte le vendeur qui nous a fourni les autocollants et dis-lui qu'ils ont fait une erreur qu'ils doivent rectifier immédiatement. Et comme ce sont EUX qui se sont trompés, ils ne doivent pas nous faire payer. »

Vice-présidente :

« Excuse-moi, Mia, mais tu es en train de rédiger le compte rendu de l'assemblée dans ton JOURNAL ? »

Présidente :

« Oui. Et alors ? »

Vice-présidente :

« Tu n'as pas un cahier exprès pour noter les comptes rendus des assemblées des délégués de classe ? »

Présidente :

« Si, mais je l'ai perdu. Ne t'inquiète pas. Je le retaperai sur mon ordinateur ce soir et je te donnerai une copie demain. »

Vice-présidente :

« Tu as PERDU le cahier ? »

Présidente :

« En fait, je crois savoir où il est. Sauf que je ne peux pas le récupérer pour l'instant. »

Vice-présidente :

« Et je peux savoir pourquoi ? »

Présidente :

« Parce que je l'ai oublié dans la chambre de ton frère. »

Vice-présidente :

« Qu'est-ce que tu faisais avec ce cahier dans la chambre de mon frère ? »

Présidente :

« Je rendais juste visite à Michael, OK ? »

Vice-présidente :

« C'est TOUT ce que tu faisais, tu en es sûre ? »

Présidente :

« Oui. Madame la Trésorière, êtes-vous prête à nous faire votre rapport ? »

(Franchement, qu'est-ce qu'elle cherche à insinuer avec ses « C'est TOUT ce que tu faisais ? » Je suis sûre qu'elle pensait au SEXE. En plus, elle l'a dit devant

Mrs. Hill ! Comme si Lilly ne savait pas quelle était notre position, à Michael et moi, sur le sujet !

À moins qu'elle soit nerveuse parce qu'elle a peur que ma nouvelle soit meilleure que les siennes ? Non, ce n'est pas possible. *Assez de maïs !* raconte l'histoire d'un jeune garçon solitaire qui sombre dans la dépression et finit par se jeter sous un train parce qu'il se sent rejeté par ses camarades de l'école privée dans Upper East Side où ses parents l'ont inscrit, et parce qu'il ne supporte pas que le chili de la cafétéria soit servi avec du maïs, alors qu'il a à maintes reprises demandé à ce qu'on n'en mette pas.

Est-ce un meilleur sujet que ceux de Lilly, qui traitent tous de jeunes hommes et femmes en accord avec leur sexualité ? Je ne sais pas.

Je sais en revanche que *Seize ans* refuse de publier des histoires qui comportent des scènes d'amour trop explicites. S'ils font paraître des articles sur la contraception et des témoignages de filles qui ont eu des MST, sont tombées enceintes sans le vouloir ou ont été vendues à des réseaux de traite des blanches, ils ne choisissent jamais des histoires qui s'appuient sur ce genre d'aventures.

Quand j'en ai parlé à Lilly, elle m'a répondu qu'ils feraient probablement une exception si l'histoire est bonne, ce qui est le cas des siennes – d'après Lilly, évidemment.

J'espère seulement qu'elle garde les pieds sur terre. Certes, l'une des premières règles de la fiction, c'est écrire ce qu'on connaît, et je n'ai jamais été un garçon, j'adore le maïs et je ne me suis jamais sentie suffisamment rejetée par mes camarades pour me jeter sous un train.

Mais Lilly n'a jamais couché avec un garçon que je sache, et dans ses CINQ nouvelles, un garçon et une fille couchent ensemble. Il y en a même une où l'héroïne couche avec un PROF. C'est évident qu'elle n'a pas été inspirée par une expérience personnelle. C'est vrai, quoi. À part Mr. Wheeton, le prof de gym, qui est maintenant fiancé à Mlle Klein et qui ne s'intéresserait JAMAIS à une élève d'Albert-Einstein, aucun prof homme du lycée ne pourrait être considéré comme sexy.

Sauf aux yeux de ma mère, bien sûr, puisqu'elle a été incapable de résister au charme de Mr. G.)

Rapport de la trésorière :

« Nous n'avons plus d'argent. »

(Une minute. QU'EST-CE QUE VIENT DE DIRE LING SU ?????)

Mardi 2 mars, au Plaza, pendant ma leçon de princesse

Et voilà. Le comité des délégués de classe d'Albert-Einstein est à sec.

Fauché comme les blés.

Ruiné.

C'est la première fois dans toute l'histoire du lycée Albert-Einstein qu'un comité des délégués de classe a dépensé tout son budget en sept mois seulement.

Et il nous reste trois mois à tenir! Ce qui signifie qu'on n'aura pas assez d'argent pour louer l'Alice Tully Hall du Lincoln Center pour la cérémonie de la remise des diplômes des élèves de dernière année.

Tout laisse à croire que c'est ma faute, puisque j'ai nommé une artiste au poste de trésorière.

«Je te l'avais dit que j'étais incapable de gérer un budget! n'a cessé de me répéter Ling Su. Il ne fallait pas me choisir comme trésorière! Tu aurais dû prendre Boris! Mais tu as voulu qu'on ne soit que des filles. Sauf que tu as oublié que j'étais une artiste aussi. Et les artistes sont nulles pour tout ce qui est bilan et financement. On a des choses plus importantes en tête. Comme faire de l'art pour stimuler l'esprit et les sens!

— Je le savais qu'on aurait dû prendre Shameeka», a marmonné Lilly.

Et plusieurs fois. Même après que je lui ai répété que le père de Shameeka n'autorise sa fille à s'inscrire qu'à une seule activité extra-scolaire par trimestre, et qu'elle avait déjà choisi les pompom girl, même si cette décision la hantera toute sa vie, dans la mesure où Shameeka aspire à être la première Afro-Américaine à être nommée à la Cour Suprême.

La vérité, c'est que ce n'est même pas la faute de Ling Su. Après tout, c'est moi, la présidente. S'il y a bien une chose que j'ai apprise avec cette histoire de princesse, c'est que la souveraineté va de pair avec la responsabilité : on peut déléguer tout ce qu'on veut, en définitive, c'est NOUS qui payons le prix si ça se passe mal.

J'aurais dû faire plus attention. J'aurais dû mieux dominer la situation.

J'aurais dû mettre le holà par exemple à l'achat de ces poubelles – beaucoup trop chères – et me contenter du modèle classique, en plastique bleu. Dire que c'était mon idée de prendre celles qui sont équipées d'un broyeur mécanique.

À QUOI JE PENSAIS ????? Et pourquoi personne n'a essayé de m'en dissuader ?

Oh, mon Dieu. Je sais ce que c'est !

Je suis en train de vivre ma propre baie des Cochons présidentielle.

Je parle très sérieusement. On a appris en histoire tout ce qu'il y avait à savoir sur la baie des Cochons – dans les années 60, des stratèges américains ont présenté au président Kennedy un plan pour envahir Cuba et renverser Castro. Sauf que, une fois sur place, ils se sont rendu compte que les Cubains étaient beaucoup plus nombreux qu'eux et que personne n'avait vérifié si les montagnes où ils étaient censés se réfugier en cas de danger se trouvaient bien de ce côté-là de l'île (ce qui n'était pas le cas).

Selon de nombreux historiens et sociologues, l'échec du débarquement de la baie des Cochons est une conséquence de ce qu'on appelle la « pensée de groupe », c'est-à-dire la tendance d'un groupe à rechercher le consensus aux dépens de l'information, de l'examen critique et du débat – comme quand la NASA a refusé d'écouter les avertissements des ingénieurs concernant la navette spatiale Challenger, parce qu'ils ne voulaient pas changer la date de son lancement.

Bref, c'est exactement ce qui s'est passé avec les poubelles de recyclage.

Mrs. Hill – qui, quand on y réfléchit bien, pourrait être considérée comme le moteur de la pensée de groupe en ce qui nous concerne… Après tout, elle n'a rien fait pour nous empêcher d'acheter ces poubelles. Je pourrais en dire autant de Lars, parce que même s'il ne s'intéresse plus qu'à son nouveau T-Mobile Sidekick, il a quand même refusé de nous aider à trouver une solution, comme nous prêter les 5 000 dollars qui nous manquent.

Ce qui, si vous voulez mon avis, est une manière de se débiner de la part de l'un comme de l'autre. Certes, je suis la présidente et, en dernière analyse, responsable de la situation dans laquelle nous nous trouvons. Mais si on a une conseillère, c'est bien qu'il doit y avoir une raison, non ? Je n'ai que quinze ans et dix mois. Ce n'est pas normal que je porte seule le poids de ce fardeau. Mrs. Hill devrait me soulager. Où était-elle quand on a fait exploser notre budget annuel dans des poubelles ultra luxe équipées d'un broyeur et adaptées au tri des déchets ?

Je vais vous dire où elle était : dans la salle des profs en train de regarder Télé-Achat !

Génial. Grand-Mère vient juste de hurler quelque chose.

« Amelia ! Est-ce que tu m'écoutes ou dois-je comprendre que je parle dans le vide ?

— Bien sûr que je t'écoute, Grand-Mère », ai-je répondu.

Je sais. Il faut que je m'intéresse davantage au cours d'économie politique. Je pourrais peut-être apprendre à gérer un peu mieux un budget.

« Je vois, a repris Grand-Mère. Et qu'est-ce que je disais ?

— Euh… J'ai oublié, ai-je fait.

— John Paul Reynolds-Abernathy IV. As-tu déjà entendu parler de lui ? » a-t-elle demandé.

Oh ! Non. Elle ne va pas remettre ça ! La dernière lubie de Grand-Mère, c'est de s'acheter une propriété en front de mer.

Sauf qu'elle ne se satisferait jamais d'une simple propriété en front de mer. Non, elle, elle veut carrément une île entière.

Oui, vous avez bien lu. Une île.

L'île de Genovia, pour être plus précise.

Genovia n'est pas une île, mais celle que Grand-Mère veut acheter en est une. Île, je veux dire. Elle se trouve au large de Dubaï, où une entreprise de bâtiment a construit un ensemble d'îles artificielles en forme de palmier, qu'on appelle Palm Islands.

Ils sont en ce moment en train d'en construire d'autres, appelées The World. Elles sont agencées de telle manière qu'elles représentent les continents, les pays et les îles de notre planète. Par exemple, il y en a une qui a la forme de la France, une autre de l'Afrique du Sud et une autre de l'Inde. Il y en a même une qui reproduit le New Jersey. Bref, vu du ciel, ça donne ça :

The World au large de Dubaï
par Mia Thermopolis

Bien sûr, ces îles ne sont pas à l'échelle. Sinon l'île de Genovia aurait la taille de ma salle de bains, et l'Inde celle de la Pennsylvanie. Toutes les îles ont en fait plus ou moins la même superficie – elles sont suffisamment grandes pour y construire une énorme propriété avec deux ou trois bungalows pour les invités et une piscine –, de façon à ce que des gens comme Grand-Mère puissent y vivre, comme Tom Hanks dans *Seul au monde*.

Sauf que Tom Hanks n'avait pas demandé à vivre là.

Sans compter que sur son île, il n'y avait pas de villa de 4000 m^2 équipée d'une alarme hyper sophistiquée, de la clim et d'une piscine avec cascade, comme ce que veut Grand-Mère.

Il y a juste un problème avec l'île de Grand-Mère : elle n'est pas la seule à vouloir l'acheter.

« John Paul Reynolds-Abernathy IV, a répété Grand-Mère. Ne me dis pas que tu ne le connais pas. Il est à Albert-Einstein.

— Un garçon de mon lycée veut acheter l'île de Genovia ? »

Ça me paraissait tout de même difficile à croire. OK, je suis de tous les élèves du lycée celle qui a le moins d'argent de poche vu que mon père me donne le minimum de peur que je me transforme en une Lana Weinberger. Lana dépense toutes ses économies à soudoyer les videurs des boîtes de nuit pour qu'ils la laissent entrer (son raisonnement, c'est que si Lindsay Lohan le fait, pourquoi pas elle ?) Sans compter qu'elle possède aussi sa propre carte American Express qu'elle utilise pour tout – s'acheter un cappuccino Chez Ho, le traiteur chinois en face du lycée, ou des strings chez Agent Provocateur – et son père se contente de payer les factures à la fin de chaque mois. Lana a TROP de chance.

Mais quand même. Il y a un élève d'Albert-Einstein qui reçoit suffisamment d'argent de poche pour s'acheter sa PROPRE île????

« Ce n'est pas le garçon qui est dans ton lycée qui veut l'acheter, mais son PÈRE ! » s'est exclamée Grand-Mère.

Ses paupières, qu'elle a tatouées d'un trait d'eye-liner, se sont alors plissées, ce qui est toujours mauvais signe.

« John Paul Reynolds-Abernathy III a fait une offre plus élevée que la mienne, m'a expliqué Grand-Mère. Son FILS est à Albert-Einstein. Il a un an de plus que toi. Tu dois certainement le connaître. Apparemment, il rêve de faire carrière dans le théâtre. Rien à voir avec son père. C'est un de ces producteurs qui mâchouille sans arrêt le cigare et qui a l'haleine fétide.

— Désolée, Grand-Mère, ai-je fait, mais je ne connais aucun John Paul Reynolds-Abernathy IV. Par ailleurs, j'ai des soucis bien plus importants en ce moment que de me demander si tu vas pouvoir acheter ou non ton île. Je suis fauchée. »

Le visage de Grand-Mère s'est illuminé. Grand-Mère adore parler argent, parce que quand on parle argent, on finit par parler shopping, et le shopping, c'est l'une des choses qu'elle préfère, avec boire des Sidecar et fumer. Le *nec plus ultra* étant évidemment de faire les trois à la fois. Malheureusement pour elle, avec ce qu'elle considère comme la plus fasciste des nouvelles législations concernant le tabac à New York, le seul endroit où elle peut fumer, boire et faire des courses en même temps, c'est à la maison, sur le Net.

« Y a-t-il quelque chose qui te ferait plaisir, Amelia ? m'a-t-elle demandé tout à coup. Quelque chose d'un peu plus seyant que ces affreuses bottes militaires que tu persistes à porter bien que je t'aie assuré qu'elles ne mettaient pas du tout tes chevilles en valeur. Que penses-tu de ces adorables mocassins en peau de serpent de chez Ferragamo que je t'ai montrés l'autre jour ?

— Ce n'est pas moi qui suis fauchée, Grand-Mère », ai-je déclaré.

Même si je le suis puisque je n'ai que vingt dollars par semaine d'argent de poche et qu'avec, je dois payer mes sorties et mes autres dépenses personnelles, ce qui fait qu'il suffit que j'aille une fois au cinéma et que je me prenne un paquet de chips ET un Coca pour être à sec. Pourquoi mon père ne m'a-t-il pas offert une carte American Express ?

Cela dit, à en juger par ce qui m'est arrivé avec les poubelles de recyclage, j'imagine qu'il aurait raison de ne pas me confier de carte de crédit.

« C'est le comité des délégués de classe du lycée qui est fauché, ai-je expliqué. On a dépensé tout notre budget en l'espace de sept mois et on ne sait pas comment on va faire pour payer la location de l'Alice Tully Hall pour la remise des diplômes en juin. Ce qui signifie qu'Amber Cheeseman, qui est major de sa promotion cette année, va me tuer quand elle l'apprendra. »

Je prenais un sacré risque en racontant tout à Grand-Mère. Personne ne sait qu'on a fait faillite. Sérieux. On a juré, Lilly, Ling Su, Mrs. Hill, Lars et moi, de taire la vérité sur les coffres vides du comité tant qu'on ne pourrait pas faire autrement. Une mise en accusation en vue de me destituer, ce serait bien ma veine.

Car tout le monde sait que Lana Weinberger sauterait sur l'occasion pour se débarrasser de moi et prendre ma place. Son père à elle n'hésiterait pas à débourser 5 000 dollars pour aider sa petite fille chérie.

MA famille ? Ce n'est même pas la peine d'y penser.

Mais bon, il y avait une petite chance – d'accord, une toute petite chance – pour que Grand-Mère me sauve. Elle l'a déjà fait. Qui sait, Alice Tully et elle étaient peut-être copines à la fac ? Grand-Mère n'avait peut-être qu'un simple coup de fil à passer pour que je puisse louer l'Alice Tully Hall GRATUITEMENT !!!!

Sauf que Grand-Mère ne donnait pas l'impression de s'apprêter à passer un coup de fil. J'ai définitivement perdu tout espoir quand elle s'est mise à faire claquer sa langue.

« J'imagine que tu as tout dépensé en bibus et en brimborions, a-t-elle déclaré sur un ton pas tout à fait désapprobateur.

— Si par bibus et brimborions, ai-je répliqué – je me suis demandé si ces mots existaient vraiment ou si elle s'était soudain découvert un don surnaturel pour s'exprimer dans des langues inconnues, et si c'était le cas, si je devais appeler sa femme de chambre – tu veux parler des vingt-cinq poubelles de recyclage dotées chacune d'un compartiment pour le papier, les bouteilles et les boîtes, avec un broyeur mécanique sur le côté, sans compter les trois cents kits d'électrophorèse pour le labo de biologie, que je ne peux pas renvoyer, tu peux me croire, j'ai déjà demandé, eh bien la réponse est oui. »

Grand-Mère a eu l'air déçu. De toute évidence, elle estimait qu'acheter des poubelles de recyclage, ça équivalait à jeter son argent par les fenêtres.

Et je n'avais pas mentionné l'histoire des autocollants !

« Tu as besoin de combien ? » a-t-elle dit, avec une fausse désinvolture.

Quoi ??? Est-ce que Grand-Mère s'apprêtait à… me prêter de l'argent ?

Non, ce n'était pas possible.

« Pas beaucoup, ai-je tout de même répondu, en me disant que c'était trop beau pour être vrai. Juste 5 000. »

En vérité, il nous manque 5 728 dollars, ce qui correspond à la somme que demande le Lincoln Center pour la location de l'Alice Tully Hall. Mais je n'allais pas pinailler. Je pouvais trouver les 728 dollars ailleurs, si Grand-Mère acceptait de m'avancer les 5 000.

Mais hélas, il ne fallait pas rêver.

« Dis-moi, que font les écoles comme la tienne pour trouver de l'argent rapidement ? a demandé Grand-Mère.

— Je ne sais pas. »

Je me sentais tellement nulle. Et puis, je mentais (tiens donc ?), parce que je sais très bien ce que font les écoles dans notre situation quand elles ont besoin de trouver de l'argent rapidement : on en a parlé pendant l'assemblée du comité des délégués de classe, après que Ling Su nous a révélé l'état de nos finances et que Mrs. Hill a refusé de nous accorder un prêt (cela dit, ça m'étonnerait qu'elle ait 5 000 dollars d'avance. Je ne l'ai jamais vue porter deux fois de suite la même tenue, et quand on connaît les salaires des profs...): elles vendent des bougies. Mrs. Hill avait même un catalogue sur elle.

Je ne plaisante pas. Elle avait un catalogue sur elle et elle nous a suggéré de vendre des bougies.

Lilly l'a regardée et a dit: « Êtes-vous en train de nous conseiller de nous lancer dans une guerre nihiliste entre les riches et les pauvres, comme dans *La Guerre des chocolats*, de Robert Cormier? On l'a lu et on sait parfaitement ce qui arrive quand on ose déranger l'univers. »

Mais Mrs. Hill, qui semblait vexée, a proposé qu'on organise un concours pour savoir qui vendrait le plus de bougies sans rompre avec les normes sociales ou sans verser dans le nihilisme.

Mais quand j'ai jeté un coup d'œil à son catalogue et que j'ai vu les parfums qu'ils proposaient – fraise à la crème, barbe à papa, cookie – et les couleurs, je me suis sentie proche d'un certain nihilisme.

Parce que, honnêtement, je préférerais qu'Amber Cheeseman me fasse ce qu'Obi Wan Kenobi fait à Anakin Skywalker dans *La Revanche des Sith* (c'est-à-dire me couper les jambes avec un sabre laser et me laisser brûler au bord d'un cratère) que frapper chez Ronnie et lui demander si elle veut bien m'acheter une bougie en forme de fraise parfumée aux fraises à la crème pour 9 dollars 95.

Et croyez-moi, Amber Cheeseman et ses camarades de dernière année sont CAPABLES de me faire ce qu'Obi Wan a fait à Anakin. Surtout Amber qui, même si elle est beaucoup plus petite que moi, est ceinture noire 4e Dan de hapkido et pourrait aisément me réduire la figure en bouillie. Enfin, si elle monte sur une chaise ou si quelqu'un la porte pour qu'elle puisse m'atteindre.

C'est à ce moment-là de l'assemblée du comité des délégués de classe que, prise d'une nausée soudaine, j'ai dit : « Motion ajournée », motion heureusement acceptée par tout le monde à l'unanimité.

« Notre conseillère nous suggère de faire du porte-à-porte pour vendre des bougies, ai-je expliqué à Grand-Mère en priant pour qu'elle trouve l'idée si choquante qu'elle me tende un chèque de 5 000 dollars.

— Des bougies ? » a-t-elle répété, l'air bel et bien choqué.

Sauf qu'elle l'était pour une tout autre raison.

« J'aurais pensé qu'il était plus facile de proposer des bonbons aux hordes naïves occupant les bureaux du père ou de la mère d'un élève du lycée Albert-Einstein », a-t-elle déclaré.

Elle avait raison, bien sûr. J'avais du mal à imaginer mon père, qui est à Genovia en ce moment pour une session du Parlement, distribuant autour de lui un imprimé avec nos bougies et expliquant à tous :

« Ma fille organise une collecte pour son école. Celui qui achètera le plus de bougies sera automatiquement fait chevalier. »

« Oui, sans doute, ai-je dit. Merci, Grand-mère. »

Là-dessus, elle est repartie sur John Paul Reynolds-Abernathy III et m'a expliqué qu'elle allait organiser une énorme soirée de bienfaisance mercredi en huit pour réunir les fonds nécessaires au soutien des producteurs d'olives de Genovia (ils font grève pour protester contre les nouvelles lois européennes qui permettent aux supermarchés d'imposer leurs prix) afin d'impressionner les bâtisseurs de The World ainsi que tous les futurs acquéreurs par son incroyable générosité (qui pense-t-elle être ? La Angelina Jolie de Genovia ?).

Grand-Mère prétend qu'après ça, tout le monde la SUPPLIERA de vivre sur l'île de Genovia, et que ce pauvre John Paul Reynolds-Abernathy III se retrouvera le bec dans l'eau.

Tout ça, c'est très bien pour Grand-Mère. Dans peu de temps, elle aura son île. Où je pourrais me cacher pour échapper au courroux d'Amber Cheeseman lorsqu'elle découvrira qu'elle ne fera pas son discours pour la remise des diplômes juchée sur un podium de l'Alice Tully Hall du Lincoln Center mais devant le buffet des salades de Outback Steakhouse sur la 23e rue ouest.

Mardi 2 mars, à la maison

Au moment où je me disais que ma journée ne pouvait pas être pire, ma mère m'a tendu mon courrier.

Normalement, j'aime bien recevoir du courrier. Parce que normalement, c'est toujours des trucs drôles, comme le dernier numéro de *Pychology Today* qui me permet de savoir de quel nouveau trouble psychique je suis atteinte. Du coup, j'ai autre chose à lire quand je prends mon bain que ce qu'on nous fait étudier en anglais (ce mois-ci *O Pioneers!* de Willa Cather. Au secours!)

Mais le courrier que ma mère m'a donné n'était ni drôle ni du genre à être lu dans son bain. Parce que c'était très court.

« Tu as reçu une lettre de *Seize ans*, Mia! s'est exclamée ma mère, tout excitée. Ça doit être la réponse au concours. »

Il ne m'en a pas fallu plus pour deviner qu'il était inutile de s'exciter. De toute évidence, l'enveloppe ne contenait que de mauvaises nouvelles car vu son épaisseur, il n'y avait manifestement qu'une seule feuille à l'intérieur. Si j'avais gagné, il y aurait eu un contrat, sans parler du chèque, non? Quand la nouvelle de T.J. Burke sur la mort de son ami Dex lors d'une avalanche a été publiée dans *Powder*, sous le titre *Sport extrême à Aspen*, ils lui avaient envoyé le magazine avec son nom en couverture. C'est même comme ça qu'il a découvert qu'il était publié.

C'est clair que l'enveloppe que ma mère me tendait ne contenait PAS un exemplaire de *Seize ans* avec mon nom en couverture, parce qu'elle était bien trop fine.

« Merci, ai-je dit en prenant l'enveloppe et en priant pour que ma mère ne voie pas que j'étais au bord des larmes.

— Qu'est-ce qu'ils disent ? » a demandé Mr. Gianini.

Il était assis à la table de la salle à manger et donnait des morceaux de hamburger à son fils, même si Rocky n'a que deux dents, une en haut, une en bas, et que ce sont toutes les deux des molaires.

Ça n'a traversé l'esprit de personne dans cette famille que Rocky n'a pas encore la capacité de mâcher de la nourriture solide ? Il déteste les petits pots – en fait, il ne veut manger que ce que Fat Louie ou nous, on mange, c'est-à-dire des plats généralement avec de la viande (sauf quand il s'agit de ma nourriture), ce qui explique peut-être pourquoi il est vraiment très grand pour son âge. J'ai eu beau les prévenir, maman et Mr. G continuent de donner à Rocky du poulet et des lasagnes au bœuf, pour la simple raison qu'il AIME ça.

Comme si ça ne me contrariait pas déjà assez que Fat Louie ne mange que des boîtes de poulet ou de thon de chez Fancy Feast, il faut que mon petit frère soit carnivore aussi.

À tous les coups, il va finir par être aussi grand que Shaquille O'Neal avec tous ces antibiotiques nocifs que l'industrie de la viande injecte au bétail avant de l'abattre.

En même temps, j'ai peur que Rocky n'ait l'intelligence que d'un Titi, de Titi et Gros Minet, car malgré toutes les cassettes vidéo sur Mozart enfant que je lui ai fait voir, et toutes les heures que j'ai consacrées à lui lire les classiques, comme *Peter Rabbit*, de Beatrix Potter, ou *Le Chat Chapeauté* du Dr Seuss, il ne manifeste aucun intérêt dans aucun domaine et passe ses journées soit à lancer sa tétine de toutes ses forces contre le mur, soit à faire le tour de l'appartement (avec quelqu'un – en général moi – qui le tient par les bretelles de sa salopette – ce qui, soit dit en passant, commence à me provoquer de sacrées douleurs dans le dos) en hurlant « Ature ! » et « Sa ! »

À mon avis, ce sont les signes d'un grave retard mental. Ou bien d'un syndrome d'Asperger.

Ma mère ne cesse de me répéter que Rocky a un développement tout à fait normal pour un enfant de presque un an et qu'il serait temps que je me calme et que j'arrête d'être une vraie mère poule (je n'en reviens pas que ma propre mère ait adopté l'expression de Lilly !).

Malgré cette trahison, je continue d'être hyper vigilante et de surveiller le moindre signe d'hydrocéphalie. On n'est jamais trop prudent.

« Alors, qu'est-ce qu'ils disent, Mia ? a demandé à son tour ma mère. J'ai voulu l'ouvrir et t'appeler quand tu étais avec ta Grand-Mère pour t'annoncer la nouvelle, mais Frank m'en a empêchée. Il dit que je dois respecter ta vie privée et ne pas ouvrir ton courrier. »

J'ai lancé un regard plein de reconnaissance à Mr. G – difficile à faire quand on retient ses larmes en même temps –, et j'ai marmonné un :

« Merci.

— Oh, ça va, je t'en prie, a lancé ma mère, l'air dégoûté. Je t'ai donné la vie, je t'ai nourrie au sein pendant six mois. Je peux bien lire ton courrier. Alors, qu'est-ce qu'ils disent ? »

D'une main tremblante, j'ai déchiré l'enveloppe, sachant très bien ce que je trouverais à l'intérieur.

Comme je m'y attendais, il n'y avait qu'une seule feuille de papier dactylographiée sur laquelle on pouvait lire :

Seize ans.
1440 Broadway
New York, NY 10018

Cher auteur (e),

Merci de nous avoir soumis votre nouvelle. Bien que nous lui trouvions plein de qualités, nous avons décidé de ne pas la publier.

Nous vous prions d'agréer, cher auteur(e) nos salutations distinguées.

Shonda Yost
Responsable du département Fiction

Cher auteur(e) ! Ils ne se sont même pas donné la peine d'écrire mon nom ! Qu'est-ce qui me prouve dans ce cas que quelqu'un a LU ma nouvelle, sans parler de lui accorder un minimum de considération !

Ma mère et Mr. G ont sans doute deviné qu'*Assez de maïs !* n'avait pas été retenu, car Mr. G a dit :

« Oui, c'est dur. Mais tu l'auras la prochaine fois.

— Ature ! » a renchéri Rocky tout en lançant un morceau de hamburger contre le mur.

Quant à ma mère, elle a déclaré : « J'ai toujours trouvé *Seize ans* assez négatif à l'égard des jeunes femmes. On n'y voit que des photos de mannequins tellement minces et jolis qu'elles ne peuvent que légitimer le sentiment d'insécurité des jeunes filles vis-à-vis de leurs corps. Par ailleurs, les articles ne sont pas ce que j'appelle informatifs. C'est vrai, quoi. Qu'est-ce qu'on en a à faire de savoir quelle sorte de jeans nous va ou ne nous va pas, ou s'il faut le prendre taille basse ou taille haute. Ils feraient mieux d'apprendre aux filles des choses utiles, du genre, ce n'est pas parce que vous le faites debout que vous ne risquez pas de tomber enceinte. »

Touchée par l'intérêt que me portaient ma mère et mon beau-père – et mon frère –, j'ai répondu :

« C'est pas grave. Il y aura un autre concours l'année prochaine. »

Sauf que ça m'étonnerait que j'écrive une meilleure histoire que *Assez de maïs !* Je me suis inspirée de la vision touchante de ce garçon au réfectoire qui déteste qu'on mette du maïs dans le chili et qui le retire, grain par grain, avec l'expression la plus triste que j'ai jamais vue sur le visage d'un être humain. Quand serai-je témoin à nouveau d'une scène aussi poignante ? Jamais. Sauf peut-être quand Tina Hakim Baba apprendra que *Le monde de Joan* n'est plus diffusé.

Je ne sais pas quelle nouvelle *Seize ans* a choisi de publier, mais sans me vanter, l'histoire de cette fille ne peut PAS être aussi palpitante que la mienne.

Et elle ne peut PAS aimer autant écrire que moi.

Cela dit, sa nouvelle est peut-être meilleure. Mais est-ce qu'écrire est aussi important pour elle que RESPIRER, comme c'est le cas pour moi ? J'en doute. Je suis sûre qu'elle doit être chez elle, en ce moment, avec sa mère qui lui dit : « Au fait, Lauren, c'est arrivé au courrier aujourd'hui, pour toi.» Et je suis sûre qu'elle doit ouvrir la lettre PERSONNALISÉE que *Seize ans* lui a envoyée et lire son contrat tout en déclarant: «Tiens, une autre de mes nouvelles a été publiée. Comme si ça me faisait encore quelque chose. Tout ce que je veux dans la vie, c'est intégrer l'équipe des pompom girls et sortir avec Brian.»

Eh bien, moi, par exemple, je préfère écrire qu'être une pompom girl. Ou sortir avec Brian.

Bon d'accord, Michael compte autant pour moi qu'écrire. Et Fat Louie aussi.

Bref, à tous les coups, cette stupide Lauren avec son stupide Brian doit être là en train de dire: «Là, là, là! je viens de gagner le concours de *Seize ans*. Je me demande ce qu'il y a à la télé, ce soir», sans même se soucier que son histoire va être lue par un million de personnes, sans parler du fait qu'elle va passer la journée avec un vrai rédacteur en chef et découvrir le monde mouvementé des journalistes spécialistes de la presse jeunesse.

À moins que Lilly ait gagné.

OH, MON DIEU. ET SI C'ÉTAIT LILLY QUI AVAIT GAGNÉ???????????

Oh, non, je vous en prie, faites que Lilly n'ait pas gagné le concours de nouvelles de *Seize ans*. Je sais que c'est mal de prier pour ce genre de choses, mais je vous en supplie, Seigneur, si vous existez, ce dont je doute vu que vous n'avez rien fait quand ils ont décidé d'interrompre la diffusion du *Monde de Joan*, et que *Seize ans* m'a envoyé cette lettre de refus, FAITES QUE LILLY N'AIT PAS REMPORTÉ LE PREMIER PRIX!!!!!

Oh, mon Dieu. Lilly est connectée. Elle est en train de m'envoyer un MSN!

WomnRule: PDG, tu as eu des nouvelles de *Seize ans* aujourd'hui?

Au secours.

FtLouie: Euh. Oui. Et toi?

WomnRule: Oui. J'ai reçu la plus nulle des lettres de refus. Quand je pense que je leur ai envoyé CINQ nouvelles. Je suis sûre qu'ils ne les ont même pas lues.

Merci, mon Dieu. Je crois en vous, oui, je crois en vous, je crois en vous, je crois en vous. Je ne m'endormirai plus jamais pendant la messe dans la chapelle de Genovia, je vous le promets. Même si je ne suis pas du tout d'accord avec vous sur cette histoire de péché originel, car ce n'était PAS la faute d'Ève. C'est ce serpent qui l'a piégée. Par ailleurs, je pense que les femmes devraient être autorisées à devenir prêtres, et que les prêtres devraient avoir le droit de se marier et d'avoir des enfants, parce que, hé ho, ils feraient quand même de bien meilleurs parents que des tas de gens, comme cette femme qui a laissé son bébé dans sa voiture sur le parking d'un commerce de proximité avec le moteur allumé pour aller faire une partie de Vidéo-Poker pendant que quelqu'un lui volait la voiture et jetait le bébé par la fenêtre (heureusement, le bébé n'a rien eu parce qu'il était dans un siège-auto muni d'un harnais à cinq points d'ancrage. C'est pour ça d'ailleurs que j'ai obligé ma mère et Mr. G à acheter le même siège pour Rocky, même s'il hurle dès qu'on l'y installe).

Malgré tout ça, je crois en vous, je crois en vous, je crois en vous.

FtLouie: Pareil. J'ai reçu une lettre de refus, moi aussi.

WomnRule: Ne le prends pas mal, PDG. C'est probablement la première lettre d'une longue série, si tu persistes à vouloir devenir écrivain, je veux dire. N'oublie pas, presque tous les grands livres qui existent aujourd'hui ont été rejetés par un éditeur, au moins une fois. Sauf la Bible. Cela dit, j'aimerais bien savoir qui a gagné.

FtLouie: À tous les coups, ce doit être une écervelée du nom de Lauren qui rêve de faire partie des pompom girls ou de sortir avec un type qui s'appellerait Brian, et qui n'en a rien à faire d'être publiée.

WomnRule: Tu es sûre que ça va, Mia? J'espère que ce refus ne t'affecte pas trop. Après tout, il ne s'agit que de *Seize ans*, pas du *New Yorker*.

FtLouie: Ça va, mais je suis sûre d'avoir raison. Au sujet de Lauren. Tu ne crois pas?

WomnRule: Oui, bien sûr. Mais écoute, tout ça m'a donné une super idée.

OK. Quand Lilly dit qu'elle a une super idée, ce n'est jamais une... super idée. Par exemple, sa dernière grande idée, c'était que je me présente à la présidence des délégués de classe du lycée, et regardez ce que ça a donné. Elle avait fait fort aussi quand on était en primaire et qu'elle m'avait demandé de lancer ma poupée Strawberry Shortcake sur le toit de la maison de campagne de ses parents pour voir si les écureuils seraient attirés par le parfum à la fraise et se jetteraient sur elle.

WomnRule: Tu es toujours là?

FtLouie: Oui, oui. C'est quoi, ton idée? En tout cas, tu n'as pas intérêt à lancer Rocky sur le toit d'une maison, même si ça t'intéresse de savoir quel traitement lui réserveraient les écureuils.

WomnRule: De quoi tu parles? Pourquoi je voudrais lancer Rocky sur un toit? Non, mon idée, c'est de créer NOTRE journal.

FtLouie: Quoi?

WomnRule: Je suis très sérieuse. On va créer notre propre journal, et il n'aura rien à voir avec *Seize ans* et ses articles sur le premier baiser ou ses photos des abdos de Hayden Christensen. Non, le nôtre, ce sera un magazine littéraire, comme *Salon.com*. Sauf qu'il ne sera pas en ligne. Et qu'il s'adressera à des jeunes. Comme ça, on fait d'une pierre deux coups. Un, on est publiées, et deux, en le vendant, on récupérera les 5 000 dollars pour louer l'Alice Tully Hall et on évitera de se faire tuer par Amber Cheeseman.

FtLouie: Mais Lilly, pour créer un journal, on a besoin d'argent. Pour payer l'imprimeur, le papier, tout ça quoi. Et on n'a pas d'argent. C'est ça, le problème. Tu te souviens?

J'ai peut-être eu C – en économie, mais même moi, je sais que pour monter une affaire, il faut avoir un capital au départ.

Et puis, j'aime bien voir les abdos de Hayden Christensen en photo. Rien que pour ça, ça vaut la peine de s'abonner à *Seize ans*.

WomnRule: Sauf si on demande à Mrs. Martinez d'être notre conseillère éditoriale et qu'elle nous laisse utiliser la photocopieuse du bahut.

Mrs. M! Je n'en reviens pas que Lilly ose mentionner Mrs. M! Mrs. Martinez, ma très chère professeur d'anglais, avec qui je ne partage PAS DU TOUT la même opinion en ce qui concerne ma future carrière d'écrivain. Bon d'accord, elle s'est légèrement rétractée depuis qu'elle m'a mis B au début de l'année et que ça a fait toute une histoire.

Mais pas tant que ça.

Je sais, par exemple, que Mrs. M ne verrait pas dans *Assez de maïs!* l'étude d'un personnage psychologiquement irrésistible et d'une société cruelle. Elle dirait que c'est mélo et rempli de clichés.

C'est pourquoi d'ailleurs j'envisageais de la lui faire lire une fois que *Seize ans* m'aurait publiée. Maintenant, on peut être sûr que ça n'arrivera jamais.

FtLouie: Lilly, je ne veux pas te faire perdre tes illusions, mais ça m'étonnerait qu'on parvienne à récupérer 5 000 dollars en vendant un magazine. Nos camarades n'ont même pas le temps de lire les livres au programme, comme *O Pioneers!*, sans parler des ouvrages critiques sur les nouvelles et la poésie. À mon avis, il faut qu'on trouve quelque chose de plus réaliste que vendre des magazines qu'on n'a même pas encore écrits.

WomnRule: Et tu suggères quoi? Vendre des bougies?

AAAAAHHHHHHH! Car en plus des bougies en forme de fraise, il y en a qui imitent les bananes et les ananas. Et les oiseaux, aussi. Des oiseaux à l'emblème des États. Par exemple, pour l'Indiana, c'est un cardinal à poitrine rose. Pire – et j'hésite à écrire ça –, il en existe même une en forme d'arche de Noé.

Même moi, je ne peux pas accepter quelque chose d'aussi affreux.

FtLouie : Bien sûr que non. Mais je pense qu'on devrait réfléchir encore avant de nous lancer dans…

SkinnerBX : Quoi de neuf, Thermopolis ?

C'est MICHAEL !!!! C'est MICHAEL !!!!

FtLouie : Désolée, Lilly, mais il faut que je te laisse.

WomnRule : Pourquoi ? Mon frère cherche à te joindre ?

FtLouie : Oui.

WomnRule : Oh. Je sais ce qu'IL veut te demander.

FtLouie : Lilly, je t'ai DIT qu'on avait décidé d'ATTENDRE avant de coucher ensemble.

WomnRule : Je ne te parlais pas de ça, imbécile. Je… Oh, et puis laisse tomber. Reconnecte-toi dès tu auras fini avec lui. Je suis sérieuse sur cette histoire de magazine, PDG. C'est le seul moyen pour que tu voies ton nom imprimé en dehors de la rubrique People : « Ils sont comme nous ! » de *Us Weekly*.

FtLouie : Attends… Tu sais de quoi Michael veut me parler ? Comment ça ? Qu'est-ce qui se passe ? Dis-moi la vérité, Lilly.

WomnRule : Terminé.

SkinnerBX: Mia ? Tu es là ?

FtLouie: Michael ! Oui, oui, je suis là. Désolée, je viens de passer la pire journée de ma vie. Ma trésorière m'a annoncé qu'on était ruinés et *Seize ans* a refusé *Assez de maïs !*

SkinnerBX: La trésorerie de Genovia est ruinée ? Je n'ai rien vu sur le Net. Comment est-ce arrivé ?

C'est ça qui est formidable avec mon petit ami. Même quand il ne comprend rien à ma vie, il se fait néanmoins du souci pour moi.

FtLouie: Je parlais de la trésorière du comité des délégués de classe. On a un découvert de 5 000 dollars. Et *Seize ans* n'a pas pris ma nouvelle.

SkinnerBX: *Seize ans* a refusé *Assez de maïs !* Comment ont-ils osé ? Ta nouvelle est géniale.

Vous comprenez maintenant pourquoi je l'aime ?

FtLouie: Merci. Mais j'imagine qu'ils ne l'ont pas trouvée suffisamment géniale pour figurer dans leur magazine.

SkinnerBX: Quelle bande d'idiots. Comment avez-vous fait pour avoir un découvert de 5 000 dollars ?

J'ai expliqué brièvement à Michael l'histoire des poubelles de recyclage, puis comment j'allais me faire assassiner par Amber Cheeseman quand elle apprendra que la cérémonie pour la remise de son diplôme aura lieu chez Hell's Kitchen et non au Lincoln Center.

SkinnerBX: Tu dramatises, voyons. Ça ne peut pas être si terrible que ça. Par ailleurs, tu as encore le temps de trouver de l'argent.

Normalement, mon petit ami est le plus malin de tous les garçons. C'est pour ça qu'il a été accepté dans l'une des plus grandes universités du pays où il suit un cursus universitaire qui représenterait un véritable défi intellectuel même pour un génie comme Stephen Hawking, vous savez ce mathématicien dans une chaise roulante qui a découvert ce truc sur les trous noirs – et comment faire en sorte que son infirmière tombe amoureuse de lui.

Mais parfois…

Eh bien, parfois, il n'y est PAS DU TOUT.

FtLouie: Est-ce que tu connais Amber Cheeseman, Michael ? Elle fait peut-être 1,20 m et a la voix d'un tamia, mais elle est capable de mettre K.-O. un type de 80 kilos en un rien de temps, et ses avant-bras sont aussi gros que ceux de Koko le gorille.

SkinnerBX: Je sais ! Mais tu pourrais essayer de vendre des bougies. On a fait ça, une année, pour collecter des fonds pour le Club informatique.

NON !!!!!!!!!!!!! PAS TOI, MICHAEL !!!!!!!!!!!!

SkinnerBX: Il y en a de très jolies, en forme de fraises. Toutes les personnes qui suivent la thérapie de groupe qu'organisent mes parents en ont apporté une. Elles sentent vraiment la fraise.

AAAAAARRRRRRRRRRRRRRGGGGG GGGGGGGHHHHHHHHHHH !

FtLouie : Super ! Merci pour le tuyau !

Il fallait que je change de sujet. MAINTENANT.

FtLouie : Et TOI ? Tu as passé une bonne journée ?
SkinnerBX: Oui, pas mal. On a regardé *THX 1138* en cours et on a discuté de son influence sur les films dystopiques de la même époque, comme *L'Âge de cristal* où, comme dans *THX*, un jeune homme tente de fuir les confins étouffants du seul monde qu'il connaît. À propos, qu'est-ce que tu fais ce week-end ?

Génial ! Un rendez-vous ! Ça me remontera le moral.

FtLouie : Je sors avec toi.

SkinnerBX : J'espérais que tu me répondrais ça. Mais que dirais-tu de rester à la maison au lieu de sortir ? Mes parents ne seront pas là (ils sont invités à assister à une conférence) et, comme Maya est occupée, ils m'ont demandé de rentrer à la maison ce week-end pour surveiller Lilly. Tu te souviens de ce qui s'est passé la dernière fois qu'ils l'ont laissée seule ?

Comme si je pouvais avoir oublié ! Les parents de Lilly étaient partis à la campagne pour le week-end, mais comme Lilly avait des recherches à faire sur Internet pour un dossier sur Alexander Hamilton, et que leur maison à Albany ne possède pas de connexion, que Michael avait ses examens et que Maya, la bonne dominicaine des Moscovitz, devait se rendre en République dominicaine pour sortir une fois de plus son neveu de prison, bref que personne ne pouvait rester avec Lilly, ils l'avaient laissée seule et elle en avait profité pour inviter Norman, le fétichiste des pieds qui la suit partout, pour l'interviewer sur le sujet : « Pourquoi je n'attire que des barges », dans le cadre de son émission *Lilly ne mâche pas ses mots.*

Sauf que Norman n'a pas apprécié qu'elle le traite de « barge », même si c'est le cas, et a insisté pour lui faire dire qu'une fascination légitime pour les pieds était quelque chose de tout à fait sain. Puis, pendant que Lilly était allée chercher des Coca dans la cuisine, il s'était glissé dans la chambre de la mère de Lilly et lui avait volé ses Manolo Blahniks, ses chaussures préférées !

Voyant le bout d'un talon dépasser de la poche de son anorak, Lilly lui avait demandé de les lui rendre. Ça a mis Norman tellement hors de lui qu'il a créé son propre site Internet, *Je hais Lilly Moscovitz* sur lequel il invitait toutes les personnes qui détestent Lilly ou son émission à intervenir (curieusement, ils sont très nombreux, sans compter tous ceux qui ne connaissent pas Lilly mais qui écrivent quand même des messages juste parce qu'ils détestent tout).

En fait, après ce qui est arrivé, je trouve ça bizarre que les Moscovitz laissent leur fille sans surveillance parentale, même si Michael est là.

FtLouie : Super ! Qu'est-ce que tu veux faire ? Une soirée DVD ?

Mais tout sauf ces horreurs que Michael doit visionner pour son cours sur les films de science-fiction. Il m'a déjà obligée à regarder *Brazil.* Jamais un film ne m'a autant déprimée, avec *Blade Runner* aussi peut-être.

FtLouie: Et si on louait la dernière saison de *Buffy*? J'adore l'épisode qui se passe pendant le bal du lycée, tu sais quand…

SkinnerBX: À vrai dire, je pensais faire une fête.

Une quoi? Michael avait-il bien dit… une FÊTE?

FtLouie: Une fête?

SkinnerBX: Oui, tu sais, quand des gens se réunissent pour s'amuser et se socialiser. On n'a pas trop l'occasion de faire des fêtes, sur le campus. Aucune chambre n'est suffisamment grande pour accueillir plus de huit personnes environ. Mais trois fois huit personnes, c'est idéal chez mes parents. Du coup, je me dis dit, pourquoi pas?

Pourquoi pas? POURQUOI PAS? Parce que ce n'est pas notre truc, de faire des fêtes, Michael. Notre truc, c'est rester à la maison et regarder des DVD. Ne se souvient-il pas de ce qui s'est passé la dernière fois qu'on a fait une fête? Enfin, que j'ai fait une fête?

Et il n'avait pas besoin de m'en dire plus pour comprendre qu'à sa fête, on ne mangerait pas des chips en jouant à Action-Vérité. Non, Michael parlait d'une fête d'ÉTUDIANTS. Et tout le monde sait ce qui arrive pendant les fêtes d'ÉTUDIANTS. J'ai vu *American College* (parce que, avec *Le Golf en folie*, c'est l'un des films préférés de Mr. G. Chaque fois qu'il passe à la télé, il le regarde, même si c'est sur une chaîne qui coupe tous les passages cochons et qu'au bout du compte, il n'y a plus d'intrigue).

FtLouie: C'est hors de question que je me déguise.

SkinnerBX: Je ne pensais pas à ce genre de fête, Mia, mais à une fête normale, avec de la musique et un buffet. C'est les vacances la semaine prochaine, et on a tous besoin de souffler. Par ailleurs, Doo Pak n'a jamais été invité à une vraie fête américaine.

Je dois dire que, quand Michael a mentionné ce détail à propos de son camarade de chambre, mon cœur hostile aux fêtes a légèrement fondu. Doo Pak n'avait jamais été invité à une vraie fête américaine ! Mais c'était tout simplement choquant. BIEN SÛR qu'on allait organiser une fête, ne serait-ce que pour montrer à Doo Pak ce qu'est la vraie hospitalité américaine. Je pourrais peut-être même préparer un dip végétarien ?

SkinnerBX: Et tu te souviens de Paul ? Il rentre chez lui pour les vacances, tout comme Felix et Trevor. Du coup, je les ai invités.

Mon cœur s'est aussitôt durci à nouveau. Attention, j'aime bien Paul, Felix et Trevor, les membres de l'ancien groupe de Michael. Il se trouve juste que, si Paul, le pianiste, est de retour de

Bennington, où il va à l'université parce que ce sont les vacances de printemps, que Félix, le batteur, vient de sortir de son centre de désintox (il n'y a rien de mal à ça, et je suis contente qu'il se soit fait aider, mais… hé ho, une cure de désintox à dix-huit ans, ça fait peur, non ?) et que Trevor, le guitariste, est rentré chez ses parents après avoir été renvoyé de UCLA pour une raison qu'il n'ose même pas avouer, ce n'est pas le genre de personnes que j'inviterais chez moi un soir où mes parents ne sont pas là. Car ils pourraient « accidentellement » mettre le feu à l'appartement. C'est tout ce que je dis.

SkinnerBX: Je pensais aussi inviter quelques étudiants de ma résidence universitaire.

Quelques étudiants de sa résidence universitaire ?

Mon cœur s'est durci encore plus. Je savais ce que ça voulait dire : ça voulait dire des filles.

Car il y a des filles dans la résidence universitaire de Michael. Je les ai vues dans le hall quand je suis allée lui rendre visite. Elles sont toutes habillées en noir, y compris le béret – LE BÉRET ! –, citent des passages du *Monologue du vagin* et ne lisent jamais *Us Weekly*, même dans la salle d'attente chez le médecin. Je le sais parce qu'une fois j'ai dit que j'avais vu dans un vieux numéro Jessica Simpson sans maquillage et elles m'ont regardée d'un air interdit. En fait, elles sont comme ces filles dans *La Revanche d'une blonde* : elles sont hyper désagréables avec Elle à son arrivée à la fac de droit car, sous prétexte qu'elle est blonde et aime la mode, elles pensent qu'elle est idiote.

J'ai moi-même déjà souffert de ce genre de préjugé. Étant blonde et princesse, les étudiantes de la résidence universitaire de Michael en ont automatiquement déduit que j'étais stupide. Comme je comprends le supplice qu'a dû vivre chaque jour cette pauvre Princesse Diana !

Franchement, je ne crois pas être capable de me retrouver avec ce genre de filles dans une fête. Parce que ces filles-là savent comment se comporter à une fête. Elles savent fumer et boire de la bière.

Moi, je suis contre le tabac. Quant à la bière, ça sent aussi mauvais que le putois que Pépé avait heurté avec son camion un jour qu'on rentrait à la maison après être allés à la grande foire de l'Indiana.

Mais à quoi pense Michael ? Une fête ? Ça ne lui ressemble tellement pas.

En même temps, la fac représente une période durant laquelle on se cherche et où on découvre qui on est vraiment et ce qu'on veut dans la vie.

Et si Michael découvrait qu'il aime faire la fête ??? Faire la fête est quasi obligatoire dans l'expérience estudiantine. Du moins, d'après les films qui passent sur Lifetime Channel dans lesquels Kellie Martin ou

Tiffani-Amber Thiessen sont des étudiantes qui militent pour la fermeture du foyer où leur amie s'est fait violer et/ou s'est étouffée dans son vomi.

Bien sûr, Michael ne parlait pas de ce genre de fête, n'est-ce pas ?

De toute façon, jamais les Moscovitz ne laisseraient leur fils organiser une fête comme ça.

À propos des Moscovitz :

FtLouie : Mais dis-moi, tes parents sont au courant ?

SkinnerBX : Évidemment. Pour qui me prends-tu ? Tu crois que je ferais une fête sans leur autorisation ? Le concierge s'empresserait de tout leur raconter.

Mais oui ! Le concierge. Le concierge de l'immeuble des Moscovitz voit tout et sait tout. Comme Yoda.

Et c'est une vraie pipelette comme C3PO.

En même temps, j'ai du mal à croire que les Moscovitz aient accepté que Michael organise une fête d'étudiants chez eux, en leur absence… et avec Lilly, en plus.

C'est vrai, ça m'étonne d'eux.

Après tout, faire une fête sans les parents, ce n'est pas rien. C'est… c'est comme devenir adultes.

SkinnerBX : Alors, tu viens ? Mes copains sont persuadés que tu refuseras à cause de cette histoire de princesse.

!

FtLouie : Cette histoire de princesse ?

SkinnerBX : Eh bien, oui, parce que tu n'es pas une fêtarde.

Je ne suis pas une fêtarde ? Qu'est-ce qu'il veut dire par là ? Bien sûr que je ne suis pas une fêtarde. Mais Michael non plus n'est pas exactement branché fête…

Du moins, il ne l'était pas jusqu'à présent. Jusqu'à son entrée à l'université.

J'ai peut-être intérêt à lui dire que je n'éprouve pas non plus une profonde aversion pour les fêtes. Il n'y a que les viols et le vomi que je ne supporte pas.

FtLouie : Attends, j'adore faire la fête ! Comme tout le monde.

Ce qui n'est même pas un mensonge. Et puis, ça m'est déjà arrivé d'organiser des fêtes. Bon d'accord, pas récemment. Mais l'an dernier, pour mon anniversaire.

OK, ça s'est terminé en drame quand ma meilleure amie s'est fait surprendre dans les bras d'un aide-serveur dans le placard de l'entrée.

Mais techniquement parlant, c'était une fête. Ce qui fait de moi une fêtarde.

D'accord, je ne suis peut-être pas une fêtarde comme Paris Hilton. Mais j'aime bien le Red Bull. En fait, pas vraiment. J'en ai bu un soir (il y en avait dans le mini-bar de la suite de mon père au Plaza), et je suis restée éveillée jusqu'à quatre heures du matin à danser toute seule devant la chaîne disco du câble.

De toute façon, qui aimerait ressembler à Paris Hilton, hein ? Elle ne sait même pas où elle a laissé son chien la plupart du temps. L'idée, c'est de trouver un ÉQUILIBRE. On ne peut pas faire la fête TOUT LE TEMPS. Sinon, on risque de perdre son chihuahua. Ou quelqu'un peut publier des photos compromettantes où on vous voit en train de faire n'importe quoi.

Limitez les fêtes – et le Red Bull –, vous limiterez les photos compromettantes.

SkinnerBX: C'est exactement ce que je leur ai répondu. Super ! On se reparle plus tard. Je t'aime ! Bonne nuit !

SkinnerBX: Terminé.

Dans quel pétrin me suis-je mise ?

Du bureau de S.A.R.. la princesse Amelia Mignonette Thermopolis Renaldo

« Cher Dr Carl Jung,

Je sais que vous êtes toujours mort. Cependant, ma situation a tellement empiré que je suis convaincue à présent de ne JAMAIS transcender mon ego ni m'autoréaliser.

Primo, j'ai appris que le comité des délégués de classe n'avait plus d'argent, ce qui signifie que je vais me faire massacrer par la petite mais néanmoins extrêmement musclée major de cette année.

Secundo, ma nouvelle *Assez de maïs !* n'a pas été prise par le magazine *Seize ans*.

Et tertio, mon petit ami est persuadé que je vais venir à la fête qu'il organise chez ses parents pendant leur absence.

Je ne peux pas vraiment lui en vouloir, puisque je lui ai dit que je viendrais.

Mais j'ai dit ça parce que si j'avais refusé, il aurait pensé que je suis rabat-joie et que je n'aime pas faire la fête.

Bien sûr, je n'aurais même pas envisagé d'y aller si je ne m'étais pas rappelé que mars n'est pas un mois durant lequel Michael a le droit de me demander quand on fera l'amour (on a décidé d'un commun accord d'aborder ce sujet tous les deux mois). Aussi, je sais qu'il ne pense pas à ÇA. Le faire pendant la fête, je veux dire.

Mais il n'en reste pas moins que je vais devoir parler avec des gens que je ne connais pas.

D'accord, je le fais tout le temps en tant que princesse de Genovia, mais s'entretenir avec des étudiants, ce n'est pas la même chose que s'entretenir avec des têtes couronnées ou des dignitaires. Ces derniers ne vous accusent pas de contribuer à la destruction de la couche d'ozone avec votre limousine qui, comme toutes les autres grosses voitures (SUV et autres 4×4) sont responsables à plus de 43 % du réchauffement de la planète et à plus de 47 % de la pollution de l'air comparé à une voiture normale, comme me l'a fait remarquer une fille de la résidence universitaire de Michael la dernière fois que je suis allée lui rendre visite.

Ma vie peut-elle être pire que ça ?

J'ai VRAIMENT besoin de m'autoréaliser. Je veux dire, MAINTENANT. S'IL VOUS PLAÎT, AIDEZ-MOI.

Amicalement,

MIA THERMOPOLIS »

Mercredi 3 mars, en perm

Ce matin, alors qu'on était en chemin pour le lycée, j'ai demandé à Lilly à quoi ses parents pensaient quand ils ont accepté de laisser Michael organiser une fête en leur absence.

« Qu'est-ce que j'en sais ? Je ne suis pas dans la tête de Ruth et de Morty », m'a-t-elle répondu.

Ruth et Morty sont les prénoms des parents de Lilly. Personnellement, je trouve que c'est leur manquer de respect que de les appeler par leurs prénoms. Moi-même, je n'ose pas le faire et pourtant, ils me l'ont proposé des centaines de fois.

Mais même si je les connais depuis très longtemps – depuis aussi longtemps que je connais Lilly –, je n'arrive pas à les appeler autrement que « Docteur » Moscovitz. Parfois, je dis « Mr. Docteur Moscovitz » et « Mrs. Docteur Moscovitz » (mais seulement dans leur dos) quand j'ai besoin de préciser de qui je parle.

Mais jamais je ne les appellerais Ruth et Morty. Pas même quand Michael et moi, on sera mariés, et qu'ils seront mes beaux-parents. Pour moi, ils seront toujours « Docteur et Docteur Moscovitz ».

« Ils savent pourtant que TU seras là. À la fête, je veux dire.

– Évidemment, a fait Lilly en haussant les épaules. Qu'est-ce que tu as, ce matin ?

– Rien. C'est juste que… ça me surprend que tes parents laissent Michael organiser une fête alors qu'ils ne seront pas là. Ça ne leur ressemble pas, c'est tout.

– Tu sais quoi ? Je crois que Ruth et Morty ont d'autres chats à fouetter.

– À quoi tu fais allusion ? »

Lilly ne m'a pas répondu. Parce que pile au même moment, la limousine a roulé sur un énorme nid-de-poule devant l'entrée du tunnel de FDR Drive. On a été projetées en l'air toutes les deux et on s'est cogné la tête au toit ouvrant.

Du coup, à notre arrivée au lycée, Lilly m'a obligée à l'accompagner à l'infirmerie pour voir si on ne pouvait pas se faire dispenser de gym à cause de nos éventuelles contusions.

Mais l'infirmière a éclaté de rire.

Je suis sûre qu'elle nous aurait dispensées si elle avait su qu'on avait commencé le volley. Pourquoi ne peut-on pas faire un sport comme le Pilates ou le yoga, comme dans les lycées de banlieue ?

Ce n'est pas juste.

SAR

Les Princesses parfaites

Note de Son Altesse Royale, la Princesse Mia

Grand-mère dit que la seule manière que nous ayons de juger de nos erreurs est de les examiner minutieusement, afin de ne plus jamais les répéter. Je suppose que c'est pour cette raison que je suis cloîtrée dans sa chambre d'hôtel avec elle, chaque jour de la semaine, de 17 à 18 heures.

Rien de surprenant à ce que Grand-Mère pense qu'elle est la personne la plus adéquate pour donner des leçons de princesse. Elle m'a dit une fois que, lorsqu'elle avait mon âge, les jeunes filles n'admiraient pas des héroïnes armées et violentes comme Xena ou « l'autre, celle qui vit avec des robots et qui a des chignons de chaque côté de la tête », mais de vraies princesses comme Princesse Margaret ou Isabelle d'Espagne.

Grand-Mère dit qu'il existe un nombre infini de princesses inoubliables qu'elle aimerait me voir imiter. Mais elle ajoute toujours : « Bien que ce genre de choses ne se dise pas, sans vouloir me jeter de fleurs – ce qui serait indigne d'une grande princesse comme moi –, je suis sûrement le meilleur modèle que tu puisses avoir » !

Bon, d'accord ! Je suppose que c'est un très bon exemple que de fumer un paquet de cigarettes par jour et de siroter un million de Sidecar avant le petit déjeuner.

D'un autre côté, il est vrai que l'on n'apprend jamais de scoops sur elle dans le *National Enquirer* : c'est la reine de la discrétion. Du moins, à l'extérieur du palais. Parce qu'à l'intérieur, c'est une autre histoire...

Elizabeth, la dernière reine mère

Par Grand-Mère, Princesse douairière de Genovia, grand-mère de Mia Thermopolis

[avec les commentaires de ladite Princesse Mia]

La dernière reine mère de Grande-Bretagne – plus couramment appelée « la Reine Mère » – est un exemple parfait de princesse qui s'est conduite avec grâce et dignité tout au long de sa vie. Elle est la mère de la dynastie la plus longue de l'histoire de la Grande-Bretagne ! En effet, la Reine Beth a contribué de façon remarquable à l'Histoire en insistant pour que sa famille reste sur place pendant la Seconde Guerre mondiale. Plutôt que d'envoyer ses deux jeunes filles, les Princesses Elizabeth et Margaret, en sécurité à la campagne – ce que bon nombre de parents londoniens faisaient alors –, la Reine les a gardées auprès d'elle dans son palais... palais qui fut régulièrement mitraillé par les avions de la Luftwaffe et même, à plusieurs reprises, bombardé par les escadrons nazis.

Sa Majesté a refusé de se laisser intimider par cette attaque insensée et a continué de rendre régulièrement visite à ses sujets infortunés, ces roturiers dont les maisons avaient été réduites en cendres et dont il ne restait parfois plus qu'un lit dressé au milieu d'un grand cratère. Elle leur donnait des conseils sur la façon dont ils devaient s'y prendre pour réparer les dommages causés, tout en veillant à ne jamais mettre de boue sur ses gants blancs. Indomptable et toujours souriante tout au long du règne de son mari, la Reine Mère est le parfait exemple d'une régente qui, même en période de crise, a su montrer de la grâce... et porter des chapeaux remarquables.

[Hum... OK, je reconnais que le fait qu'elle n'ait pas eu peur des nazis est impressionnant.]

Le conseil de Grand-Mère pour faire une bonne princesse :

Comme la Reine Mère, illuminez la journée de personnes moins chanceuses que vous en leur rendant visite. Portez une belle paire de gants blancs et un élégant chapeau avec une petite pochette assortie. Les infortunés visités seront flattés de l'effort que vous aurez fait pour être présentable.

Elizabeth et Margaret, les Princesses d'Angleterre

Comme leur mère, les Princesses de Windsor ont montré leur force de caractère pendant les dix premières années de leur existence, tandis qu'elles vivaient avec la crainte constante de se faire tuer pendant leur sommeil par une grande courgette nazie. Ces courageuses princesses ont généreusement aidé leur mère à panser les blessures de la Royal Air Force. Elles étaient vêtues de petits uniformes kaki, exactement comme toutes les autres jeunes filles anglaises qui se portaient volontaires pour essayer de mettre fin à la domination de l'Axe en courant chercher dans les cantines et les casinos les soldats anglais fatigués.

Durant cette période, elles ont dû endurer la peur d'être à tout moment mitraillées, mais aussi le rationnement, puisque les stocks de choses comme le sucre et – Dieu nous en préserve ! – la soie, étaient rares et destinés à l'effort de guerre.

Mais ce qui est peut-être encore plus terrifiant, c'est qu'au plus fort de cette période de guerre, les princesses étaient obligées de se laver dans seulement douze centimètres d'eau tiède, et rien qu'une seule fois par jour ! J'ai su par quelqu'un que leur mère avait fait graver un repère dans la baignoire pour indiquer le niveau d'eau à ne pas dépasser. On ne peut douter de la véracité de ces privations puisque les deux princesses sont devenues des femmes responsables et respectables, parfaitement capables d'assumer, malgré leur jeune âge, les plus hautes responsabilités de l'aristocratie.

[Ça, ce n'est rien du tout. Pendant la période de pénurie d'eau, ici, à New York, en été, les services municipaux ont pris des mesures pour limiter l'usage quotidien de la chasse d'eau... Devoir supporter quelque chose de si difficile est, selon moi, très formateur. Ça endurcit. En fait, ça m'a carrément traumatisée à vie !]

Le conseil de Mia
pour faire une bonne princesse :

Comme les Princesses Elizabeth et Margaret, entretiens ton « Jardin de la victoire » ! En plus, ça ne coûte pas cher. Plante des pieds de basilic et de persil dans des petits pots de terre et mets-les sur le rebord de ta fenêtre. Coupe les feuilles quand elles ont bien poussé et mets-les dans la salade, les pâtes, et même sur les pizzas ! Ainsi, si un jour TA ville était assiégée et si l'envahisseur pillait ou rationnait l'épicerie de ton quartier, tu pourrais toujours préparer de bons petits plats à tes amis !

Princesse Alice, la femme du Prince Andrew de Grèce

Peut-être plus connue comme la mère du Prince Philippe, le royal consort de la Reine Elizabeth II d'Angleterre, Alice était une de mes amies intimes. Elle s'occupait des malades dans les hôpitaux grecs et leur préparait des soupes. Elle a aussi hébergé une famille juive pendant l'Holocauste (ce pourquoi elle a reçu de façon posthume le prix Nobel de la Paix, tout comme Oskar Schindler). Femme gracieuse et excellente hôtesse, Alice était tout ce que le titre d'« altesse royale » laisse sous-entendre.

[Et alors ! Mon papa m'a donné un vrai scoop sur la Princesse Alice. Quand le Tsar Nicolas II de Russie devint un peu trop bizarre, envoyant de grandes poignées de riz sur Alice lors de son mariage avec le Prince Andrew en 1903, elle le fit

cesser en lui renversant sur la tête une chaussure pleine de ce même féculent, et ce à plusieurs reprises ! Quelle femme, cette Alice !]

Le conseil de Mia pour faire une bonne princesse :

Comme Alice, accroche une cible de fléchettes derrière la porte de ta chambre. Entre tes devoirs et tes bonnes actions, entretiens ta coordination. On ne sait jamais : être bon tireur, ça pourrait un jour s'avérer utile !

Wu Zetian

Il y a près d'un siècle, pendant la dynastie Tang, bien que presque personne ne semble le savoir, une femme a régné sur l'empire chinois. Elle s'appelait Wu Zetian. Elle s'éleva bien au-dessus de son rang d'origine – celui de modeste paysanne – en épousant le fils d'un empereur, ce qui fit d'elle une princesse. Après que son mari (qui hérita très vite du trône) a été victime d'une crise cardiaque, la Princesse Wu assuma la gestion administrative du gouvernement, ce qui lui valut par la suite le titre d'impératrice.

On dit que l'Impératrice Wu était une souveraine gentille et bienveillante et qu'elle a fait beaucoup de choses pour améliorer le statut de la femme dans la société chinoise – et tout particulièrement pour celles de sa famille. L'Impératrice Wu a également détourné l'argent destiné à l'armée pour l'octroyer au budget de l'école. Elle a aussi baissé les taxes, geste qui rend en général un souverain assez populaire...

[À Genovia, il n'y a aucune taxe. La raison est que tout l'argent que les touristes perdent dans les casinos de Genovia chaque année dépasse largement la dette nationale du pays. Le jeu peut être une drogue. C'est pourquoi, quand je monterai sur le trône, j'organiserai des réunions de Joueurs Anonymes au palais. Surtout, il ne faut pas en parler à Grand-Mère !]

Le conseil de Mia pour faire une bonne princesse :

Comme Wu, participe à une organisation syndicale étudiante. Vote pour un budget plus important pour les arts et les sciences que pour le sport, sauf pour les équipes féminines. Et si les membres masculins du syndicat étudiant t'accusent de subjectivité, demande-leur juste quel est leur problème.

Anastasia

La plus jeune des filles du Tsar Nicolas II, Anastasia, était une jeune fille pleine de vie et très jolie, qui vivait en bonne entente avec ses parents, ses sœurs aînées et son petit frère... jusqu'à ce qu'une tragédie les frappe. Les Romanov furent touchés par un malheur dénommé Raspoutine, un soi-disant saint homme qui serait apparu pour guérir le petit frère d'Anastasia qui souffrait d'hémophilie, une maladie incurable. Le peuple russe était sceptique quant aux dires de Raspoutine, et la foi de la famille royale en lui ébranla la foi du peuple russe envers les Romanov. Peu après, une révolution éclata et les Romanov furent cruellement détrônés et tués au cours d'une vraie boucherie – bien qu'il leur fût plus long de tuer Anastasia et ses sœurs parce qu'elles avaient cousu les bijoux royaux dans leurs corsets et que ceux-ci faisaient rebondir les balles et les empêchaient d'atteindre leur cible.

Ce doit être une leçon pour nous tous : ne jamais croire aux dires des charlatans !

[Et aussi, que ce n'est pas une bonne idée de porter des vêtements en diamants...]

Les corps d'Anastasia et de son frère ne furent – comme par hasard – jamais retrouvés, ce qui laisse certains penser que la plus jeune fille des Romanov est peut-être toujours vivante aujourd'hui...

[Si Anastasia est toujours en vie, je lui conseille juste une petite chose... : COURS ! Fuis pendant qu'il en est encore temps ! Ne les laisse pas te trouver et force-toi à prendre des leçons de princesse au quotidien, comme moi ! Sauve ta peau !]

Le conseil de Mia pour faire une bonne princesse :

Comme Anastasia, sois gentille avec tes petits frère et sœur. Va te promener avec eux au parc ou emmène-les au cinéma. Tu ne peux pas savoir si un jour tu n'auras pas besoin de te servir de l'un d'entre eux comme cible humaine à l'occasion d'une tentative d'assassinat.

Aleta, la Reine des Îles de Brumes

Amélia insiste pour que j'inclue une ou deux princesses fictives à la liste des princesses réelles que j'ai déjà citées. Bien que je trouve ridicule de penser qu'il y a des choses importantes à apprendre d'un personnage de fiction, je dois admettre que j'ai été assez impressionnée par la dignité princière avec laquelle se comportait la femme du Prince Valiant, le galant chevalier de la bande dessinée[1].

En effet, ça n'a pas dû être facile d'essayer de vivre comme une noble femme dans une ère où il n'y avait pas de vêtements de luxe ni de miroirs... De plus, Aleta semble avoir eu une préférence pour les toges... ce qui ne sied pas à tout le monde mais est admirablement gracieux sur elle.

1. *La Saga de l'Épée chantante*, série de romans de chevalerie anglais parue dans la presse anglaise.

Quoi qu'il en soit, il faut admettre que Valeta et Karen, les deux filles jumelles de Aleta et Valiant, ont également prouvé leur courage et leur royauté face aux épreuves rencontrées. Elles ont montré plus de bon sens que certaines princesses réelles d'aujourd'hui, notamment pendant cette période où l'une ou l'autre dut errer avec leur père ou leur frère, déguisées en garçon, une épée à la main. Enfin, je trouve que la Reine des Îles de Brumes et ses filles sont de très bons exemples – bien que fictifs – de grâce royale.

[La fille qui jouait Aleta dans le film *Le Prince Valiant* est la même que celle qui a joué Isabelle dans la série Roswell. De plus, le fils de Valiant et Aleta, le Prince Arnaud, est marié avec une princesse super cool, Maeva, la fille du terrifiant fils du Roi Arthur, Prince Mordred. Mais Maeva ne supporte pas ce qu'est devenu son père et, à la fin, Mordred devient meilleur que Dark Vador. Quoi qu'il en soit, Maeva est une femme qui murmure à l'oreille des chiens, comme Robert Redford avec les chevaux. Entre nous, je crois que je suis capable de communiquer avec les chats, surtout depuis que Fat Louie fait presque tout ce que je lui demande ! Sauf m'apporter un soda quand je suis trop concentrée sur l'ordinateur pour y aller moi-même. Mais ce doit être parce qu'il n'a pas de mains articulées...]

Le conseil de Grand-Mère pour faire une bonne princesse :

Comme Aleta, ne méprisez personne. Dans votre classe, ne snobez pas les garçons qui vous semblent être des bons à rien ; il est tout à fait possible que l'un d'entre eux se révèle un jour être un prince que ses parents auraient dû abandonner pour son bien-être… tout comme Valiant !

La princesse et le pois

Alors que beaucoup se moquent de l'histoire de *La Princesse et le pois*, qui met en scène une héroïne à ce point sensible qu'elle peut sentir quelque chose d'aussi minuscule qu'un petit pois caché sous une pile de matelas, je pense qu'il est nécessaire de souligner que ce que l'auteur de ce conte entend par « pois » ne se réfère pas aux petites choses vertes et détrempées que vous et moi trouvons fréquemment dans nos assiettes.

Bien sûr que non ! Une telle graine serait sans aucun doute écrasée sous le poids de tous ces matelas et donc impossible à détecter par qui que ce soit, et même par une princesse ! Dans ce cas précis, l'auteur veut parler d'un petit pois cru et sec. Seules les plus sensibles d'entre nous sont capables de sentir un tel petit pois sous tant de rembourrage. Nous le sentons parce que nous, princesses, en plus d'être des personnes habituées aux choses raffinées, sommes aussi des créatures extrêmement sensibles... incroyablement généreuses et patientes, mais surtout très très sensibles. Vous remarquerez que l'héroïne de *La Princesse et le pois* était très réticente à l'idée de partager avec la reine le secret de sa nuit blanche... Elle ne voulait pas la gêner, elle qui lui avait offert si gentiment son hospitalité.

Mais si on y réfléchit bien, ce phénomène est tout à fait normal : une princesse qui est assez sensible pour sentir un pois au travers d'une douzaine de matelas est également

assez sensible pour ne pas oser insulter son hôtesse.

Et cette morale, croyez-moi, est la vraie morale de l'histoire de *La Princesse et le pois*. Oui, nous autres, princesses, sommes sensibles au plus petit inconfort... mais aussi au plus petit affront, c'est pourquoi nous nous comportons en conséquence, de sorte que nous n'imposons pas à nos sujets ce que nous ne ferions pas nous-mêmes.

[Quoi qu'il en soit, la nuit, je cache mon journal intime sous mon matelas depuis des années et je ne l'ai jamais senti ! Et pourtant il est volumineux, avec toutes les photos de Michael que j'ai collées dedans !]

Le conseil de Grand-Mère pour faire une bonne princesse :

Comme l'héroïne de cette histoire, veillez à dormir au moins huit heures par nuit. Une princesse doit bien dormir afin d'être en forme pour gouverner la journée. Les festivités nocturnes, bien qu'elles soient de rigueur pour toute femme de la royauté, les pop stars, les top models, n'ont pas leur place dans le monde d'une jeune fille qui compte un jour monter sur le trône.

Rosemonde

La Princesse Rosemonde est peut-être la plus importante femme de l'histoire de Genovia, parce qu'elle est, en réalité, celle qui a découvert le pays. Oui, c'est Rosemonde qui a combattu contre le seigneur de guerre wisigoth Alboïn. Cet épouvantable jeune homme entreprit en 568 après J.-C. de descendre en Italie et de tuer toute personne qui se mettrait entre le trône et lui. L'un des ces infortunés fut le père de la pauvre Rosemonde, l'un des généraux de l'année italienne royale.

Après avoir expédié le brave général dans l'autre monde, Alboïn se proclama roi et, lorsque son regard croisa celui de Rosemonde la juste, il décida que personne d'autre qu'elle ne pourrait être sa reine.

La plupart des jeunes filles, bien entendu, auraient été enchantées à l'idée de régner sur un pays aussi grand que l'Italie, mais Rosemonde n'était toujours pas remise du meurtre de son père. De plus, la nuit de leur mariage,

Alboïn essaya de lui faire boire le vin de la victoire dans le crâne de son père en gage de fidélité envers son nouveau roi et époux. Sa requête n'arrangea pas les choses... Rosemonde n'eut pas d'autre choix que de lui obéir. Mais elle obtint justice en étranglant son mari dans son sommeil, cette même nuit, avec sa longue tresse blonde.

Le vrai roi d'Italie fut bien entendu si reconnaissant envers Rosemonde d'avoir sauvé son pays de la présence indésirable d'Alboïn qu'il la fit Princesse de Genovia, une jolie petite parcelle de terrain bordant la côte méditerranéenne, sur laquelle elle régna sagement et justement pendant des années et des années.

[Je peux simplement espérer que, face à une telle épreuve, je saurais montrer autant de bravoure que mon ancêtre Rosemonde. Mais ça ne serait pas si facile ! Si un envahisseur lointain tuait mon père et me forçait à boire du vin dans son crâne, il me serait difficile de l'étrangler avec mes cheveux, étant donné qu'ils m'arrivent à peine au menton ! J'envisage sérieusement de me les laisser pousser depuis que j'ai entendu parler de cette histoire, juste au cas où...]

Le conseil de Grand-Mère pour faire une bonne princesse :

Suivez le modèle de Rosemonde. Bien que tuer ses ennemies en douceur soit souvent la meilleure stratégie, il se peut qu'un jour votre vie soit vraiment en danger. C'est pourquoi on conseille aux jeunes princesses d'aujourd'hui de posséder quelques connaissances de self-défense ou de karaté.

Mercredi 3 mars, en économie politique

OK, après le fiasco de notre gestion du comité des délégués de classe, j'ai décidé d'écouter en cours d'économie :

Pénurie : fait référence à la tension entre nos ressources limitées et nos besoins illimités.

Exemples de ressources que nous désirons et dont nous avons besoin, mais qui sont limitées (en quantité insuffisante) : biens, services, ressources naturelles, fonds pour louer des salles de réception où organiser les cérémonies de remise de diplômes.

Les ressources étant limitées par rapport à nos besoins et nos désirs, les individus et les dirigeants doivent prendre des décisions pour savoir quels biens et quels services favoriser et quels autres laisser tomber.

(Par exemple, des dirigeants peuvent décider que la collectivité a un réel besoin de poubelles de recyclage avec broyeurs mécaniques sur le côté et auto-collants avec *Papier, Bouteilles et Bottes* écrit dessus.)

Pour pouvoir gérer le problème du manque de ressources, les individus et les dirigeants, qui ont un niveau de ressources (en quantité insuffisante) différent, doivent adapter certaines de leurs valeurs.

(Si seulement Amber Cheeseman s'intéressait plus aux poubelles de recyclage qu'à son discours de major de sa promotion !)

Bref, à cause de la pénurie, les gens et les dirigeants doivent prendre des décisions afin de répartir les ressources.

(Mais c'est ce que J'AI FAIT !!!! J'ai pris la décision d'affecter les fonds du comité des délégués de classe d'Albert-Einstein à l'achat de poubelles de recyclage, et ça s'est retourné contre moi !!! Parce que je n'ai pas fait le bon choix !!! À QUEL ENDROIT ILS MENTIONNENT ÇA DANS MON MANUEL, HEIN ???)

Mercredi 3 mars, en anglais

J'ai appris la nouvelle ! C'est affreux ! Cela dit, je n'arrive pas à croire que ces poubelles de recyclage aient coûté si cher ! Et les autocollants avec Bottes à la place de Boîtes ! Comment ça a pu arriver ! Je suis tellement désolée. Tina

C'est bon. Ils vont remplacer les autocollants marqués *Bottes*. Et on trouvera bien une façon de s'en sortir. Par rapport à l'argent, je veux dire. Mais surtout, n'en parle à personne. On essaie de garder le secret tant qu'on n'a pas de solution.

Bien sûr! Je ne dirai rien! Mais j'ai une idée pour gagner de l'argent. Est-ce que tu as vu les bougies parfumées que le groupe vendait pour financer son voyage à Nashville ?

ON NE VENDRA PAS DE BOUGIES PARFUMÉES.

C'était juste une suggestion. Moi, elles me semblaient jolies. Celles en forme de fraises sont adorables.

J'AI DIT NON.

OK. Pourtant, je suis sûre que mes tantes et mes oncles en Arabie Saoudite en auraient acheté des tonnes.

NON ! ! ! !

J'ai compris. Pas de bougies. Ça ne va pas ? Mis à part l'histoire de l'argent. Parce que, sans vouloir te vexer, tu n'as pas l'air… dans ton assiette. C'est à cause des bougies ?

Ça n'a rien à voir avec les bougies.

Qu'est-ce qui se passe, alors ?

Rien. Les parents de Michael ne sont pas là ce week-end et il fait une fête en leur absence. Et il veut que je vienne.

C est génial !

GÉNIAL ? Tu es folle ou quoi ??? Il y aura des filles de sa fac.

Et alors ?

Et alors???? Qu'est-ce que tu veux dire par, et alors??? Tu ne comprends donc pas, Tina. Si Michael me voit au milieu d'une bande de filles de la fac, il va se rendre compte que je ne suis pas du tout une fêtarde.

Mais, Mia, tu n'es PAS une fêtarde.

Je sais! Mais je ne veux pas que Michael le sache.

Mais Michael le sait. Il le savait quand il t'a rencontrée. Tu n'as JAMAIS été une fêtarde. Tu ne VAS même jamais à des fêtes. Les filles comme Lana Weinberger VONT à des fêtes, mais pas les filles comme nous. De toute façon, on n'est MÊME PAS invitées. Nous, on reste à la maison le samedi soir et on regarde ce qu'il y a sur HBO, ou alors on sort avec nos petits copains ou on va dormir chez une copine. Mais on ne va pas à des FÊTES. On n'est pas suffisamment populaires.

Merci, Tina.

Tu vois bien ce que je veux dire. Il n'y pas de mal à ne pas être fêtarde. Par ailleurs, pourquoi ne pourrais-tu pas aller à cette fête et passer une bonne soirée?

Parce qu'à l'idée de me retrouver avec des étudiantes qui vont penser que je suis une princesse un peu gourde, j'en ai des sueurs froides.

Elles ne penseront pas que tu es une princesse un peu gourde, Mia, une fois qu'elles auront fait ta connaissance. Parce que c'est faux.

Hé ho ? Tu sais à QUI tu t'adresses ?

D'accord, tu es une princesse mais tu n'es pas gourde. Tu as failli avoir la moyenne en géométrie. C'est être gourde, ça ?

Mais c'est exactement ce que je te dis ! Ces filles sont super intelligentes, elles sont dans l'une des plus grandes universités du pays, et moi… j'ai failli avoir la moyenne en géométrie.

Si tu ne veux pas aller à cette fête, pourquoi ne dis-tu pas à Michael que tu es occupée avec ta grand-mère ce soir-là ?

Je ne peux pas ! Michael avait l'air tellement content quand je lui ai dit que je venais !!!! Je lui fais déjà suffisamment de peine comme ça. C'est dur, tu sais, de le voir souffrir tous les trois mois quand il me demande si j'ai changé d'avis par rapport à cette histoire de coucher ensemble (comme si j'allais changer d'avis !) D'accord, c'est un garçon, et il n'a pas vu l'interprétation déchirante de Kirsten Dunst dans le rôle d'une mère célibataire dans *Quinze ans et enceinte* qui est passé l'autre soir sur

Lifetime Channel, mais quand même ! Je n'ai que QUINZE ANS. Je ne suis pas prête à offrir la fleur de ma virginité.

Pas avant le bal de fin d'études, n'oublie pas ! Et sur un grand lit aux draps de satin dans une suite du Four Seasons !

Exactement. Mais même si je sais que Michael est le plus fidèle et le plus constant des amoureux, si je ne vais pas à sa fête, la tentation d'une étudiante au charme exotique, dansant de façon suggestive sur la table basse dans le salon de ses parents, risque quand même d'être grande. Même pour LUI ! Tu comprends mon problème ?

Hé ! Les filles, vous savez quoi ?

Oh, salut Lilly !

Tiens, c'est toi.

De quoi vous parlez ?

De rien.

De rien du tout.

C'est ça, oui. Vous ne parliez de rien du tout. Passons. Je crois avoir trouvé la solution à notre problème financier. Devinez qui a accepté d'être notre conseillère éditoriale pour notre nouveau magazine littéraire ?

Lilly, je suis très touchée par l'enthousiasme que tu manifestes, mais un magazine littéraire ne va pas nous permettre de récolter suffisamment d'argent pour combler notre déficit. En fait, avec le coût de l'impression et tout ça, on va devoir dépenser PLUS d'argent… qu'on n'a pas.

Un magazine littéraire ? C'est une super idée ! En plus, tu pourras y faire publier *Assez de maïs !* Mia !

C'est hors de question que *Assez de maïs !* soit publié dans le journal d'un lycée.

Oh, je vois. J'imagine que ta nouvelle est trop bonne pour figurer dans une quelconque publication estudiantine.

Ce n'est pas du tout ça. Je ne veux pas que le-garçon-qui-déteste-qu'on-mette-du-maïs-dans-le-chili la lise. Mettez-vous à ma place. Je le fais SE SUICIDER à la fin.

Ce serait bizarre, effectivement. Surtout s'il se rend compte que tu parles de lui. Il pourrait être blessé.

Exactement.

C'est curieux, ça ne t'embêtait pas quand tu essayais d'être publiée par *Seize ans*, un magazine national, je te rappelle, lu par des milliers de lectrices.

Aucun garçon qui se respecte ne lirait *Seize ans*, tu le sais très bien, Lilly. En revanche, il y a toutes les chances pour qu'il lise le magazine littéraire de son lycée.

N'importe quoi. Écoute, Mrs. Martinez est super emballée par l'idée. Je lui en ai parlé avant le cours. Dans la mesure où Albert-Einstein a son journal mais que ce n'est pas un magazine littéraire, elle pense que ce serait l'occasion pour tous les artistes, poètes et futurs écrivains du lycée d'être publiés.

Peut-être, mais à moins de leur demander de PAYER pour être publiés, justement, je ne vois pas comment ça va NOUS permettre de récolter de l'argent.

Tu ne comprends pas, Mia ? Une fois que le magazine sera imprimé, on pourra le vendre. Et on gagnera PLEIN d'argent !

Merci, Tina. L'enthousiasme de ta réponse est tellement rafraîchissant comparé à l'attitude négative de CERTAINES personnes.

Je suis désolée. Je ne cherche pas à être négative, j'essaie juste d'être pragmatique. On ferait mieux de vendre des bougies dans ce cas.

Oh, si tu voyais celles qu'ils vendent chez L'Arche de Noé. Tous les animaux y sont représentés ! Ils ont même des toutes petites licornes. Tu es SÛRE de ne pas vouloir en vendre, Mia ?

AAAAAAAAAARRRRRRRGGGGGHHHHHHH !!!!!!!!!

O. K. Désolée. Je ne recommencerai plus.

Mercredi 3 mars, en français

Dis donc, je suis au courant. Ça craint. Shameeka.

QUI TE L'A DIT??????

Ling Su. Elle se sent tellement mal. Elle ne comprend pas comment elle a pu se tromper.

Oh, tu parles de l'argent. Ce n'est pas vraiment la faute de Ling Su. Par ailleurs, on aimerait bien que ça ne se sache pas. Alors, si tu pouvais garder ça pour toi.

Pas de problème, je comprends tout à fait. C'est vrai que lorsque les dernières années vont l'apprendre, ils vont être fous de rage. Surtout Amber Cheeseman. Elle a l'air petite, mais j'ai entendu dire qu'elle était aussi costaude qu'un gorille.

Oui, c'est à ça que je faisais allusion.

Ne t'inquiète pas. Je suis une tombe.

Merci, Shameeka.

Hé, les filles, c'est vrai ce qu'on raconte? Yan

Qu'est-ce qui est vrai?

Que le comité des délégués de classe n'a plus d'argent?

QUI TE l'A DIT?

J'ai entendu le concierge en parler ce matin quand je suis allée le voir parce que j'étais en retard. Mais ne t'inquiète pas, je n'en dirais pas un mot.

Il vaut mieux pas. Sinon, oui, c'est vrai.

Et vous allez créer un magazine littéraire pour essayer de vous renflouer ?

Qui t'a dit ça ?

Lilly. Si je peux me permettre, bien que je trouve l'idée de lancer un magazine littéraire géniale et tout ça, quand on a eu besoin de récolter de l'argent rapidement dans mon ancienne école, on a vendu des bougies en forme de fruits et on s'est fait un maximum d'argent.

Hé ! Mais c'est super comme idée ? Tu ne trouves pas, Mia ?

NON !

Mercredi 3 mars, en étude dirigée

Pendant le déjeuner, Boris Pelkowski a posé son plateau à côté du mien et m'a dit : « J'ai appris que vous n'aviez plus un centime. »

Je vous jure que j'ai pété les plombs.

« ÉCOUTEZ-MOI TOUS ! ai-je hurlé. VOUS ALLEZ ARRÊTER DE PARLER DE ÇA. C'EST CENSÉ ÊTRE UN SECRET. »

Je leur ai ensuite expliqué ce que je pensais de ma vie et à quel point je n'en avais rien à faire d'être massacrée par une fille folle de rage, major de sa promotion, ceinture noire 4e dan de hapkido, et dotée de la force d'un gorille (même si, en me tuant et/ou en m'estropiant à vie, elle me rendrait en fait service puisque je ne serais plus obligée de vivre avec l'humiliation de voir mon petit ami me quitter parce que je ne suis pas une fêtarde).

« Elle ne te tuera pas, Mia, a fait remarquer Boris gentiment. Lars l'aura déjà abattue. »

Lars, qui montrait à Wahim, le garde du corps de Tina, tous les jeux qu'il avait sur son nouveau Sidekick, a levé les yeux en entendant son nom.

« Qui a l'intention de tuer la princesse ? a-t-il demandé, tout à coup sur le qui-vive.

— Personne, ai-je marmonné. Parce qu'on va trouver l'argent avant qu'elle s'en rende compte. COMPRIS ??? »

J'ai dû sacrément les impressionner, car ils ont tous répondu :

« OK. »

Heureusement, Yan a changé de sujet.

« Oh, oh, a-t-elle fait en se tournant vers le-garçon-qui-déteste-qu'on-mette-du-maïs-dans-le-chili. J'ai comme l'impression qu'ils ont recommencé. »

On s'est tournés à notre tour : assis tout seul à sa place habituelle, le-qarçon-qui-déteste-qu'on-mette-du-maïs-dans-le-chili ôtait effectivement un à un les grains de maïs de son bol de chili et les déposait sur son plateau.

« Le pauvre, a continué Yan. Ça me fait tellement de peine quand je le vois comme ça. Et je sais de quoi je parle. »

Un silence gêné a suivi sa remarque car on se souvenait tous que Yan aussi s'était retrouvée seule avant qu'on l'adopte.

« Oui, a déclaré Tina. En même temps, je ne peux pas m'empêcher de penser qu'il pourrait faire ce que Mia raconte dans son histoire. »

!!!!!!!!!

« On devrait peut-être lui proposer de s'asseoir avec nous », ai-je suggéré.

Le pire, en effet, qui pouvait m'arriver, c'est qu'un garçon se suicide parce que je n'aurais pas été gentille avec lui. Vous imaginez la culpabilité ?

« Non, merci, a lâché Boris. J'ai déjà du mal à digérer la tambouille qu'ils nous servent ici sans devoir me retrouver en plus en présence d'un barjot.

— C'est la poêle qui se moque du chaudron, a fait observer Lilly tout bas.

— Ha, ha, a fait Boris.

— Tu l'as cherché, a insisté Lilly avant de sortir une liasse de feuillets de son sac – qu'elle venait visiblement juste de photocopier –, et de nous les donner. Est-ce que vous pouvez distribuer ça cet après-midi ? Avec un peu de chance, on aura suffisamment de souscriptions pour publier le premier numéro de notre magazine avant la fin de la semaine. »

J'ai baissé les yeux sur la feuille rose vif que je tenais entre les mains et j'ai lu :

SALUT TOI !

En as-tu assez que les prétendus médias te disent ce qui est branché et ce qui ne l'est pas ?

As-tu envie de lire de vraies histoires écrites par tes pairs sur des sujets qui te concernent, au lieu de toutes ces niaiseries qu'on trouve dans les magazines dits pour jeunes et dans la presse qu'affectionnent nos parents ?

Dans ce cas, empresse-toi de soumettre articles, poèmes, nouvelles, BD, mangas et photos au premier magazine littéraire du lycée Albert-Einstein !

LE POPOTIN DE FAT LOUIE

Le Popotin de Fat Louie accepte dès à présent les souscriptions pour la sortie du numéro 1.

Dites-moi que je rêve.

DITES-MOI QUE JE RÊVE.

« Avant que tu ne montes sur tes grands chevaux à cause du nom que j'ai choisi pour notre magazine, Mia, a commencé Lilly – sans doute parce qu'elle avait remarqué que j'étais livide –, j'aimerais te faire remarquer à quel point il est original et que, si on décidait de le garder, on pouvait être sûrs qu'aucun autre magazine au monde n'aurait le même.

—Évidemment puisque c'est le nom de mon chat ! me suis-je exclamée.

—Tout à fait, a répondu Lilly. Grâce aux films sur ta vie, ton chat est devenu célèbre, maintenant. Tout le monde sait qui est Fat Louie. Et c'est pour ça que notre magazine va se vendre. Parce que quand les gens vont se rendre compte qu'il a un rapport avec la princesse de Genovia, ils vont s'empresser de l'acheter. Car, pour des raisons qui m'échappent, les gens s'intéressent à toi.

—Mais ce titre n'a rien à voir avec MOI ! ai-je hurlé. Il fait allusion à mon chat ! Au derrière de mon chat, pour être plus précise !

—Oui, a concédé Lilly. Je reconnais que ça a un côté un peu puéril. Mais c'est pour ça qu'il va attirer l'attention des lecteurs. Ils ne pourront pas ne pas le voir. Je me disais même que, pour le premier numéro, on pourrait mettre une photo de l'arrière-train de Fat Louie, et… »

Lilly a continué de parler, mais je ne l'écoutais plus. J'ÉTAIS INCAPABLE DE L'ÉCOUTER PLUS LONGTEMPS.

Pourquoi faut-il que je sois entourée d'autant de fous ?

Mercredi 3 mars, en SVT

Kenny vient de me demander de refaire notre devoir sur les zones de subduction. Enfin, pas vraiment de le refaire (quoique, en ce qui me concerne, c'est le cas, puisque je ne l'avais pas fait. C'est Kenny qui l'a fait), mais de le recopier sur une feuille propre vu que celle qu'on s'apprêtait à rendre était couverte de sauce tomate (Kenny l'a rédigé hier soir en mangeant).

J'aimerais bien qu'il soit un peu plus soigneux avec nos devoirs, parce que franchement, c'est la plaie de devoir le recopier. Lilly n'est pas la seule à avoir un syndrome du canal carpien. Ça se voit qu'ELLE ne signe pas des milliers d'autographes chaque fois qu'elle sort de sa limousine pour entrer au Plaza. Les gens font carrément la queue en fin de journée, parce qu'ils savent qu'après mes cours, je vais prendre ma leçon de princesse avec Grand-Mère. Du coup, je suis tout le temps obligée d'avoir un stylo sur moi.

Écrire *Princesse Mia Thermopolis* des centaines de fois, ce n'est pas une partie de plaisir, vous pouvez me croire.

Si seulement mon nom était moins long.

Et si je signais seulement S.A.R. Mia ? Mais ça ferait un peu bêcheuse, non ?

Pendant que je recopiais le devoir de SVT, Kenny m'a montré la pub pour *Le Popotin de Fat Louie* et m'a demandé si, à mon avis, sa thèse sur les naines brunes (Kenny m'a expliqué que ce ne sont pas des étoiles) pourrait y être publiée.

« Je ne sais pas, ai-je répondu. Je n'ai rien à voir avec ça.

— Mais il porte le nom de ton chat, a-t-il répliqué, perplexe.

— C'est vrai, ai-je admis. Mais ça ne veut pas dire que j'aie quoi que ce soit à voir avec. »

J'ai bien remarqué que Kenny ne me croyait pas.

Je ne peux pas dire que je lui en veux.

Devoirs

EPS : LAVER SHORT DE GYM !!!!

Économie politique : chapitre 8

Anglais : pages 116-132 de *O Pioneers !*

Français : écrire une histoire comique pour vendredi

Étude dirigée : trouver comment je vais m'habiller pour LA Fête

Géométrie : devoir à rendre

SVT : demander à Kenny

Ne pas oublier l'anniversaire de Grand-Mère demain ! Apporter son cadeau au lycée pour pouvoir le lui offrir avant ma leçon de princesse !!!!!!!

Mercredi 3 mars, au Plaza

Il y a quelque chose qui ne tourne pas rond chez Grand-Mère. Je m'en suis rendu compte dès que je suis entrée dans sa suite, parce qu'elle était bien TROP gentille avec moi. Elle n'arrêtait pas de dire : « Oh, Amelia, te voilà ! Comme je suis contente de te voir ! Assieds-toi ! », et de m'offrir des truffes de La Maison du Chocolat.

Je vous le dis : il y a quelque chose qui ne tourne pas rond chez elle.

Ou alors, elle a bu.

Moi, je pense que le lycée Albert-Einstein devrait organiser des réunions pour nous apprendre à vivre avec des grands-parents alcooliques. Je suis sûre que je pourrais y trouver des tuyaux.

« Bonne nouvelle ! m'a-t-elle annoncé au bout d'un moment. Je crois que je vais pouvoir t'aider à résoudre ton problème d'argent. »

Ouah !

J'ai bien dit OUAH !!!!!

Grand-Mère va-t-elle me faire un prêt ? Oh, merci, Seigneur, MERCI !

« Quand j'étais à l'école, a-t-elle continué, et qu'on n'a pas eu assez d'argent une année pour financer notre voyage à Paris pour visiter les maisons de haute couture, on a monté un spectacle. »

J'ai failli m'étrangler avec mon chocolat.

« Vous avez fait QUOI ? ai-je demandé.

— On a monté un spectacle, a répété Grand-Mère. *Le Mikado*, de Gilbert et Sullivan, les rois de l'opérette britannique du XIXe siècle. Ce n'était pas facile, d'autant plus qu'on était dans une école de filles et qu'on n'avait donc aucun garçon disponible pour tenir les rôles masculins. Je me souviens que Geneviève – tu sais, celle qui s'amusait à tremper le bout de mes nattes dans son encrier – était terriblement déçue de devoir jouer le rôle du Mikado. »

Un sourire diabolique s'est alors posé sur ses lèvres.

« Le Mikado était censé être assez gros, a-t-elle précisé. J'imagine que Geneviève ne supportait pas d'avoir été choisie pour son… physique. »

OK. De toute évidence, aucun prêt n'était prévu. Grand-Mère se sentait juste d'humeur à évoquer sa jeunesse et devait penser que cela m'intéresserait.

Je me suis demandé si elle avait remarqué que j'envoyais des textos à Michael pendant qu'elle parlait. Il venait de sortir de son cours d'analyse et d'optimisation stochastiques.

« J'avais le rôle principal, évidemment, a poursuivi Grand-Mère, perdue dans ses rêveries. L'ingénue Yum-Yum. Des gens m'ont dit que j'étais la meilleure Yum-Yum qu'ils avaient jamais vue, mais je suis convaincue qu'ils ne cherchaient qu'à me flatter. En même temps, c'est vrai qu'avec ma taille de guêpe, j'étais absolument ravissante dans mon kimono… »

Texto : *Ss coinC o Plaza*

« … Quelle surprise cela a été pour moi lorsque j'ai appris qu'un metteur en scène de Broadway se trouvait dans le public. Senor Eduardo Fuentes, l'un des metteurs en scène les plus influents de l'époque. Il est venu me voir après la première et m'a proposé le premier rôle de la pièce qu'il montait à New York. J'ai refusé, évidemment… »

Texto : *Tu me manke*

« … puisque j'étais appelée à une destinée bien plus grande que celle de comédienne. Je voulais être chirurgienne ou peut-être styliste, comme Coco Chanel… »

Texto : *Je t'M*

« … Ça l'a bouleversé, bien sûr. À mon avis, il était secrètement amoureux de moi. J'étais si belle dans mon kimono. Mais jamais mes parents n'auraient approuvé. Et puis, si j'étais partie à New York, je n'aurais jamais rencontré ton grand-père… »

Texto : *O s'kour*

« … Si tu avais entendu mon interprétation de *Trois jeunes filles.*

Trois jeunes filles de l'école reviennent… »

Texto : *O nn!!! L chante. Envoyez s'kour*

« *Coquines comme des écolières…* »

Heureusement, Grand-Mère a eu une quinte de toux à ce moment-là.

« Mon Dieu ! s'est-elle exclamée. Que d'émotions, cette année-là, tu peux me croire ! »

Texto : *C pire Ke ce Ke AC va me fair kan L aprendra pr argen*

« Amelia, que fais-tu avec ce téléphone ? m'a-t-elle alors demandé.

— Rien », me suis-je empressée de répondre avant d'appuyer sur *Envoyer*.

Grand-Mère avait toujours le regard perdu dans ses souvenirs.

« Amelia, j'ai une idée », a-t-elle dit.

Oh, non.

Vous savez quoi ? Il y a deux personnes dans mon entourage dont je me méfie quand elles me disent qu'elles ont une idée.

La première, c'est Lilly.

La seconde, Grand-Mère.

« Quoi ? me suis-je écriée en jetant un coup d'œil à la pendule. Il est déjà six heures ! Il faut que je parte, tu dois sans doute avoir un dîner ce soir avec un shah ou un autre grand de ce monde. C'est ton anniversaire demain, n'est-ce pas. Grand-Mère ? Je suis sûre que tu dois te préparer d'avance à...

— Rassieds-toi, Amelia », m'a-t-elle coupée de sa voix à vous donner des frissons.

Je me suis rassise.

« C'est cela que tu dois faire : monter un spectacle », a-t-elle déclaré.

Du moins, c'est ce que je jure avoir entendu.

Car elle ne pouvait pas avoir dit ça. Aucun être sensé ne pourrait dire ça.

« Un spectacle ? », ai-je répété.

Je savais que Grand-Mère avait récemment réduit sa consommation de cigarettes. Mais elle ne s'était pas arrêtée, bien que son médecin lui ait assuré que, si elle ne fumait pas moins, elle serait sous tente à oxygène à soixante-dix ans.

Bref, Grand-Mère ne fumait plus maintenant qu'après les repas. Tout simplement parce qu'elle n'avait pas trouvé de tente à oxygène qui aille avec sa garde-robe.

Qui sait si son patch ne s'était pas mis à mal fonctionner et à diffuser par exemple du protoxyde de carbone pur dans ses vaisseaux ?

Je ne voyais pas d'autre explication à sa « géniale » idée de monter un spectacle à Albert-Einstein.

« Grand-Mère, ai-je dit. Tu devrais peut-être enlever ton patch. Lentement. Pendant ce temps, j'appellerai ton docteur…

— Ne sois pas ridicule, Amelia », a-t-elle répliqué en levant les yeux au ciel, comme si, devant ma suggestion, elle était frappée d'apoplexie ou faisait une rupture d'anévrisme. À son âge, c'est tout à fait envisageable, du moins d'après *Yahoo! Santé*.

« C'est une excellente idée pour collecter des fonds, a-t-elle repris. Les gens ont de tout temps organisé des spectacles pour soutenir leur cause.

— Mais Grand-Mère, le Club de théâtre du lycée monte déjà la comédie musicale *Hair* au printemps, ai-je dit. Ils ont commencé les répétitions et…

— Et alors ? Un peu de compétition ne leur fera pas de mal, a-t-elle fait observer.

— Oui… », ai-je répondu.

Comment lui faire comprendre que son idée était absolument impensable ? Et aussi nulle que vendre des bougies. Ou créer un magazine littéraire et l'appeler *Le Popotin de Fat Louie*.

« Grand-Mère, ai-je dit. Je suis très touchée que tu te soucies de mon problème de budget, mais je n'ai pas besoin de ton aide. Je te promets, ça va aller. Je finirai bien par trouver une idée pour récupérer de l'argent. Lilly et moi, on a déjà commencé à y réfléchir…

— Dans ce cas, dis à Lilly que vos problèmes sont résolus car ta grand-mère a l'intention de monter une pièce qui verra accourir tous les critiques de théâtre et les célébrités de New York. Ce sera un spectacle complètement original grâce auquel vous pourrez déployer vos multiples talents d'artistes. »

Elle devait sans doute parler de Lilly. Car question talent, je n'en ai aucun.

« Grand-Mère, ai-je insisté, je suis sérieuse. On n'a pas besoin de ton aide. On va s'en sortir toutes seules, OK. ? C'est bon, laisse tomber. Parce que, je te jure, si tu t'immisces dans nos affaires, j'appelle papa. Et ne crois pas que je ne le ferai pas. »

Mais Grand-Mère s'était déjà éloignée et demandait à sa femme de chambre de lui apporter son Rolodex… Elle avait apparemment des coups de fil à passer.

Cela dit, ça ne devrait pas être trop compliqué de l'empêcher d'aller plus loin. Il suffisait que je demande à la principale Gupta de ne pas la laisser entrer dans le lycée. Avec les nouvelles caméras de surveillance, l'administration ne pouvait pas me dire qu'ils ne l'avaient pas vue : Grand-Mère ne sort jamais sans sa limousine ni son caniche nain. Ce ne serait pas difficile de la repérer.

Mercredi 3 mars, à la maison

D'après Lilly, Grand-Mère doit projeter ses sentiments d'impuissance par rapport à l'offre de John Paul Reynolds-Abernathy III pour l'île de Genovia sur mes problèmes de budget.

« C'est un cas classique de transfert. »

Voilà ce qu'elle m'a dit quand je l'ai appelée tout à l'heure pour la supplier à nouveau de changer le nom de son magazine littéraire.

« Je ne comprends pas pourquoi ça t'embête, a-t-elle continué. Si ça la rend heureuse, pourquoi ne la laisserait-on pas monter sa petite pièce ? Je jouerais volontiers le premier rôle… Personnellement, ça ne me gêne pas d'assumer une nouvelle tâche en plus de celle de vice-présidente, auteur-réalisatrice-journaliste de *Lilly ne mâche pas ses mots* et enfin rédactrice en chef du *Popotin de Fat Louie.*

— Justement, à ce propos…, ai-je commencé.

— C'était mon idée, non ? m'a rappelé Lilly. Donc, c'est bien normal que je sois la rédactrice en chef. Ce magazine va DÉCHIRER, Mia ! On a déjà reçu des tonnes de souscriptions.

— Lilly, ai-je dit en rassemblant toutes mes qualités de leader et en parlant d'une voix posée, comme mon père quand il s'adresse au Parlement. Ça m'est égal que tu sois la rédactrice en chef et tout ça. Au contraire, et je trouve même super que tu fournisses à tous les artistes et écrivains d'Albert-Einstein un forum où ils puissent s'exprimer. Mais tu ne crois pas qu'on devrait plutôt se pencher sur la question des 5 000 dollars qui nous manquent pour la cérémonie de…

— *Le Popotin de Fat Louie* VA nous ramener tes 5 000 dollars, m'a assuré Lilly. Et même plus. Il va faire un tabac et *Seize ans* devra mettre la clé sous le paillasson quand les lecteurs découvriront que *Le Popotin de Fat Louie* leur propose des articles uniques et honnêtes, et des tranches de vie des adolescents américains. *Seize ans* frappera à ma porte pour me supplier de leur accorder une interview et Quentin Tarantino me demandera les droits pour faire un film de notre aventure et…

— Eh bien, dis donc ! » ai-je fait, en n'écoutant cependant que d'une oreille.

Suis-je la SEULE personne à avoir conscience du mauvais pas dans lequel on va se retrouver quand Amber Cheeseman apprendra qu'on n'a pas d'argent pour louer l'Alice Tully Hall ?

« Tu as reçu autant de souscriptions que ça ? ai-je tout de même demandé.

— Incroyable ! Je ne pensais pas que nos camarades étaient si PROFONDS. Kenny Showalter a écrit une ode à l'amour de sa vie qui m'a fait monter les larmes aux…

— Kenny a écrit une ode ?

— Oui. Il dit que c'est sa thèse sur les naines brunes, mais j'ai compris qu'il parlait d'une femme. Une femme qu'il a aimée autrefois et qu'il a tragiquement perdue. »

Ouah. Qui KENNY a-t-il aimé et perdu ?

À part…

Moi ?

Non, je ne pouvais pas me laisser distraire par cette nouvelle. Je devais m'en tenir aux faits, c'est-à-dire obliger Lilly à changer le nom de son magazine.

Et bien sûr, trouver 5 000 dollars.

Oooooh, Michael vient de se connecter.

SkinnerBx : Hé ! Qu'est-ce qui s'est passé avec ta grand-mère ? Elle chantait vraiment ?

FtLouie : Quoi ? Oh, oui. Entre autres. Comment vas-tu ?

SkinnerBX: Super. Je suis encore sur mon petit nuage tellement je suis heureux que tu viennes à la fête.

OK. Ma vie est vraiment fichue. Je pensais qu'Amber Cheeseman allait me tuer, mais je crois que je vais mourir avant qu'elle ne découvre que j'ai dépensé l'argent de la cérémonie pour la remise de son diplôme en poubelles de recyclage. Et pourquoi ? Parce que je vais ME tuer avant : c'est ma seule issue possible pour échapper à cette fête.

Car JE NE PEUX PAS y aller. JE NE PEUX TOUT SIMPLEMENT PAS.

De toute façon, si j'y vais, je sais très bien comment ça se passera : je serai tellement intimidée par tous ces gens plus âgés et beaucoup plus intelligents que moi que je me mettrai dans un coin, toute seule, et Michael passera me voir de temps en temps en me disant : « Ça va ? Tout se passe bien ? », et moi, je lui répondrai : « Oui, oui », mais il saura que je mens à cause de mes narines (note pour moi : vérifier si Michael est au courant au sujet de mes narines qui tremblent quand je mens), et puis, il comprendra qu'il ne sort pas du tout avec une fêtarde mais plutôt une fille complètement rasoir. Ce que je suis, après tout, non ?

En plus, je n'ai même pas de béret.

Non, ça n'arrivera pas. Je vais lui dire que je ne viens plus.

OK. J'y vais.

FtLouie : Écoute-moi, Michael, je suis absolument désolée, mais…

SUPPRIMER-SUPPRIMER-SUPPRIMER

Non, je ne peux PAS lui dire ça. Il risque de mal le prendre. De penser même que JE veux casser. ET DE CHERCHER À CONSOLER SA FIERTÉ

BLESSÉE DANS LES BRAS DE L'UNE DE CES ÉTUDIANTES MESQUINES !!!!!!

J'ai besoin de réfléchir. De me ressaisir. Michael n'est pas comme ça. Jamais il ne me tromperait avec une autre fille, même si elle se jetait à son cou. Même si Craig a trompé Ashley avec Manny dans *Degrassi*, quand Ashley a refusé de coucher avec lui. Ça ne signifie pas que Michael ferait la même chose. Parce qu'il vaut MIEUX que Craig. Qui, soit dit en passant, souffrait d'un trouble bipolaire à ce moment-là. Puis c'est aussi un personnage de fiction.

Par ailleurs, les étudiantes de première année ne portent pas de ceintures à lanières. Elles trouvent ça sexiste.

Tina a raison. Je dois dire la vérité à Michael.

FtLouie : Michael, je ne peux pas aller à ta fête parce que je n'aime pas aller à des fêtes et parce que j'ai peur de m'ennuyer avec tes amis de la fac, surtout si vous vous mettez à parler de dystopie dans les films de science-fiction…

SUPPRIMER-SUPPRIMER-SUPPRIMER

Je ne peux pas dire ça non plus ! Oh, mon Dieu ! Qu'est-ce que je vais faire ????????

FtLouie : Oui ! Super ! J'ai hâte d'y être !

Mon Dieu. Quelle menteuse je fais.

SkinnerBX: Et c'est quoi cette histoire de ta grand-mère qui donne une soirée mercredi avec Bob Dylan ?

FtLouie : Bob Dylan ? Tu veux dire le chanteur ?

SkinnerBX: Oui. Bono et Elton John sont censés être là aussi.

L'espace d'un instant, j'ai pensé que Michael avait fumé de la marijuana de mauvaise qualité avec les étudiants qui occupent la chambre en face de la sienne.

Et puis, je me suis souvenue de la soirée que Grand-Mère organisait au profit des producteurs d'olives de Genovia.

FtLouie : Ah oui, c'est vrai. Mais comment es-tu au courant ?

SkinnerBX: C'est annoncé sur le Net.

FtLouie : Bien sûr.

SkinnerBX: Dis, tu crois que tu peux m'obtenir une invitation ? J'adorerais demander à Bob s'il pense toujours qu'un individu peut changer le monde avec une seule chanson. Tu crois que c'est possible ? Je te promets de ne pas te faire honte en présence des chefs d'État qui seront là.

Oh ! Comme c'est mignon ! Michael veut rencontrer une star. Ça ne lui ressemble tellement pas.

Mais bon, Bob Dylan n'est pas n'importe quelle star. Après tout, il a pratiquement inventé son propre langage. Du moins, c'est l'effet que ça me fait quand Michael met un de ses disques.

Mais je suis sûre que Michael trouvera une application à la sagesse musicale de Bob, vu qu'il n'a aucun problème pour comprendre ce qu'il chante.

En tout cas, moi, ça me fait une soirée de plus avec Michael la semaine prochaine !

Bon d'accord, Michael se sert de moi pour rencontrer Bob Dylan.

C'est ça qui est formidable quand on a un petit ami : vous passez la pire journée de votre vie et il suffit qu'il vous propose de sortir pour que, pouf! tous vos soucis s'envolent. Il y a vraiment quelque chose de magique dans le fait d'avoir un petit ami.

FtLouie : Ça me paraît tout à fait possible.

Michael m'a ensuite dit des tas de choses gentilles, par exemple que j'étais super efficace comme leader, que ce soit de Genovia ou du comité des délégués de classe d'Albert-Einstein, qu'il avait hâte de me voir ce week-end et qu'il pensait que j'étais le plus grand écrivain au monde et que Shonda Yost, la responsable du département Fiction de *Seize ans*, devait être aveugle si elle ne s'était pas rendu compte que *Assez de maïs !* méritait le premier prix.

Tout ça, c'était bien gentil, mais ça ne réglait pas mon problème pour autant : que faire au sujet de la fête ?

Ah, oui. Et comment trouver l'argent pour louer l'Alice Tully Hall ?

Jeudi 4 mars, dans la limousine en chemin pour l'école

Je suis épuisée. Hier soir, au moment où j'allais me coucher, j'ai vu que j'avais reçu un MSN. Je pensais que c'était Michael, qui m'écrivait pour me dire qu'il m'aimait. Une dernière fois, avant d'aller au lit, quoi.

Mais c'était BORIS PELKOWSKI !!

JoshBell2 : Mia ! J'ai entendu dire que ta grand-mère donnait une réception mercredi soir et qu'elle avait invité Joshua Bell. Sais-tu qu'en plus d'être un très grand violoniste, c'est mon héros.

Oh, non…

FtLouie : Est-ce que Joshua Bell envisage d'acheter une des îles de The World, au large de Dubaï ?

JoshBell2 : Je ne sais pas, mais il pourrait acheter l'Indiana, dont il est originaire, tout comme beaucoup d'autres génies de la musique comme Hoagy Carmichael et Michael Jackson. Mais bref, si ça ne t'ennuie pas, est-ce que tu pourrais me faire inviter ? Il FAUT que je rencontre Joshua Bell. J'ai quelque chose de très important à lui dire.

Vous savez quoi ? Boris est peut-être devenu sexy, mais il est toujours aussi bizarre.

FtLouie : Oui, je crois.

JoshBell2 : MERCI, Mia ! Tu ne peux pas savoir à quel point ça me touche. S'il y a quoi que ce soit que je puisse faire pour toi – en plus de travailler mon violon dans cette espèce de placard – dis-le-moi !

Comme par hasard, ça a été ensuite au tour de Ling Su de se connecter :

Peintresse : Salut, Mia ! Il paraît que ta grand-mère fait une fête mercredi soir et que Matthew Barney, tu sais, l'artiste conceptuel qui est très controversé, sera là.

FtLouie : Laisse-moi deviner : Matthew Barney achète une île de The World au large de Dubaï.

Peintresse : Comment tu le sais ? Il achète l'Islande avec Björk, sa femme. Tu crois que je pourrais venir ? J'adorerais le rencontrer.

FtLouie : Pas de problème.

Peintresse : Mia Thermopolis, tu es la meilleure !

Puis, c'est Shameeka qui s'est connectée :

Ellestmoi : Salut, Mia !

FtLouie : Ne dis rien, je sais : tu as appris que Beyoncé venait à la soirée qu'organisait ma grand-mère au profit des producteurs d'olives de Genovia et tu voudrais que je te fasse entrer pour que tu puisses la rencontrer.

Ellestmoi : En fait, c'est surtout Halle Berry que j'aimerais voir. Elle achète la Californie. Mais tu dis que BEYONCÉ sera là ????

FtLouie : Considère que tu es invitée.

Ellestmoi : C'EST VRAI ???? JE T'ADORE, MIA !!!!!!!

Puis Kenny :

E=MC2 : Mia, c'est vrai que ta grand-mère donne une soirée de gala la semaine prochaine à laquelle la scientifique Rita Coldwell sera présente ?

FtLouie : Peut-être, oui. Tu veux venir ?

E=MC2 : JE PEUX ? Oh, merci, Mia !

FtLouie : N'en parle à personne.

Puis Tina :

Cœuraimant : Mia, ta grand-mère organise vraiment une soirée à laquelle elle a invité plein de stars ?

FtLouie : Oui. Laquelle veux-tu rencontrer ?

Cœuraimant : Je m'en fiche ! N'importe laquelle !

FtLouie : OK. Je te mets sur la liste des invités.

Cœuraimant : YOUPI !!!!!!!!!!!!!!!! JE VAIS RENCONTRER DES STARS !!!!! MERCI !!!!!!!!!!!

Et enfin, Lilly :

WomnRule : Hé ! C'est quoi cette histoire ? Ta grand-mère a invité Benazir Bhutto à une réception, mercredi soir ?

Ouah ! Benazir aussi. Quelle île veut-elle acheter ? Pas le faux Pakistan tout de même ?

FtLouie : Tu veux venir et la rencontrer ?

WomnRule : Évidemment. Je voudrais l'entretenir de deux ou trois petits points, comme son soutien aux talibans pendant toutes ces années.

FtLouie : Pas de problème !

WomnRule : Super. À demain, PDG.

J'imagine que tout ce que j'ai écrit à Cari Jung – comme quoi le fait d'être la présidente du comité des délégués de classe ne faisait pas de moi quelqu'un qu'on apprécie – est faux, finalement. On m'apprécie.

Grâce à Grand-Mère.

Jeudi 4 mars, en perm

Je vais la tuer.

Je lui ai dit NON. Et c'était un NON définitif.

Comment a-t-elle osé ?

Une fois de plus.

Jeudi 4 mars, en EPS

Franchement. Et comment est-ce qu'elle a FAIT aussi vite ?

Il y en a partout, en plus. Les murs en sont couverts. Et quand j'ai ouvert mon casier, l'un d'eux est tombé par terre.

ELLE EN A MIS DANS TOUS LES CASIERS.

Ça a dû lui prendre des HEURES. Comment s'est-elle débrouillée ? Qui a-t-elle PAYÉ pour le faire ?

Mon Dieu… Ça pourrait être n'importe qui. Même un prof. Ils sont tellement mal payés. Je le sais, parce que j'ai vu les feuilles de salaire de Mr. G.

Tout le monde en a une à la main. Une feuille jaune sur laquelle il est écrit :

AUDITIONS AUJOURD'HUI À 15 H 30
dans la salle de bal
du Plaza
pour la création de

NATTES !

Ouvert à tous
Expérience théâtrale inutile

J'ai croisé des membres du Club de théâtre – ceux qui répètent *Hair* – au moment où ils lançaient des regards noirs de dessous leurs sourcils piercés tout en disant :

« *Nattes !* ? C'est quoi ça, *Nattes !* ? Jamais entendu parler d'une pièce qui s'appelle *Nattes !* C'est la dernière œuvre d'Andrew Lloyd Webber ? Ça parle de Rapunzel ? »

Apparemment, ils étaient furieux que quelqu'un ait osé monter une pièce – sans compter qu'elle semblait, en plus, parler de cheveux – qui risquait de voler LEUR public.

Cela dit, je ne peux pas leur en vouloir.

Mais c'est hors de question de leur révéler que MA grand-mère est ce « quelqu'un ». Amber Cheeseman n'est pas la seule au lycée à être capable de massacrer quelqu'un d'un simple revers de la main. Certains des théâtreux savent manier l'épée et le glaive.

À quoi pensait donc Grand-Mère ? Et c'est quoi ce nom, *Nattes!*?

Pourquoi ne sort-elle pas DE MA VIE ????? J'ai déjà SUFFISAMMENT de problèmes, non ? Ce matin, par exemple, quand je suis allée faire un bisou à Rocky avant de partir, il a pointé le doigt gaiement vers moi en criant : « Ature ! »

Eh oui… Mon frère pense que je suis une voiture.

POURQUOI SUIS-JE LA SEULE À VOIR QUE C'EST PEUT-ÊTRE LES PRÉMICES D'UN PROBLÈME ??????

Jeudi 4 mars, en économie politique

OK. J'ai décidé d'écouter pendant ce cours.

L'économie a pour propos de répondre aux besoins illimités de l'humanité tout en sachant que les ressources disponibles sont limitées et/ou peu abondantes.

On appelle cette notion « utilité » – c'est-à-dire la satisfaction qu'un bien ou un service procure.

Plus une personne ou un gouvernement consomme, plus l'utilité sera grande.

Vous savez quoi ? L'utilité de Grand-Mère doit être ÉNORME.

Jeudi 4 mars, en anglais

Non, c'est pas vrai. Lana est au courant.

Je ne sais pas comment elle l'a découvert, mais elle sait. Je sais qu'elle sait parce qu'elle est venue me voir dans le couloir et m'a dit: « Je sais. »

Et elle l'a dit avec l'air de celle qui sait de quoi elle parle. Vous voyez ce que je veux dire?

Le problème, c'est que… je ne sais pas ce qu'elle sait.

Est-ce qu'elle sait que c'est Grand-mère qui est à l'origine de *Nattes!*

Ou sait-elle que j'ai dépensé tout l'argent des élèves de dernière année.

À moins qu'elle ne sache que je suis terrifiée à l'idée que Michael découvre que je ne suis pas une fêtarde?

Mais comment le saurait-elle? Je n'en ai parlé à personne – à part Tina Hakim Baba, mais Tina est une tombe. Elle ne répète JAMAIS rien.

Surtout pas à LANA.

Bref, quoi que sache Lana, elle m'a juré qu'elle ne dirait rien si… je fais ce qu'elle veut.

CE QU'ELLE VEUT!!!!!!

Elle m'a demandé de la retrouver après déjeuner sur le palier du troisième étage, et là, elle me dira ce que je dois faire pour acheter son silence.

Je ne savais pas que des filles comme Lana étaient au courant pour le palier du troisième étage. Je croyais que c'était un endroit réservé aux tordus de mon genre.

Mais qu'est-ce qu'elle peut bien vouloir ? Et si elle me demandait de devenir sa meilleure amie ?

Sérieux. Peut-être qu'elle veut que je fasse comme si on s'entendait à merveille pour qu'elle puisse avoir SA photo à côté de la mienne dans *Us Weekly* ? Ou pour qu'elle puisse m'accompagner au prochain mariage royal auquel j'assisterai, et rencontrer le prince William ? Je suis sûre qu'elle rêve de le rencontrer et de lui montrer pourquoi c'est son nom qu'on voit le plus souvent sur les portes des toilettes pour garçons d'Albert-Einstein (d'après Boris).

Mais si ce n'était pas ça du tout ? Si elle s'en fichait que je fasse semblant de l'adorer mais qu'elle veuille que je démissionne de mon poste de présidente du comité des délégués de classe pour être présidente à ma place ?

C'est tout à fait possible. Après tout, elle ne s'en est toujours pas remise que je l'aie battue aux élections. Elle fait comme si elle n'en avait rien à faire – en clamant sur tous les toits, après sa défaite, que c'était complètement idiot de vouloir être présidente et qu'elle ne savait pas à quoi elle pensait quand elle s'était présentée.

Mais si elle avait changé d'avis ? Si elle pensait que ce n'est pas idiot du tout et qu'elle veuille prendre ma place ?

Cela dit, ce ne serait pas si gênant que ça. C'est vrai, quoi. La présidence me prend beaucoup de temps pour pas grand-chose, au bout du compte. Je n'ai même pas eu droit à un seul merci pour les poubelles de recyclage.

Et puis, si Lana veut que je démissionne, ça me permettra d'être moins occupée et d'avoir plus de temps pour travailler sur ce livre que j'envisage d'écrire. Je pensais transformer *Assez de maïs !* en roman. Je pourrais essayer de le vendre à un vrai éditeur. Du coup, je n'aurais plus à me soucier que le-garçon-qui-déteste-qu'on-mette-du-maïs-dans-le-chili le lise, car quel est le lycéen qui a le temps de lire pour le plaisir, hein ?

Je serais alors publiée et je passerais sur Book TV où je parlerais de symbolisme et tout ça.

Ce serait génial.

Mais non ! Lana ne peut PAS être présidente à ma place si je démissionne. C'est la vice-présidente qui le sera, c'est-à-dire Lilly.

Donc, Lana ne peut pas vouloir que je démissionne. Elle doit vouloir autre chose de moi.

Mais quoi ? Je n'ai RIEN. Elle devrait le savoir. Rien à l'exception du trône de Genovia sur lequel je monterai un jour…

Ça ne peut tout de même pas être ÇA qu'elle veut ? Pas mon trône ni ma COURONNE ?

De toute façon, je ne pourrais pas lui donner mon diadème. Mon père me tuerait. Il vaut un paquet d'argent. C'est pour ça d'ailleurs que Grand-Mère l'a mis dans le coffre du Plaza.

ET SI… C'ÉTAIT MICHAEL QU'ELLE VOULAIT ?????

Mais pourquoi le voudrait-elle ? Elle n'a jamais voulu de lui quand il était encore à Albert-Einstein. En fait, pour une raison qui m'échappe, je crois qu'elle le trouve sans intérêt et pas du tout sexy (elle est aveugle ou quoi ?)

De toute façon, il paraît qu'elle sort depuis quelque temps avec un type de l'équipe de basket.

Elle n'a pas INTÉRÊT à vouloir Michael, c'est tout ce que je dis.

Elle peut avoir mon trône. MAIS PAS MON PETIT AMI.

Qu'est-ce qui se passe, Mia ? T

`Rien. Pourquoi tu me demandes ça ?`

Je ne sais pas, mais on dirait que tu viens d'avaler une chaussette.

C'est vrai ? Pourtant, je n'ai rien, je te promets, rien du tout.

Ah bon. J'avais peur qu'il se soit passé quelque chose avec Michael. Tu lui as dit ? Que tu n'étais pas une fêtarde ?

Euh... Non.

Mais voyons, Mia ! Il faut être ferme avec les garçons. C'est ce que dit Ms Dynamite dans *Put him out* : « Je comprends que tu l'aimes et que tu te sentes mal, mais ça ne signifie pas que tu dois être son clown. »

JE SAIS !

Salut les filles ! Je n'en reviens pas du nombre de souscriptions pour le premier numéro ! J'ai rendez-vous avec Mrs. Martinez à l'heure du déjeuner pour sélectionner les textes qu'on va publier. Le numéro 1 du *Popotin de Fat Louie* va DÉCHIRER !

ARRÊTE DE L'APPELER COMME ÇA, LILLY.

Et pourquoi ? C'est et ça restera son nom. Tu es la seule à ne pas aimer. Avec la principale Gupta, bien sûr. Comme si SON opinion comptait. Au fait, PDG, c'est quoi cette histoire de pièce que ta grand-mère veut monter ?

Comment sais-tu que c'est elle ?

Qui d'autre auditionnerait au Plaza à part elle, hé nigaude. Alors, c'est quoi ?

Je ne sais pas. Une autre des extravagances de ma grand-mère pour m'humilier et me contrarier.

Hé, qu'est-ce que tu as mangé, ce matin ?

Ne commence pas, s'il te plaît, Lilly ! Tu ne peux pas comprendre que j'en ai assez qu'elle se mêle de ma vie ????

Mia a peur que Michael découvre qu'elle n'est pas fêtarde.

TINA !!!!!!!

Écoute, Mia, je suis désolée, mais c'est ridicule. Tu n'es pas d'accord, Lilly ?

C'est quoi une fêtarde, pour vous ?

Eh bien, une fille comme… comme Lana. Ou Paris Hilton.

Berk !!!!! Pourquoi voudrais-tu ressembler à Paris Hilton, Mia ?

Je ne veux pas lui ressembler. C'est juste que je suis inquiète.

Paris Hilton fait partie de ces femmes qui sont trop belles pour vivre. Pas vrai, Tina ?

Oui. Tu n'as pas à te sentir menacée par elle, Mia.

Je ne me sens pas menacée. Je suis juste…

À consulter :

Liste des femmes trop belles pour vivre qui devraient élire domicile sur une île déserte afin que le commun des mortels cesse enfin de se sentir mal

par Lilly Moscovitz

1) Paris Hilton : Elle est belle, peut manger ce qu'elle veut sans craindre de grossir et sans avoir à faire de sport ET c'est une héritière. N'y a-t-il pas de justice en ce monde ? Par ailleurs, elle aime les animaux et les homosexuels, et est manifestement assez intelligente pour se fiancer à un homme apparenté à l'une des familles les plus riches au monde. Mais a-t-elle déjà pensé à se servir de son esprit pour faire autre chose que participer à une émission de téléréalité ? Que penses-tu d'un traitement contre le cancer, Paris ? Ou d'un moyen pour atomiser l'eau de mer afin de produire des gouttelettes qui s'élèveraient dans les nuages et augmenteraient leur réflectivité par rapport à la lumière du soleil, ce qui refroidirait la température et compenserait le réchauffement de la planète, et donc sauverait notre pauvre Terre ? Allez, Paris, tout le monde sait que tu en serais capable si tu t'y mettais. Avec ton argent et ton intelligence, tu pourrais vraiment faire que les choses changent !

2) Angelina Jolie : Au secours ! Elle est beaucoup trop belle avec ses lèvres pulpeuses, ses cheveux et ses hanches pleines. Je m'en fiche qu'elle ait piqué Brad à Jennifer, qu'elle ait adopté un petit Cambodgien ou qu'elle soit ou non sortie avec son frère. Débarrassez-nous de cette fille ! Elle est trop belle !

3) Keira Knightley : Je la déteste, celle-là ! Elle aussi ne devrait pas avoir le droit de vivre tellement elle est belle. Déjà qu'elle sortait avec Orlando dans *Pirates des Caraïbes*, il faut maintenant qu'elle joue Elizabeth Bennett dans une nouvelle version de *Orgueil et Préjugés*. Excusez-moi, mais elle ne peut pas jouer Lizzie Bennett, parce que Lizzie Bennett est censée être INTELLIGENTE, pas belle. C'est ça que veut montrer l'histoire : que Lizzie n'est pas une beauté comme Keira. Débarrassez-nous d'elle, s'il vous plaît.

4) Jessica Alba : Elle était à peu près supportable dans le rôle principal de la série post-apocalyptique, *Dark Angel*. Au moins nous a-t-on épargné la vision de ses abdos, parce qu'il pleut trop à Seattle où était tournée la série, pour qu'elle se mette en petite tenue. Mais elle a joué ensuite dans *Honey*, où elle interprétait une danseuse de hip-hop, puis dans *Sin City* et *Les Quatre Fantastiques*, et là, ça n'a été que abdos, abdos, abdos de Mlle Alba. Eminem s'est alors mis à mentionner son nom dans ses chansons. Est-ce qu'on a besoin de ça ? Est-ce qu'on a besoin que le poète le plus avant-gardiste de notre génération lui passe de la pommade ? Non. Dehors, Jessica Alba !

5) Halle Berry : Est-il nécessaire de dire quoi que ce soit sur elle ? Oh, bien sûr, elle a ESSAYÉ de s'enlaidir dans *À l'ombre de la haine*. Dommage pour elle,

ça n'a pas marché. Halle Berry ne pourrait jamais s'enlaidir même si sa vie en dépendait. Elle semble être sur terre uniquement pour qu'on se sente mal. Alors, bon vent, Halle Berry !

6) Natalie Portman : J'imagine qu'il fallait une actrice très belle pour jouer la mère de Princesse Leia. Mais quand même ! Était-il nécessaire de choisir une femme tellement belle qu'elle parvient à rendre intelligents les dialogues dans *L'Attaque des clones* ? Sûr, Natalie a essayé de se racheter en jouant divers rôles pour lesquels elle n'était pas obligée de porter des combinaisons en vinyle. Mais peu importe le nombre de fois où tu te teindras les cheveux, Natalie. On continuera toutes de penser que tu es trop belle pour vivre.

7) Shannyn Sossamon : J'avais des doutes pour *Chevalier*, du genre qu'est-ce qu'une fille aussi belle fait dans un film sur le Moyen Âge ? Et puis, j'ai vu *Les Lois de l'attraction* et j'ai COMPRIS : Shannyn Sossamon est beaucoup trop belle pour jouer une fille que des types larguent ou trompent tout le temps. ÇA N'ARRIVERAIT JAMAIS DANS LA VRAIE VIE. Dehors, Shannyn Sossamon !

8) Thandie Newton : Je pouvais la supporter quand elle jouait Audrey Hepburn dans *La Vérité sur Charlie*, le remake de *Charade*, parce que Audrey Hepburn

aussi était trop belle pour vivre, du coup c'est normal que l'actrice qui reprenait son rôle soit belle. Et elle était acceptable dans ce film de science-fiction, *Les Chroniques de Riddick*, parce qu'elle était une alien. Mais quand je l'ai vue dans les bras de Carter, dans *Urgences*, j'ai su alors qu'il était temps de se débarrasser d'elle ! Et d'abord, qu'est-ce que Thandie Newton fait à la télé ? Ne peut-elle pas se contenter de se montrer au cinéma ? Et aucun médecin de Chicago qui irait au Congo ne reviendrait avec THANDIE NEWTON. OK?????? Des femmes comme Thandie Newton NE VONT PAS AU CONGO. Alors, je vous en prie, retirez-la de ma vue.

9) Nicole Kidman : Premièrement, qu'est-ce que Nicole Kidman est censée être ? Un être humain ? À mon avis, c'est l'une de ces extraterrestres qui se débarrasse de son déguisement dans *Cocoon*. Vous vous rappelez, cette fille rayonnante ? Parce que Nicole est rayonnante de beauté, comme l'extraterrestre de *Cocoon*. Après tout, elle est peut-être vraiment une des extraterrestres que les scientologues attendent et qui sont censées revenir pour nous sauver (enfin, pour sauver les adeptes de la scientologie) avant qu'on ne détruise notre planète en abusant de ses ressources naturelles ? C'est peut-être même pour ça que Tom

Cruise l'a épousée. Nicole Kidman, appelle maison! Dis au vaisseau spatial de se dépêcher!

10) Penelope Cruz: Encore une autre extraterrestre! Bien que moins rayonnante que Nicole, Penelope fait partie de ces femmes qui sont trop belles pour être des êtres humains. Qui sait si ce n'est pas à cause de sa beauté que Tom Cruise est sorti avec elle aussi longtemps? Il devait penser que c'était une extraterrestre, comme Nicole, sauf que Penelope a tout simplement gagné à la loterie de la génétique et est juste naturellement belle. Que va-t-il se passer quand Tom va se rendre compte que Katie Holmes n'est pas une extraterrestre non plus? Est-ce qu'il va la quitter? AVEC COMBIEN D'AUTRES FEMMES À LA BEAUTÉ SURNATURELLE TOM VA-T-IL ENCORE SORTIR? Et pourquoi le vaisseau de la scientologie ne se dépêche-t-il pas de venir LES RECHERCHER???????

Jeudi 4 mars, en français

Oui, si on veut. Sauf que la liste de Lilly ne m'a pas vraiment aidée.

Détente: situation internationale durant laquelle deux nations ennemies mais non impliquées dans une guerre ouverte font un pas l'une vers l'autre, ce qui entraîne une diminution de la tension.

Ce serait génial si c'était ça que voulait Lana.

Jeudi 4 mars, sur le palier du troisième étage

Bien. Je suis à l'heure au rendez-vous, mais pas de Lana en vue.

Elle m'avait pourtant dit « après le déjeuner ». Je suis sûre que c'est ça qu'elle a dit.

On est après le déjeuner.

OÙ EST-ELLE ALORS ???????

Je ne supporte pas de m'être sauvée en douce. Il faut avouer que ce n'était pas facile de me débarrasser de toute la bande. Je ne parle pas de Lilly, puisqu'elle avait rendez-vous avec Mrs. Martinez, mais de Tina, Boris, Yan et les autres. J'ai dû leur raconter que je venais exprès ici pour passer un coup de fil privé à Michael.

Évidemment, Tina a pensé que c'était pour lui annoncer que je n'étais pas une fêtarde. Du coup, elle n'arrêtait pas de me lancer : « Vas-y ! Fais-le », jusqu'à ce que Shameeka nous demande de quoi il s'agissait.

Mais Tina a raison. Je dois dire la vérité à Michael. Il faut juste que je trouve une façon de la lui dire sans révéler mon terrible secret, à savoir que je ne suis pas une fêtarde.

Mais COMMENT ? Je suis sûre que vous pensez que, pour une menteuse invétérée comme moi, ce ne serait pas difficile de raconter n'importe quoi qui me sortirait d'embarras… du genre une cérémonie officielle à laquelle je ne peux échapper.

Dommage qu'il n'y ait pas eu de décès récemment dans les familles royales. Des funérailles nationales auraient été l'excuse PARFAITE.

Mais vu que personne n'a cassé sa pipe ces derniers temps…

Et si je lui disais que je devais assister à un mariage ?

Mais oui ! Un de mes cousins en Europe se marie et je suis OBLIGÉE d'y aller. Michael me croira vu qu'il ne lit jamais les magazines qui relatent ce genre d'événement.

Il ne lit pas ces magazines mais il surfe sur le Net…

Je n'ai qu'à lui envoyer un texto. Et pourquoi pas maintenant ?

DSL DOI ALLE GNOVIA CE WE. DEVOIR M'APEL ! PROCH 1X PEU-Ê !

En fait, ce serait bien plus simple si je cessais de mentir une bonne fois pour toutes. Parce que, si je continue, je vais finir par perdre le fil de mes histoires et me mélanger les pédales.

Oh, oh. J'entend quelqu'un.

C'EST LANA !!!!!

Jeudi 4 mars, en étude surveillée

Quelle épreuve ! Totalement surréaliste.

Quand Lana m'a dit qu'elle savait, en fait, c'est de l'argent dont elle parlait. De notre banqueroute.

Et ce qu'elle voulait, en échange de son silence, c'est être invitée à la réception de Grand-mère.

Sérieux.

J'étais tellement sous le choc – je m'attendais à ce que Lana me demande quelque chose de plus compliqué qu'une simple invitation à une fête – que je lui ai dit : « Mais pourquoi tu veux y aller ? Toi aussi, tu as envie de rencontrer Bob Dylan ? »

Lana m'a regardée comme si elle avait affaire à une demeurée (en quoi est-ce nouveau ?) et a répondu : « Euh... non, mais j'ai entendu dire que Colin Farell serait là. Il a fait une offre pour l'Irelande. Tout le monde sait ça, voyons. »

Tout le monde sauf moi, apparemment.

Mais bon, j'ai fait comme si. Comme si je savais, et j'ai répondu : « Ah, oui, bien sûr. »

Puis j'ai promis à Lana de lui avoir une invitation.

« DEUX, a-t-elle sifflé sur un ton proche de celui de Gollum quand il dit : "Mon précieux" dans *Le Seigneur des Anneaux*. Trish veut venir. »

Trisha Hayes est comme le Igor de Frankenstein, elle suit Lana comme son ombre.

« Mais si elle pense qu'ELLE va sortir avec Colin, elle rêve. »

Je me suis abstenue de tout commentaire sur cet apparent désaccord entre elles et j'ai dit : « Très bien. Deux invitations. »

À ce moment-là, sans doute parce que je suis incapable de me taire, j'ai demandé à Lana comment elle avait su pour le budget du comité des délégués de classe.

Elle m'a adressé une nouvelle grimace avant de répondre :

« J'ai cherché le prix de ces stupides poubelles de recyclage sur Internet et j'ai fait ensuite une multiplication. J'ai su alors que tu étais fauchée. »

Lana est encore plus intrigante que je ne l'imaginais. Intrigante ET bien meilleure en maths que moi.

Peut-être aurait-elle fait une bonne présidente ?

J'aurais dû la laisser partir à cet instant précis, lui dire : « Salut », mais je n'ai pas pu. Cela aurait été trop facile, j'imagine. Du coup, je lui ai demandé :

« Au fait, Lana. Je peux te poser une question ?

— Quoi ? » a-t-elle répliqué en plissant les yeux.

Quand je me suis entendue dire : « Comment tu… tu fais la fête ? », j'ai vraiment cru que j'avais perdu la tête.

Lana aussi, apparemment, car elle a ouvert grand la bouche et m'a dévisagée avant d'articuler :

« Comment je fais QUOI ?

— La… la fête, ai-je marmonné. Je sais que tu vas souvent à des fêtes et je me demandais comment ça se passait. Ce qu'on est censé y faire. »

Lana a secoué la tête et ses longs cheveux blonds ont brillé dans la lumière des tubes au néon.

« Quelle retardée tu fais », a-t-elle lâché.

Dans la mesure où c'était vrai, je n'ai rien répondu.

Et j'ai eu raison car Lana a déclaré :

« Tu arrives – tu es évidemment sublime –, tu attrapes une bière. Si la musique est bonne, tu danses. Si tu repères un garçon, tu le dragues. C'est tout.

— Je n'aime pas la bière », ai-je fait observer.

Mais Lana ne s'est pas donné la peine de relever et a ajouté :

« Et tu t'habilles sexy. »

Elle a alors baissé les yeux sur mes Doc, puis est remontée jusqu'à ma tête avant de préciser :

« Quoique pour toi, ça risque d'être difficile. »

Et sur ces paroles, elle est partie.

Je suis sûre que ça ne peut pas être aussi simple. De faire la fête, je veux dire. On arrive, on boit, on danse et on… drague ? Et si la musique est très rapide ? Est-ce qu'on doit accélérer ses mouvements quand on danse ? Moi, quand je danse en m'agitant trop, on a l'impression que je suis prise de convulsions.

Et qu'est-on censé faire de sa bière quand on danse ? On la pose sur la table ou on la tient à la main ? Mais si on gesticule dans tous les sens en dansant, on risque de la renverser, non ?

Et au fait, on ne se présente pas dans les fêtes de Lana ? D'après Grand-Mère, il faut saluer chaque invité personnellement, lui serrer la main et s'enquérir de sa santé. Pourquoi Lana ne m'a-t-elle rien dit de tout cela ?

Mais la question la plus importante est : qu'est-ce que je fais de mon garde du corps ?

Vous savez quoi ? Cette histoire de fête s'avère plus compliquée que prévu.

Jeudi 4 mars, en géométrie

Je viens de penser à quelque chose d'horrible. Encore plus horrible que ce à quoi je pense d'habitude, par exemple que Rocky est autiste ou que le grain de beauté que j'ai sur la cuisse va grossir et se transformer en une tumeur de quatre-vingt-dix kilos comme celle de cette femme que j'ai vue dans un documentaire sur Discovery Channel. Ça s'appelait *Une tumeur de quatre-vingt-dix kilos*.

Non, j'ai pensé que Lana s'était peut-être autoréalisée.

Je parle très sérieusement. Son chantage, dans la cage d'escalier, avait presque quelque chose de beau, de LYRIQUE.

D'accord, elle l'a fait de façon sournoise et manipulatrice. N'empêche qu'elle a eu ce qu'elle voulait.

Non, ce n'est pas possible : Lana ne peut PAS s'être autoréalisée. Ce ne serait pas juste !

Mais on ne peut pas nier qu'elle sait comment avoir ce qu'elle veut dans la vie. Tandis que moi, je me débats lamentablement en mentant à tout le monde et en n'obtenant PAS ce que je veux.

Je ne sais pas. C'est vrai que Lana *est* diabolique.

En même temps…

Angles externes alternés : angles à l'extérieur de deux lignes coupées par une transversale mais sur les côtés opposés de la transversale.

Jeudi 4 mars, en SVT

Kenny vient de me demander si je voulais bien recopier notre polycopié sur la viscosité des fluides. Il a renversé de la sauce Alfredo dessus quand il l'a rempli hier soir, pendant qu'il dînait.

J'ai accepté, évidemment. Ce n'est pas grand-chose, après tout, vu que je ne sais même pas ce qu'est la viscosité des fluides.

Devoirs

EPS : LAVER SHORT DE GYM !!!!

Économie politique : questions à la fin du chap. 8

Anglais : pages 133-154 de *O Pioneers !*

Français : réécrire une histoire

Étude dirigée : couper jupe en velours noir pour en faire une mini-jupe pour la fête. ET TROUVER UN BÉRET !!!!

Géométrie : chap. 17, problèmes pages 224-230

SVT : Qu'est-ce que j'en ai à faire ? Kenny s'en charge !

Jeudi 4 mars, dans la salle de bal du Plaza

C'est incroyable le nombre de personnes venues auditionner pour *Nattes !* Je n'en reviens pas. En plus, il n'y a pas un seul élève du Club de théâtre puisqu'ils sont occupés à répéter *Hair*.

Bref, j'en conclus que tous ceux qui sont là aujourd'hui sont des comédiens néophytes (ça veut dire débutants, m'a expliqué Lilly), comme Tina,

Boris, Lilly, Ling Su et Terry (mais pas Shameeka car elle n'a droit qu'à une seule activité extrascolaire par semestre).

Kenny est là, aussi, avec quelques copains à lui, et Amber Cheeseman, les manches de son uniforme remontées, histoire de mettre en valeur ses avant-bras de gorille, j'imagine.

Il y a même le-garçon-qui-déteste-qu'on-mette-du-maïs-dans-le-chili !

Ouah ! Je ne pensais pas qu'autant d'élèves d'Albert-Einstein rêvaient de devenir acteur.

Cela dit, quand on y réfléchit bien, acteur/trice est l'un des rares métiers où l'on peut gagner un maximum d'argent sans être particulièrement intelligent ou talentueux, comme le prouvent régulièrement beaucoup de stars.

Ce qui explique peut-être pourquoi autant de personnes sont attirées par cette voie.

Grand-Mère, en tout cas, semblait décidée à se comporter comme s'il s'agissait d'une vraie audition. Dès qu'on est entrés dans la salle, sa femme de chambre nous a distribué des formulaires d'inscription qu'on a dû remplir avant de poser pour une photo Polaroïd (le chauffeur de Grand-Mère s'était improvisé photographe pour l'occasion). Ensuite, on était censés remettre le formulaire et la photo à un très vieux monsieur tout ratatiné, avec d'énormes lunettes et une cravate, assis derrière une longue table, genre Jennifer Lopez quand elle fait allusion à *Flashdance* dans son clip pour *I'm Glad*. Grand-Mère était assise à côté de lui, Rommel, son caniche nain, sur les genoux. Curieusement, bien qu'il ait son blouson d'aviateur sur le dos, Rommel tremblait.

Je me suis dirigée vers elle, mon formulaire à la main et un sac de chez Allô Suzie, la Chinoise en bas de la maison, dans lequel j'avais mis son cadeau d'anniversaire, ce matin avant de partir.

« Je ne le remplis pas, l'ai-je informée en lui indiquant d'un signe de tête le formulaire que j'ai fourré dans ma poche. Et voilà ton cadeau. Bon anniversaire. »

Grand-Mère a pris le sac – il y avait à l'intérieur cinq cintres en satin que j'avais spécialement commandés pour elle chez Chanel (n'importe quoi ! C'est mon père qui m'a conseillée de lui offrir ça, et qui a payé) – et a dit :

« Merci, Amelia. Je t'en prie, va t'asseoir maintenant, mon chou. »

Je savais que le « mon chou » était destiné non pas à moi mais à la personne assise à côté d'elle, quelle qu'elle soit.

« Comment peux-tu faire une chose pareille ? ai-je soufflé. Je n'arrive pas à croire que tu veuilles fêter ton anniversaire comme ça. »

Grand-Mère m'a fait signe de m'éloigner d'un geste de la main.

« Quand tu seras aussi vieille que moi, Amelia, tu découvriras que l'âge n'a plus aucune importance. »

Hé ho. Elle a SOIXANTE ans, pas quatre-vingts. Vous savez quoi ? Au lieu de lui offrir des cintres en satin, j'aurais dû lui prendre un de ces tee-shirts que j'ai vus l'autre jour, avec *REINE DU THÉÂTRE* écrit dessus.

Lilly m'a appelée et je suis retournée m'asseoir auprès d'elle, de Tina et de tous les autres.

« Alors, qu'est-ce qui se passe, PDG ? a-t-elle demandé. Je fais un reportage pour *L'Atome*, alors sois claire et précise. »

Lilly se débrouille toujours pour qu'on lui confie les bons sujets tandis que moi, je me retrouve systématiquement avec des trucs qui craignent, comme le menu de la cantine ou les dernières acquisitions de la bibliothèque. Mais bon, il paraît que c'est parce que je suis trop occupée avec la présidence du comité des délégués de classe sans compter mes fonctions de princesse.

« Je ne sais pas, ai-je répondu. À mon avis, on le saura tous bientôt.

— Et juste entre nous : c'est qui le nabot à lunettes ? » a voulu savoir Lilly.

Avant que j'aie le temps de lui répondre, Grand-Mère s'est levée – en se débarrassant de ce pauvre Rommel qui a glissé sur le parquet de la salle de bal – et a déclaré d'une voix faussement douce (faussement parce que la douceur est quelque chose que Grand-Mère ne connaît pas) :

« Je vous souhaite à tous la bienvenue. Pour ceux d'entre vous qui ne me connaissent pas, je m'appelle Clarisse et je suis la princesse douairière de Genovia. Je suis ravie de voir que vous êtes venus aussi nombreux aujourd'hui dans l'espoir de participer à ce qui sera, j'en suis sûre, un événement historique dans l'histoire du lycée Albert-Einstein et dans l'histoire du théâtre. Mais avant que je poursuive, permettez-moi de vous présenter le très grand metteur en scène à la réputation internationale : Señor Eduardo Fuentes. »

Senor Eduardo ! Non ! Ça ne pouvait pas être lui !

Et pourtant, si… c'était bien lui. C'était le fameux metteur en scène qui, il y a des années de ça, avait demandé à Grand-Mère de le suivre à New York et de jouer dans la pièce qu'il montait alors à Broadway !

S'il avait une trentaine d'années à l'époque, ça fait qu'aujourd'hui, il devait avoir…. CENT ANS. Il faisait tellement vieux qu'on aurait dit une créature à mi-chemin entre Larry King et un raisin sec.

Señor Eduardo a tenté tant bien que mal de se lever, mais il était si délabré et fragile qu'il n'est parvenu qu'à se hisser de quelques centimètres seulement. Du coup, Grand-Mère l'a poussé d'un geste brusque, l'obligeant à se rasseoir, et a repris son discours.

« Señor Eduardo a dirigé de nombreuses pièces et comédies musicales sur les scènes les plus prestigieuses du monde entier, dont Broadway et le West End de Londres, nous a-t-elle informés. Aussi, vous pouvez vous sentir honorés à l'idée de travailler avec un professionnel si accompli et vénéré.

— *Gracias*, a réussi à prononcer Señor Eduardo en agitant la main devant lui pour se protéger des lumières trop fortes qui provenaient du lustre de la salle de bal. *Muchos gracias*. Je souis très honoré dé mé rétrouver devant tant de visages jeunes, illouminés par.... »

Mais Grand-Mère n'allait laisser personne, et pas même un ancien metteur en scène connu dans le monde entier, lui voler la vedette.

« Mesdemoiselles et messieurs, l'a-t-elle donc coupé, vous allez auditionner pour participer à un spectacle qui sera une création. Si vous êtes choisi, vous ferez partie de l'Histoire avec un grand H. Je suis tout particulièrement heureuse de vous accueillir aujourd'hui car le texte que vous allez découvrir a été entièrement écrit par... – elle a baissé ses faux cils d'un air modeste – moi.

— Génial ! s'est exclamée Lilly en s'empressant de noter ce détail dans son carnet. Tu imagines un peu, PDG ? »

Oh, j'imaginais très bien. Grand-Mère avait écrit une PIÈCE DE THÉÂTRE ? Une pièce qu'elle voulait qu'on monte pour renflouer nos caisses avant la remise des diplômes des élèves de dernière année ?

J'imaginais tellement bien que j'aurais préféré être morte.

« Ce texte, a poursuivi Grand-Mère en agitant une liasse de feuilles, est totalement original et, je n'ai pas peur de le dire génial. *Nattes !* raconte l'histoire d'un couple qui s'aime mais qui doit surmonter plusieurs épreuves afin de vivre ensemble. Ce qui rend *Nattes !* bouleversant, c'est que les événements qui y sont décrits sont des faits historiques. Tout ce qui arrive S'EST PASSÉ DANS LA VRAIE VIE. Oui ! *Nattes !* est l'histoire d'une jeune femme extraordinaire qui, bien qu'elle ait passé la majeure partie de sa vie en tant que simple roturière, s'est retrouvée un beau jour dans le rôle de chef d'État. On lui a en effet demandé de monter sur le trône d'un petit pays que vous connaissez peut-être de nom, je veux parler de Genovia. Comment s'appelait cette jeune femme ? Elle portait le nom de… »

Oh, non ! Pour l'amour du ciel, faites que Grand-Mère n'ait pas écrit une pièce sur moi. Sur MA VIE. JE SENS QUE JE VAIS MOURIR. JE SENS QUE JE VAIS…

« Rosagunde. »

Quoi ? QUOI ? ROSAGUNDE ?

« Oui, a continué Grand-Mère, Rosagunde, l'arrière-arrière-arrière-arrière, etc. grand-mère de l'actuelle princesse de Genovia, qui a fait preuve d'une incroyable bravoure face à l'adversité et a fini par être récompensée de ses efforts en recevant le trône de ce qui est aujourd'hui Genovia. »

Mon Dieu...

Grand-Mère a écrit une pièce qui s'inspire de la vie de mon ancêtre, Rosagunde.

ET ELLE VEUT QU'ON LA JOUE À L'ÉCOLE.

DEVANT TOUT LE MONDE.

« *Nattes !*, c'est vrai, parle d'amour, mais c'est plus qu'une simple histoire à l'eau de rose, a repris Grand-rnère. Car c'est – à ce moment-là, elle a marqué une pause, autant pour l'effet dramatique que pour boire une gorgée de la boisson devant elle. De l'eau ? Ou de la vodka pure ? On ne le saura jamais. Pour ça, il aurait fallu que j'en boive une gorgée, moi aussi – une COMÉDIE MUSICALE. »

Au secours !

Ne me dites pas que Grand-Mère a écrit une COMÉDIE MUSICALE.

Attention, j'adore les comédies musicales, et *La Belle et la Bête* est, de tous les shows que j'ai vus à Broadway, celui que j'ai préféré.

Mais ça raconte l'histoire d'un prince maudit et d'une belle qui, bien que toujours plongée dans ses livres, voit au-delà de la Bête, et finit par l'aimer. Ça ne raconte pas l'histoire d'un guerrier du Moyen Âge et de la fille qui le tue en l'étranglant.

Apparemment, je n'étais pas la seule à m'en rendre compte car Lilly a levé la main et a dit :

« Excusez-moi. »

Grand-Mère a sursauté. Elle n'a pas l'habitude qu'on l'interrompe quand elle fait un discours.

« Je vous prierai d'attendre la fin pour poser des questions, a-t-elle déclaré, légèrement confuse.

— Excusez-moi, Votre Majesté, a insisté Lilly, ignorant sa requête. Êtes-vous en train de nous dire que *Nattes!* est l'histoire de Rosagunde, l'arrière-arrière-arrière, etc. grand-mère de Mia qui, en 568 après Jésus-Christ, a été obligée d'épouser le seigneur wisigoth Alboin, lequel avait conquis l'Italie et en revendiquait la possession. »

Grand-Mère s'est hérissée, comme Fat Louie quand je n'ai plus de boîtes de poulet ou de thon et que je lui donne de la dinde à la place.

« Exactement, a répondu Grand-Mère sèchement. Aussi, si vous me permettez de poursuivre…

— Tout à fait, a répliqué Lilly. Mais une COMÉDIE MUSICALE ? Sur une femme mariée de force à un homme qui non seulement a tué son père mais qui, le soir des noces, l'oblige à boire dans le crâne de celui-ci, ce qui a poussé votre héroïne à tuer son époux pendant son sommeil ? Ne pensez-vous pas que ce genre de détails est un peu LOURD pour une comédie musicale ?

— Et une comédie musicale qui se passe dans une base militaire pendant la Seconde Guerre mondiale, vous ne trouvez pas ça un peu LOURD ? Si je ne m'abuse, ça s'appelle *Pacifique Sud*, n'est-ce pas ? a fait observer Grand-Mère en haussant un sourcil. Ou une comédie musicale sur la guerre des gangs dans le New York des années 50 ? Je crois que celle-ci avait pour titre *West Side Story*… »

Tout le monde dans la salle s'est mis à murmurer – tout le monde sauf Senor Eduardo qui s'était, semble-t-il, endormi. Je n'y avais jamais pensé auparavant, mais Grand-Mère avait raison. Des tas de comédies musicales ne traitent pas de sujets très légers, si on y réfléchit bien. Même *La Belle et la Bête*, finalement, puisqu'elle raconte l'histoire d'un monstre absolument hideux qui kidnappe une jeune paysanne.

« Ou encore, a poursuivi Grand-Mère, une comédie musicale sur la crucifixion d'un homme en Galilée, et qui s'appelle *Jésus Christ Superstar ?* »

Ce dernier exemple nous a coupé le souffle. Grand-Mère venait de donner le coup de grâce, et elle le savait. À présent, elle nous avait tous à sa merci.

Tous, sauf Lilly.

« Excusez-moi, a-t-elle dit. Quand cette… comédie musicale va-t-elle être jouée ? »

Ce n'est qu'à ce moment-là que Grand-Mère a paru légèrement – mais très légèrement – embêtée.

« La semaine prochaine, a-t-elle répondu d'un air faussement assuré.

— Mais, princesse douairière ! s'est écriée Lilly pardessus les murmures de protestation de toutes les personnes présentes dans la salle – encore une fois, à l'exception de Señor Eduardo, puisqu'il dormait toujours –, vous ne pouvez pas demander à vos comédiens d'apprendre par cœur la totalité d'une pièce pour la semaine prochaine. On est tous au lycée et on a des devoirs. En ce qui me concerne, je suis rédactrice en chef d'un magazine littéraire et j'ai l'intention de sortir le numéro 1 la semaine prochaine. Je ne peux pas le faire ET apprendre le texte de votre pièce.

— Comédie musicale, a soufflé Tina.

— De votre comédie musicale, a corrigé Lilly. Si je suis prise, évidemment. C'est… c'est IMPOSSIBLE !

— Rien n'est impossible, nous a assuré Grand-Mère. Imaginez ce qui serait arrivé si John F. Kennedy avait déclaré qu'il était impossible qu'un homme marche sur la lune ? Ou si Gorbatchev avait dit qu'il était impossible de détruire le Mur de Berlin ? Ou si, lorsque mon défunt mari a invité le roi d'Espagne et dix de ses partenaires de golf à un dîner officiel à la dernière minute, je lui avais répondu : « C'est impossible, mon cher » ? Cela aurait provoqué un incident diplomatique ! Le mot impossible ne faisant pas partie de mon vocabulaire, j'ai demandé au majordome de rajouter onze couverts, au cuisinier de mettre de l'eau dans la soupe et au maître pâtissier de préparer onze soufflets supplémentaires. Le dîner a été un tel succès que le roi et ses amis sont restés pendant trois jours et trois nuits et ont perdu des milliers de dollars au baccarat – dollars qui ont aidé les pauvres orphelins affamés de Genovia. »

De quoi parlait Grand-Mère ? Il n'y avait pas d'orphelins affamés à Genovia. Et il n'y en avait pas non plus à l'époque de mon grand-père. Mais bon.

« Et vous ai-je dit, a lancé Grand-Mère en parcourant la salle du regard, que vous recevrez un crédit de cent points pour votre examen en anglais si vous participez à ce spectacle ? J'en ai discuté avec la principale d'Albert-Einstein et elle est d'accord. »

Les murmures de protestation se sont aussitôt transformés en petits cris de joie, et Amber Cheeseman, qui s'apprêtait à partir – après avoir compris que les acteurs auraient très peu de temps pour apprendre leur texte – s'est rassise.

« Parfait, a déclaré Grand-Mère, de toute évidence ravie. À présent, pouvons-nous commencer les auditions ?

— Une comédie musicale sur une femme qui étrangle le meurtrier de son père ? a marmonné Lilly tout en prenant des notes dans son carnet. On aura tout vu. »

Elle n'était pas la seule à être troublée. Señor Eduardo aussi semblait perturbé.

Ah, non. Il remettait juste en place son masque à oxygène.

« Les rôles les plus importants sont, évidemment, ceux de Rosagunde et de l'infâme guerrier qu'elle étrangle avec ses cheveux, Alboin, a repris Grand-Mère. Mais ne négligeons pas ceux du père de Rosagunde, de la servante, du roi d'Italie, de la maîtresse d'Alboin, une femme terriblement jalouse et, bien sûr, celui du brave amoureux de Rosagunde, Gustav. »

Une minute ! Depuis quand Rosagunde avait-elle un amoureux ? Et pourquoi n'en parle-t-on jamais dans les livres d'histoire de Genovia ?

Où était-il, à propos, quand la femme de sa vie tuait l'un des psychopathes les plus dangereux qui ait jamais existé ?

« Je propose donc que nous nous y mettions tout de suite ! » s'est exclamée Grand-Mère.

Et là-dessus, sans même jeter un coup d'œil à Señor Eduardo qui ronflait à son côté, elle a pris les deux premiers formulaires, avec les photos Polaroïd qui allaient avec.

« Est-ce que Kenneth Showalter et Amber Cheeseman veulent bien venir sur scène ? » a-t-elle demandé.

Sauf qu'il n'y avait pas de scène. Du coup, Kenny et Amber se sont regardés d'un air perplexe avant que Grand-Mère ne les invite à se placer devant la longue table où Señor Eduardo dormait et où Rommel léchait ses parties intimes.

« Gustav, a-t-elle dit en tendant une feuille de papier à Kenny. Et Rosagunde, a-t-elle ajouté en tendant une autre feuille à Amber. À vous de jouer ! »

À côté de moi, Lilly se pinçait le nez pour ne pas pouffer. Personnellement, je ne voyais pas ce qu'il y avait de drôle. Mais quand Kenny a commencé à déclamer : « Ne crains rien, Rosagunde ! Car même si tu lui donnes ton corps ce soir, je sais que ton cœur m'appartient », j'ai plus ou moins compris. Et quand on est passé à la partie musicale de l'audition et qu'il a dû chanter, là j'ai VRAIMENT compris. Accompagné par un type assis au piano à queue, dans un coin de la salle, Kenny avait choisi d'interpréter *Baby Got Back* de Charlie's Angel par Sir Mix-a-Lot. Lorsqu'il s'est mis à scander : *Shake it, shake it, shake that healthy butt*[1], je pleurais de rire (mais très discrètement pour que personne ne me voie).

1. Secoue, secoue, secoue ton joli petit cul *(N.d.T.)*

Ça a été pire quand Grand-Mère a dit: «Euh… Merci, jeune homme» et qu'elle a demandé à Amber de chanter à son tour. Amber, elle, avait choisi la chanson du film *Titanic*, *My Heart will go on*, par Céline Dion. Pendant qu'elle chantait, Lilly a composé un petit ballet, sauf qu'elle l'a fait avec ses doigts, en s'inspirant du spectacle de jets d'eau de l'hôtel Bellagio à Las Vegas (il se joue sur la même musique toutes les vingt minutes environ sur un lac devant l'entrée de l'hôtel pour le plus grand plaisir des touristes).

Bref, je riais tellement – mais toujours le plus discrètement possible – que je n'ai pas réagi quand Grand-Mère a appelé la fille suivante pour auditionner le rôle de Rosagunde.

C'est-à-dire jusqu'à ce que Lilly me donne un coup de coude et que j'entende:

«Amelia Thermopolis Renaldo, s'il vous plaît?

— Euh, jolie tentative. Grand-Mère, ai-je dit depuis ma place, mais je ne t'ai pas rendu de formulaire. Tu te souviens?»

Grand-Mère m'a adressé son regard diabolique tandis que tout le monde, autour de moi, retenait sa respiration.

«Pourquoi es-tu ici alors?» a-t-elle voulu savoir.

Parce que mon père m'oblige à venir te retrouver au Plaza tous les jours après les cours depuis un an et demi, ai-je failli répondre. Sauf qu'à la place, j'ai dit:

« Pour soutenir mes camarades. »

Ce à quoi Grand-Mère a répliqué par :

« Ne joue pas à ça avec moi, Amelia. Je n'ai ni le temps ni la patience. Lève-toi, maintenant. Et dépêche-toi. »

Elle avait parlé de sa voix la plus douairière possible – une voix que je connaissais très bien. C'est la voix qu'elle utilise juste avant de relater une anecdote particulièrement gênante de mon enfance, histoire de m'humilier devant tout le monde – comme la fois où je m'étais cognée contre le rétroviseur de la limousine un jour que j'apprenais à faire du roller dans l'allée de son château à Miragnac et qu'après m'être rendu compte que j'avais deux grosses bosses au niveau de la poitrine, je les avais montrées à mon père qui m'avait répondu : « Euh, Mia, je ne crois pas que ce soit des bosses. Ce sont tes seins qui poussent, ma chérie. » Évidemment, Grand-Mère s'était empressée de le raconter à toutes ses amies.

Cela dit, quand on y réfléchit bien, ce n'était pas une si grosse erreur vu que ma poitrine n'a pas tellement grossi depuis.

Bref, j'ai deviné que Grand-Mère était sur le point de raconter mes mésaventures à mes camarades si je n'obtempérais pas tout de suite.

« Très bien, ai-je fait en serrant les dents et en me levant en même temps que Grand-Mère appelait le garçon qui allait me donner la réplique.

Un garçon qui s'appelait John Paul Reynolds-Abernathy IV.

Et qui n'était autre que…

Le-garçon-qui-déteste-qu'on-mette-du-maïs-dans-le-chili.

Jeudi 4 mars, dans la limousine, en chemin pour la maison

Bien sûr, elle m'assure que c'est faux. Grand-Mère, je veux dire. Sur le fait qu'elle veut monter cette pièce – pardon, cette COMÉDIE MUSICALE – pour passer de la pommade à John Paul Reynolds-Abernathy III en donnant le rôle principal à son fils.

Mais y a-t-il une autre explication ? Suis-je VRAIMENT censée croire qu'elle fait ça juste pour m'aider à résoudre mon problème de budget, comme elle l'a dit, étant donné que les gens vont payer pour assister à son spectacle cauchemardesque, et que je pourrai utiliser l'argent pour renflouer les coffres du comité des délégués de classe d'Albert-Einstein ?

C'est ça, oui.

Je suis allée lui demander des comptes dès la fin des auditions.

« Comment cela, je te mets dans l'embarras, Amelia ? » s'est-elle exclamée, après le départ de tout le monde et qu'il ne restait plus qu'elle et moi, et Lars, et sa femme de chambre et son chauffeur – et Rommel et Señor Eduardo, bien sûr. Mais ils dormaient tous les deux. Même qu'il était difficile de savoir qui ronflait le plus fort.

« Parce que tu vas donner le rôle principal de ta pièce à – j'ai failli dire : le-garçon-qui-déteste-qu'on-mette-du-maïs-dans-le-chili, mais heureusement, je me suis arrêtée pile à temps – John Paul Reynolds-Abernathy IV uniquement pour que son père se sente redevable envers toi et renonce à son offre pour l'île de Genovia ! Je SAIS ce que tu manigances, Grand-Mère. Je suis des cours d'économie politique ce trimestre. Je sais tout sur la pénurie et l'utilité. Alors, admets-le.

— *Nattes !* est une comédie musicale, pas une pièce », a répondu Grand-Mère.

Et c'est tout. Elle n'a rien dit d'autre.

Mais elle n'avait pas besoin d'en dire plus. Son silence était la preuve de sa culpabilité ! Elle se sert de John Paul Reynolds-Abernathy IV.

Heureusement, je n'ai pas l'impression qu'il s'en soit rendu compte. Ou du moins, s'il le sait, il a l'air de s'en fiche. Ce qui est curieux, c'est qu'une fois en dehors de la cafétéria et libéré de l'utilisation abusive de certaines graminées, le-garçon-qui-déteste-qu'on-mette-du-maïs-dans-le-chili est plutôt sympa. « J-P », comme il a demandé à Grand-Mère de l'appeler, a presque un côté menaçant tellement il est grand (rien à voir quand même avec le garde du corps interprété par Adam Baldwin qui, lui, n'a rien à voir avec Alec Baldwin, dans *My Bodyguard.* Il doit mesurer plus d'1,80 m au moins. Quant à ses longs cheveux noirs, ils font moins hirsutes et paraissent plus brillants quand ils ne sont pas exposés à la lumière des néons de la cafétéria.

Et de près, j'ai découvert qu'il avait de très beaux yeux bleus.

Il faut dire que j'ai pu les voir – ses yeux – de vraiment très près car Grand-Mère nous a demandé de jouer la scène où Rosagunde, juste après avoir étranglé Alboin, flippe complètement à cause de ce qu'elle a fait et voit brusquement surgir dans sa chambre Gustav, lequel est venu empêcher l'amour de sa vie de se faire violer par son nouveau mari, sauf qu'il ne sait pas qu'elle :

a) a déjà fait rouler le gars sous la table, du coup il n'est pas en état de la violer et

b) l'a tué après qu'il s'est évanoui à cause de toute la grappa qu'elle lui a fait boire.

Mais bon. Mieux vaut tard que jamais.

Je ne sais pas pourquoi Grand-Mère m'a obligée à passer cette farce d'audition puisque c'est clair qu'elle va choisir J-P pour le rôle de Gustav – cela dit, je dois reconnaître que J-P était vraiment bon, à la fois comme acteur ET comme chanteur (il nous a interprété une version hilarante de *The Safety Dance* des Men Without Hat) –, et Lilly pour celui de Rosagunde. Il faut admettre que de toutes les filles, Lilly était de loin la meilleure (sa version de *Bad Boyfriend* des Garbage a fait un tabac), et c'est elle qui a le plus d'expérience dans le métier, à cause de son émission de télé et tout ça.

Sans compter qu'elle était excellente dans la scène où elle tue Alboin – ce qui ne m'étonne pas trop finalement, car s'il y a quelqu'un à Albert-Einstein que j'imagine bien tuer quelqu'un d'autre avec une natte, c'est Lilly. Et Amber Cheeseman aussi, peut-être.

Pour en revenir à MON audition, Grand-Mère n'a cessé de hurler : « Articule, Amelia ! » ou « Ne tourne pas le dos au public, Amelia ! Ton derrière n'est pas aussi expressif que ton visage ! » (ce qui a évidemment provoqué des gloussements du côté de la salle où étaient assis mes amis).

Elle n'a pas non plus paru très impressionnée par mon interprétation de *Barbie Girl* de Aqua (surtout le passage où je chantais : « Allez, Barbie, faisons la fête », ce qui est assez ironique étant donné mon incapacité à la faire, la fête), même si je m'étais secrètement entraînée à la chanter dans ma chambre pendant des mois et des mois en prévision de ce genre d'événements – bon d'accord, en prévision d'un éventuel « duo » avec une fille du groupe de Michael quand il jouait dans un café.

Mais pourquoi Grand-Mère me criait-elle dessus puisqu'elle ne va pas me choisir ? Je ne sais même pas jouer. À part une brève apparition dans *Le Lion et la Souris* – je jouais la souris – quand j'étais en primaire, je n'ai aucune expérience dans le domaine des arts dramatiques.

Quel soulagement quand elle m'a autorisée à retourner m'asseoir !

Mais quelle surprise lorsque J-P m'a dit, alors qu'on retournait vers nos places : « C'était marrant, hein ? »

J'ÉTAIS TELLEMENT SOUS LE CHOC QUE JE SUIS RESTÉE MUETTE !!!!!!

Parce que pour moi, J-P *est* le garçon-qui-déteste-qu'on-mette-du-maïs-dans-le-chili. Il n'est *pas* John Paul Reynolds-Abernathy IV. Le-garçon-qui-déteste-qu'on-mette-du-maïs-dans-le-chili n'a pas de *nom*…

Il est juste le garçon-qui-déteste-qu'on-mette-du-maïs-dans-le-chili. Celui dont je parle dans ma nouvelle. Une nouvelle qui a été rejetée par *Seize ans* et que j'espère transformer un jour en roman.

Et une nouvelle à la fin de laquelle le garçon-qui-déteste-qu'on-mette-du-maïs-dans-le-chili se jette sous un train.

Comment puis-je parler à un garçon que je fais se jeter sous un train – même si ce n'est QUE de la fiction ?

Pire, alors qu'elle sortait de la salle après les auditions, Tina (qui, elle, avait chanté *With you* de Jessica Simpson) a lancé :

« Hé, vous savez quoi ? Il est plutôt mignon le garçon-qui-déteste-qu'on-mette-du-maïs-dans-le-chili. Enfin, quand il ne flippe pas à cause du maïs.

— Oui, a fait Lilly. Maintenant que tu le dis, je trouve aussi. »

Je m'attendais à ce que Lilly ajoute : « Dommage qu'il soit si bizarre » ou « Flipper à cause de quelques grains de maïs, n'importe quoi ! », mais elle n'a rien dit. ELLE N'A RIEN DIT.

!!!!!!!!!!!!!!

Mes amies pensent que le garçon-qui-déteste-qu'on-mette-du-maïs-dans-le-chili est mignon !!!! Un garçon que je TUE à la fin de ma nouvelle !

Et tout ça, à cause de Grand-Mère. Si elle ne s'était pas mis en tête d'acheter la réplique de

Genovia, cela ne lui aurait jamais traversé l'esprit d'écrire une comédie musicale – sans parler de la monter – pour mon lycée, et je n'aurais jamais rencontré le garçon-qui-déteste-qu'on-mette-du-maïs-dans-le-chili ni découvert qu'il s'appelle J-P et que, à l'inverse de mon personnage, ce n'est PAS un solitaire souffrant de malaise existentiel, mais un garçon plutôt sympa, doté d'une belle voix, et que mes amies trouvent mignon (en plus, elles ont raison).

Je la hais.

Je sais, ce n'est pas bien de haïr les gens.

Mais je ne l'aime pas. En fait, dans ma liste des gens que j'aime. Grand-Mère ne figure même pas dans les cinq premiers.

LES ÊTRES QUE J'AIME

1. Fat Louie
2. Rocky
3. Michael
4. Maman
5. Mon père
6. Lars
7. Lilly
8. Tina
9. Shameeka/Ling Su/Yan
10. Mr. G
11. Pavlov, le chien de Michael

12. Les Drs Moscovitz
13. Les petits frères et sœurs de Tina Hakim Baba
14. Mrs. Holland, mon ancienne prof principale
15. Buffy, la tueuse de vampires
16. Ronnie, notre voisine
17. Boris Pelkowski
18. La principale Gupta
19. Rommel, le chien de Grand-Mère
20. Kevin Bacon
21 000. Mrs. Martinez
22 000. Le portier du Plaza qui a refusé de me laisser entrer un jour parce que je n'étais pas assez bien habillée d'après lui
23 000. Trisha Hayes
24 000. Lana Weinberger
25 000. Grand-Mère

Et je n'éprouve pas la moindre culpabilité. ELLE l'a cherché.

Jeudi 4 mars, à la maison

Devinez ce que Mr. G a préparé pour le dîner ?

Eh oui, du chili.

Mais sans maïs.

Peut-être que je devrais ME jeter sous un train ?

Jeudi 4 mars, à la maison

Je savais que je serais inondée d'e-mails dès que j'ai allumé mon ordinateur. Et j'avais raison.

De Lilly :

WomnRule : Est-ce que ta grand-mère se rend compte que le sujet de sa petite pièce serait classé par le CSA « interdit aux moins de seize ans » : on y parle de viol, de consommation abusive d'alcool, de meurtre et de violence. La seule chose qu'on ne peut PAS lui reprocher, c'est le niveau de langage, et pourquoi ? Parce que ça se passe en 568. Sinon, tu as remarqué comme Amber Cheeseman chante faux ? Elle était ridicule. Si je n'ai pas le rôle de Rosagunde, c'est qu'il n'y a vraiment pas de justice sur Terre. Je suis FAITE pour jouer Rosagunde.

De Tina :

Cœuraimant : C'était trop drôle ! J'aimerais bien être choisie pour Rosagunde, même si je sais que c'est peu probable. Lilly était tellement bonne. Mais ce serait génial de jouer une princesse. Pas pour toi, bien sûr, vu que tu en es déjà une dans la vraie vie, mais pour quelqu'un comme moi… Mais bon, ça ne sert à rien de rêver. C'est Lilly qui va être prise. En tout cas, j'espère que je n'aurai pas le rôle de la maîtresse d'Alboin. Je détesterais jouer une maîtresse ou une courtisane. De toute façon, ça m'étonnerait que mon père accepte.

De Ling Su :

Peintresse : C'est clair que Lilly va jouer Rosagunde, mais si je me retrouve avec le rôle de la courtisane, je ne réponds plus de moi. Les actrices asiatiques ont toujours des rôles où elles sont obligées de jouer des subalternes sexy. Ou pire, juste des subalternes… comme la femme de chambre de Rosagunde. Je refuse d'être enfermée dans ce rôle ! J'espère que ta grand-mère n'a pas trouvé mon interprétation de *Hollaback Girl* de Gwen Stefani trop stridente ? Au fait, si elle a besoin de quelqu'un pour l'aider avec les décors, pense à moi. Je suis super douée pour peindre des châteaux et tout ça.

De Yan :

IndiqoGirl : Qu'est-ce qu'on s'est bien amusés, aujourd'hui ! Bon d'accord, je n'ai pas été très bonne, mais je ne m'attendais tellement pas à ce que ta grand-mère me demande de lire le texte de Gustav et non celui de Rosagunde. Surtout après que j'ai chanté *Not Gonna Get Us* des TATU. Mais c'est sans doute parce qu'il y avait plus de filles que de garçons venus auditionner. Tu crois qu'elle me prend pour un garçon ???

De Boris :

JoshBell2 : Mia, est-ce que tu penses que ta grand-mère accepterait de rajouter une scène où Gustav sortirait son violon et jouerait la sérénade à Rosagunde ? Personnellement, je trouve que ça apporterait une profondeur émotionnelle à l'ensemble de la comédie musicale, si j'étais bien sûr choisi pour interpréter le rôle de Gustav. En plus, ça donnerait une certaine précision historique puisque le rebec, l'ancêtre du violon, était joué à la fin du Moyen Âge. Je sais que *She Will Be Loved* des Maroon 5 n'était pas le choix le plus inspiré, mais Tina m'a dit que ta grand-mère n'aimerait pas l'autre chanson que j'avais préparée, *Cleanin' out my closet* d'Eminem.

De Kenny :

E=MC2 : Mia, il y a quelque chose que ta grand-mère a dit quand je suis retourné m'asseoir après avoir auditionné qui me turlupine : elle expliquait que celui à qui elle confierait le rôle de Gustav devait avoir des poils sur le visage. J'ai eu l'impression qu'elle me visait, comme si j'étais imberbe. En vérité, j'ai des poils sur le visage sauf qu'ils sont très blonds. C'est pour ça qu'on ne les voit pas. J'espère que ta grand-mère n'a pas de préjugés sur les blonds pour l'un ou l'autre de ses rôles masculins.

De Shameeka :

Ellestmoi : Dis donc, on ne parle que des auditions que vous avez passées aujourd'hui ! Il paraît que c'est Lilly qui va avoir le rôle principal ? (il fallait s'y attendre). Qu'est-ce que j'aurais aimé pouvoir venir. Au fait, c'est vrai que le garçon-qui-déteste-qu'on-mette-du-maïs-dans-le-chili était là aussi ?

Sérieux. À croire qu'ils ont oublié qu'on avait d'autres soucis que savoir qui va jouer Gustav et Rosagunde.

Par exemple, qu'on est toujours fauchés.

J'imagine que ça ne doit pas tant les gêner puisque ce n'est pas eux qui sont président.

Il y a cependant une chose que je dois dire à la décharge de Grand-Mère : elle ne pouvait pas mieux choisir comme sujet, car il illustre à merveille le problème des têtes couronnées qui se retrouvent, en définitive, toujours seules quand il faut prendre des décisions concernant leur royaume. Comme pour Rosagunde dans sa chambre il y a quinze cents ans, la responsabilité, pour moi, commence ici.

Vous savez quoi ? Ce que je vis, c'est trop dur pour une adolescente solitaire. J'ai besoin que quelqu'un m'aide et me conseille. Est-ce que je dois dire la vérité à Amber Cheeseman, me confesser et expier ma faute ?

Ou y a-t-il encore une chance pour que je trouve l'argent avant qu'elle ne découvre le pot aux roses ?

C'est dans des moments pareils que je me rends compte à quel point je n'ai aucun soutien de la part de ma famille. C'est vrai, quoi. Je ne peux pas me tourner vers ma mère pour qu'elle me dise quoi faire dans ce domaine. À cause d'elle, on nous coupait le câble une fois par mois, avant que Mr. G n'emménage, parce qu'elle oubliait de payer la facture.

Et je ne peux pas non plus me confier à mon père. S'il apprend que j'ai aussi mal géré le budget du comité des délégués de classe du lycée, il risque de flipper quand ce sera au budget de notre PAYS auquel je m'attaquerai. Je n'ai pas envie de l'entendre me faire un cours sur la planification municipale d'un bon rapport rendement-prix.

Quant à Grand-Mère, merci. Elle a déjà fait suffisamment de dégâts comme ça.

Bref, vers qui d'autre puis-je me tourner, à l'exception de Michael, bien sûr ?

En parlant de Michael, le seul e-mail que j'ai reçu aujourd'hui qui ne mentionnait pas *Nattes !*, c'était le sien. Mais c'est parce qu'il n'est plus à Albert-Einstein et qu'il ne sait pas ce qui s'y passe :

SkinnerBX: Salut Thermopolis ! Comment ça va ? Je voulais savoir si ça te disait de venir demain soir pour une soirée S-F. Je dois visionner plusieurs films pour mon cours sur l'histoire de la dystopie dans les films de science-fiction et, comme il y a la fête samedi soir, je ne peux les regarder que vendredi. Ça te tente ?

Cela aurait été inopportun, évidemment, de dire à Michael ce que j'avais ENVIE de lui dire, à savoir : Michael, tu es mon âme sœur, ma raison de vivre, le seul être qui me permette de rester saine d'esprit dans l'océan tumultueux de mon existence et rien ne me ferait plus plaisir qu'une soirée d'anticipation dystopique avec toi.

Parce que ça craint de dire ce genre de chose dans un mail.

Mais je l'ai pensé.

FtLouie : Oh oui, bonne idée.

SkinnerBX : Super. On pourra se commander un truc à manger chez Allô Suzie.

FtLouie : Je peux faire un dip.

SkinnerBX : Un dip ? Pourquoi ?

FtLouie : Pour la fête ! On ne sert pas des dips dans les fêtes ?

SkinnerBX : Ah oui, bien sûr. Mais je pensais acheter deux, trois trucs samedi après-midi.

J'ai bien vu que j'étais à côté de la plaque avec mon dip. Pourtant, j'ai persévéré, parce que je ne pouvais lui dire que sa fête ne m'emballait PAS DU TOUT.

FtLouie: Les dips maison sont meilleurs. Je peux le préparer aujourd'hui et le déposer demain soir dans le frigo, comme ça il sera prêt pour la fête. Qu'est-ce que j'ai hâte d'y être!

SkinnerBX: Bon d'accord, comme tu veux. À demain alors!

FtLouie: Je compte les heures!

Sauf que, bien sûr, je ne compte pas plus les heures pour la fête que pour la soirée S-F. Les films que Michael doit voir pour son cours d'histoire de la dystopie dans les films de science-fiction sont d'un rasoir! *Soleil vert*? Excusez-moi, mais berk!

Sans compter que, dans nombre d'entre eux, il y a des passages qui m'ont fait tellement peur qu'ils ont complètement perturbé mon psychisme.

Je suis très sérieuse. Les thrillers sont responsables pour la moitié, si ce n'est plus, de mes névroses.

LISTE DES 20 TRAUMATISMES DONT JE SOUFFRE QUI SONT DUS À DES FILMS

1) Je ne peux plus voir de chaises loin d'une table sans penser à *Poltergeist* et sans les remettre aussitôt en place. Pareil avec les tiroirs qui ne sont pas fermés.

2) Je ne peux plus passer devant les cheminées rouges et blanches du tunnel FDR Drive sans penser à ce pauvre Mel Gibson dans *Complots*.

3) Je ne peux plus traverser un pont sans penser à *La Prophétie des ombres*. Pareil quand je vois une usine chimique.

4) Depuis que j'ai vu *Le Projet Blair Witch*, je ne peux plus

a) aller dans les bois

b) camper

c) me retrouver dans un sous-sol sombre

Attention, je ne dis pas que je ferais ce genre de choses, mais maintenant, je sais que je ne pourrai jamais le faire.

5) Pendant longtemps, je ne pouvais pas regarder la télé sans penser qu'une fille allait en sortir et me tuer comme dans *Le Cercle* et *Le Cercle 2*.

6) Chaque fois que je passe devant une ruelle, je m'attends à y voir un cadavre. C'est sans doute parce que j'ai vu trop d'épisodes de *New York District*.

7) Ne me parlez même pas de marmite d'eau bouillante posée sur le gaz (le lapin dans *Liaison fatale*).

8) Petits chiens blancs = me rappellent Precious, le caniche du serial killer dans *Le Silence des agneaux*.

9) Depuis que j'ai vu *Morts suspectes*, je ne peux pas m'empêcher de penser que, dans tous les immeubles

modernes qui se dressent au milieu de nulle part, on recueille les organes des gens dans le coma.

10) Champs de blé = *Signes* et notre mort à tous prochainement.

11) Après avoir vu *Titanic*, je me suis juré de ne jamais faire de croisière.

12) Chaque fois que je vois un camion-citerne sur la route, je pense à ma mort parce que, chaque fois qu'on voit un camion-citerne dans un film, il explose.

13) Si un semi-remorque nous suit, je pense aussitôt qu'il veut nous tuer comme dans *Duel*.

14) Je ne peux plus prendre le Tunnel Holland sans penser que l'eau du fleuve va l'inonder comme dans *Daylight*.

15) Grâce à *Rosemary's Baby*, je ne sais pas si un jour j'aurai des enfants. En tout cas, jamais je n'habiterai un appartement dans le Dakota. Je ne sais pas comment fait Yoko Ono.

16) Je n'adopterai pas non plus à cause du *Bon fils*.

17) Je ne me ferai jamais anesthésier, sauf localement, depuis que j'ai vu *Victime du silence*.

18) Après avoir longuement discuté avec plusieurs réparateurs d'ascenseur, je sais maintenant qu'il est mathématiquement impossible que tous les câbles qui soutiennent la cabine se rompent en même temps, à moins que quelqu'un n'ait placé un disposi-

tif incendiaire sur son toit, comme dans *Speed*. Mais bon. On ne sait jamais.

19) À cause des *Dents de la mer*, je ne me baignerai plus jamais dans l'océan.

20) L'appel provient TOUJOURS d'un téléphone se trouvant dans la maison.

Je vous l'avais dit. Tous ces films m'ont TRAUMATISÉE. Et la raison pour laquelle je déteste les fêtes, c'est sans doute à cause de *Club Dread*, que j'ai vu avec Michael en pensant que ça allait être une comédie dans le genre de *Super Troopers*. Sauf que c'était un film d'horreur où des jeunes se faisaient tuer dans un lieu de villégiature, pendant une fête.

Est-ce que Michael se rend compte de l'ÉNORME sacrifice que je fais en acceptant de regarder avec lui les films qu'il a projeté de voir demain soir ?

En fait, si je n'ai pas transcendé mon ego et si je ne me suis pas encore autoréalisée, c'est sûrement à cause de toutes ces blessures psychologiques dues à ces films. Je me demande si le Dr Jung était au courant de ça quand il a inventé son concept d'autoréalisation ? Ou si on tournait des films à son époque.

Du bureau de S.A.R.
la princesse Amelia Mignonette Thermopolis Renaldo

« Cher Dr Carl Jung,

Salut. Je sais, vous êtes toujours mort, mais je me demandais, quand vous étiez en train d'inventer votre truc sur l'autoréalisation, est-ce que vous avez pensé à la façon dont les films pouvaient perturber les gens ? Parce que c'est très difficile de transcender son ego quand on pense constamment à des camions-citernes, par exemple, qui explosent sur la route.

Et les ados ? Vous y avez pensé, aux ados ? Il semble que les adultes n'aient pas les mêmes peurs que nous. Je veux dire par là que je ne connais aucun adulte qui redoute l'éventuel courroux d'une fille, major de sa promotion.

Et les petits amis ? Il n'est pas une seule fois fait mention de petits copains ou même d'amour sur les branches de l'arbre jungien de l'autoréalisation. Je comprends que, pour récolter les fruits de la vie (santé, joie, contentement), on doive commencer par les racines (compassion, charité, confiance). Mais peut-on vraiment faire confiance à son petit ami quand il projette d'organiser une fête à laquelle il a invité des filles de la fac, qui fument et citent Nietzsche à tout bout de champ ?

Je ne cherche pas à vous critiquer ou quoi que ce soit. Je veux juste savoir. Est-ce que vous avez vu *Morts suspectes* ? Ça fait vraiment très peur. Au cas où vous l'auriez vu, vous pourriez peut-être modifier quelques-unes des conditions nécessaires pour transcender son ego. Comme cette histoire sur la confiance. Je sais bien qu'il faut faire confiance à son médecin – mais jusqu'à un certain point, non ?

Et puis, comment savoir s'il n'a pas l'intention de vous plonger dans le coma pour vous voler vos organes et les vendre ensuite à un richard en Bolivie, hein ?

Moi, je vous le dis : il y a un détail qui cloche dans votre théorie.

Bref. Qu'est-ce que je suis censée faire maintenant ?

Toujours aussi amicalement.

MIA THERMOPOLIS. »

Vendredi 5 mars, dans la limousine en chemin pour le lycée

Si Lilly répète encore une fois que, comparée à son interprétation de Rosagunde, Julia Roberts faisait comédienne de théâtre d'amateur dans *Erin Brockovich*, je crois que ma tête va exploser, traverser le toit ouvrant et couler au fond de l'East River.

Vendredi 5 mars, en perm

Ils viennent d'annoncer à l'interphone que la liste des comédiens sélectionnés pour *Nattes!* sera affichée à côté du bureau de l'administration à midi.

C'est bien ma veine. La tension est si dense qu'on pourrait la couper au couteau. Et il ne s'agit pas seulement de la nervosité qui nous agite tous pour savoir qui va jouer quoi.

Les élèves du Club de théâtre sont fous de rage que quelqu'un ose monter une comédie musicale en même temps qu'eux. Ils envisagent de contacter les auteurs de *Hair* pour leur raconter ce que fait Grand-Mère – parce que sa comédie musicale reprend un peu la même idée que la leur.

J'espère qu'ils vont le faire.

En même temps, si Grand-Mère se retrouve avec un procès et interrompt son spectacle, moi je vais me retrouver à vendre des bougies pour récupérer mes 5 000 dollars.

D'un autre côté, rien ne garantit qu'avec la version musicale de l'histoire de mon ancêtre, on vende pour 5 000 dollars de billets. C'est vrai, quoi. Qui serait prêt à payer pour voir un spectacle écrit par ma grand-mère ? Elle a fait une fois un discours à une soirée de bienfaisance au profit de la SPA de Genovia où elle disait en gros que ce qu'on pouvait faire de mieux pour les animaux, c'est les immortaliser à jamais en les dépouillant et en utilisant leur fourrure comme une étole ou comme un jeté de canapé.

Vous comprenez maintenant d'où je viens ?

Vendredi 5 mars, en EPS

Lana m'a demandé tout à l'heure si j'avais son invitation. Elle me l'a demandé alors que je me rhabillais après ma douche – on fait volley en ce moment –, ce qui est sans doute la position la plus vulnérable qui soit.

Je lui ai répondu que je n'avais pas encore eu l'occasion d'en parler à Grand-Mère, mais que je le ferais bientôt.

Lana a alors baissé les yeux sur ma culotte Jimmy Newton et a dit : « Comme tu veux, mutante », et elle s'est éloignée avant que je puisse lui expliquer que je porte des sous-vêtements Jimmy Newton parce que Jimmy me fait un peu penser à mon petit ami.

Je parle de son intelligence. Pas de ses cheveux.

Mais bon, ce n'est pas très grave. De toute façon, ça m'étonnerait que Lana comprenne – même si ELLE portait le short de foot de son ex sous sa jupe d'uniforme.

Vendredi 5 mars, en économie politique

Demande = quantité d'un produit ou d'un service désiré par les clients.

Offre = combien le marché peut offrir.

Équilibre = lorsque la demande et l'offre sont à égalité, on dit que l'économie a atteint un équilibre. La quantité de produits fournis est exactement la même que la quantité de produits demandés.

Déséquilibre = survient quand le prix ou la quantité n'égale pas la demande/offre.

[Si je comprends bien, le comité des délégués de classe d'Albert-Einstein est en déséquilibre en ce moment car nos fonds (zéro) n'égalent pas la demande pour une nuit de location du Alice Tully Hall (5 728,00 $).]

Alfred Marshall, auteur des *Principes de l'économie* (1890 environ) : « L'économie, c'est d'un côté l'étude de la richesse, de l'autre, celle de l'homme, laquelle est bien plus importante. »

Ben voyons. C'est ce genre de phrase qui fait de l'économie une science SOCIALE. Comme la psychologie. Parce qu'on ne parle pas vraiment de chiffres. On parle des GENS, et de ce qu'ils sont prêts à offrir – ou à faire – pour obtenir ce qu'ils veulent.

Comme Lana, par exemple, quand elle s'apprêtait à me dénoncer à Amber Cheeseman si je ne lui obtenais pas une invitation à la fête de Grand-Mère.

C'est un exemple classique de la notion d'offre (moi) opposée à la demande (le fait qu'elle exige que je lui donne ce qu'elle veut).

Conclusion : il est tout à fait possible que Lana Weinberger ne se soit pas autoréalisée, mais qu'elle soit simplement bonne en économie politique !

Vendredi 5 mars, en anglais

Encore une heure avant de savoir qui a été sélectionné pour *Nattes !* J'espère que Boris sera pris pour le rôle de Gustav. Il y tient tellement !

`J'espère aussi, Tina. J'espère que tout le monde aura le rôle qu'il veut.`

Quel rôle veux-tu, Mia ?

Moi????? Aucun!!!!! Je te rappelle que je n'ai pas remis de photo ni de formulaire. De toute façon, je suis nulle sur scène. Je ne sais pas jouer.

Ne te sous-estime pas, Mia. Tu étais EXCELLENTE quand tu as interprété *Barbie Girl*, et je t'ai trouvée très bonne aussi en Rosagunde. Tu es sûre que tu n'aimerais pas avoir un petit rôle quand même?

Non, Tina. Je suis écrivain, pas actrice, tu te souviens???? Je veux ÉCRIRE ce que les gens disent sur scène. Enfin, pas vraiment sur scène, parce que les auteurs de théâtre ne gagnent pas beaucoup d'argent, mais tu vois ce que je veux dire.

Oui, tout à fait. Je comprends.

Vous savez quoi? Si je n'ai pas le rôle de Rosagunde, ce sera à cause du mot commençant par N.

Tu veux parler de N comme dans les scènes de nu, Lilly???? Quand as-tu dû faire une scène de nu?????

Mais non, idiote, je parle de Népotisme, c'est-à-dire le favoritisme accordé à un membre de sa famille.

Ne t'inquiète pas pour ça, Lilly, car Mia ne voulait pas auditionner et en plus, elle n'a pas du tout envie de jouer dans *Nattes!* J'espère qu'on obtiendra tous ce qu'on désire, y compris rien, si c'est ce qu'on veut!

Tout à fait d'accord avec toi, Tina!

Vendredi 5 mars, pendant le déjeuner

LISTE DES COMÉDIENS
POUR LE SPECTACLE DU PRINTEMPS
DU LYCÉE ALBERT-EINSTEIN

NATTES !

Chœur	*Amber Cheeseman*
	Julio Juarez
	Margaret Lee
	Eric Patel
	Lauren Peborke
	Robert Sherman
	Ling Su Wong
Père de Rosagunde	*Kenneth Showalter*
Servante de Rosagunde	*Tina Hakim Baba*
Roi d'Italie	*Yan Thomas*
Alboin	*Boris Pelkowski*
Maîtresse d'Alboin	*Lilly Moscovitz*
Gustav	*John Paul Reynolds-Abernathy IV*
Rosagunde	*Amelia Thermopolis Renaldo*

PREMIÈRE RÉPÉTITION AUJOURD'HUI
15 H 30
dans la salle de bal du Plaza

Je sais que je suis censée utiliser mon téléphone portable en cas d'urgence uniquement. Mais dès que j'ai vu la liste, j'ai su que c'était une urgence. Et une urgence de PREMIÈRE IMPORTANCE. Grand-Mère ne mesure manifestement pas la PORTÉE de ses actes.

Je l'ai appelée de la cafétéria.

« Bonjour. Vous êtes sur la messagerie de Clarisse, princière douairière de Genovia. Je suis occupée pour l'instant à faire du shopping ou à recevoir des soins dans un institut de beauté. Aussi, je vous prie de laisser votre nom, votre numéro de téléphone et votre message, et je vous rappellerai dès que possible. Après le bip, ce sera à vous. »

Un peu que je lui ai laissé un message !

« Grand-Mère ! ai-je hurlé. À quoi pensais-tu en me prenant dans ta comédie musicale. Je ne voulais même pas passer l'audition et tu sais très bien que je n'ai aucun talent ! »

Tina, qui faisait la queue devant moi, m'a donné un coup de coude.

« Tu exagères, Mia, a-t-elle dit. Tu as une très belle voix et tu chantes juste.

— Je chante peut-être bien, mais Lilly est mille fois meilleure que moi ! ai-je hurlé à nouveau. Tu as intérêt à me rappeler, Grand-Mère, pour qu'on mette de l'ordre dans tout ça, parce que tu as fait une GROSSIÈRE erreur. »

J'ai ajouté cette dernière phrase par égard pour Lilly qui, même si elle semble bien le prendre, avait les yeux rouges à son retour des toilettes où elle était restée un long moment après avoir vu la liste des comédiens.

« Ne t'inquiète pas, ai-je dit à Lilly une fois que j'ai raccroché. C'est à toi que doit revenir le rôle de Rosagunde. Vraiment. »

Mais Lilly a fait comme si ça lui était égal.

« Laisse tomber. De toute façon, j'ai suffisamment d'occupations comme ça. Je ne sais pas si j'aurais eu le temps d'apprendre mon texte. »

Ce qui est ridicule vu que Lilly a une mémoire exceptionnelle (elle est du genre à vous rappeler quelque chose que vous avez dit il y a cinq ans et dont vous ne vous souvenez absolument pas. Mais ELLE n'a pas oublié. Elle s'en souvient même parfaitement).

C'est pas juste ! Si quelqu'un mérite de jouer dans *Nattes !* c'est bien elle !

« Finalement, ce n'est pas plus mal, a-t-elle déclaré. Car avec le rôle de la courtisane, je n'ai que quelques répliques à apprendre : "Pourquoi l'épouserais-tu, elle qui ne te veut même pas, quand tu pourrais m'avoir moi, qui t'adore ?" ou quelque chose comme ça. Du coup, ça me laissera plein de temps pour me consacrer à des choses VRAIMENT importantes. Comme *Le Popotin de Fat Louie.* »

OK. Je suis vraiment désolée pour Lilly, parce qu'elle méritait d'avoir le rôle de Rosagunde et tout ça.

MAIS JE CONTINUE À DÉTESTER CE NOM !!!!!!!!

Vendredi 5 mars, plus tard pendant le déjeuner

Tout le monde est super angoissé parce que, au moment où on se dirigeait vers notre table après avoir fait la queue au self, je me suis arrêtée à la hauteur de J-P, qui était assis tout seul comme d'habitude, et je lui ai proposé de se joindre à nous.

Je ne vois pas où est le problème. C'est vrai, quoi. Je ne me suis pas déshabillée pour faire brusquement du *hula hoop* en plein milieu de la cafétéria. J'ai juste proposé à un garçon qu'on connaissait et avec qui certains d'entre nous risquaient de passer pas mal de temps dans les jours à venir, de manger avec nous.

Et il a répondu, oui, merci.

Bref, c'est comme ça que John Paul Reynolds-Abernathy IV s'est retrouvé assis à notre table, à côté de moi.

« Salut, J-P », a dit Tina en lançant un regard menaçant à Boris car il s'était opposé à ce qu'on invite J-P à l'époque où on ne le connaissait que sous le nom du garçon-qui-déteste-qu'on-mette-du-maïs-dans-le-chili.

Boris a hoché la tête et s'est abstenu de tout commentaire.

« Merci de m'avoir invité », a dit J-P en se glissant tant bien que mal sur sa chaise.

Attention, je ne suis pas en train de dire que J-P est gros, non. Il est juste… très baraqué. ET très grand.

« Qu'est-ce que tu penses des falafels ? » a-t-il demandé à Lilly qui a paru surprise que le garçon dont on se moque plus ou moins depuis deux ans lui adresse la parole.

Mais elle a paru encore plus surprise quand elle a vu qu'il y avait la même chose sur leur plateau respectif : des falafels, de la salade et un Yoo-Hoo, une boisson au chocolat.

« Ils ne sont pas mauvais, a-t-elle répondu, avec une drôle d'expression au visage. Si on rajoute suffisamment de sauce tahini.

— Tout est bon avec de la sauce tahini », a déclaré J-P.

IL A COMPLÈTEMENT RAISON !!!

Évidemment, Boris n'a pas pu s'empêcher de demander : « Même le maïs ? », sur un ton faussement innocent.

Tina l'a aussitôt foudroyé du regard… mais trop tard. Le mal était fait. Boris était manifestement incapable de se maîtriser très longtemps. Il a pouffé dans sa serviette en faisant mine de se moucher.

« Je ne sais pas pour le maïs, a répondu J-P, qui mordait à l'hameçon. Peut-être. Ça doit être comme pour les gommes. »

Yan a souri.

« Je vois ce que tu veux dire. Moi, j'ai toujours pensé que les gommes frites, ça devait être bon, a-t-elle dit. Quand je mange des calamars, c'est à ça que je pense, à des gommes frites. Je suis sûre que ce serait délicieux avec de la sauce tahini.

— En fait, tout ce qui est frit est bon, a renchéri J-P. Je mangerais volontiers ma serviette si elle était frite. »

Tina, Lilly et moi avons échangé des regards étonnés. J-P, apparemment, était… drôle.

Dans le sens humoristique, pas bizarre.

« Ma grand-mère fait des sauterelles frites, est intervenue Ling Su. C'est un mets très délicat.

— Vous voyez, a fait J-P. Je vous l'avais dit. »

Puis il s'est tourné vers moi et m'a demandé :

« Sur quoi tu travailles si assidûment, Mia ? Un devoir pour le prochain cours ?

— Ne t'occupe pas d'elle, a lâché Lilly. Elle écrit son journal. Comme d'habitude.

— C'est ça que tu fais ? Je me suis toujours posé la question. »

J'ai levé les yeux vers lui d'un air interrogateur et il a ajouté :

« Chaque fois que je te regarde, tu as le nez plongé dans ton cahier. »

Ce qui ne peut signifier qu'une chose : tout le temps où on observait le garçon-qui-déteste-qu'on-mette-du-maïs-dans-le-chili, il nous observait lui aussi !

Mais ce qui m'a carrément donné des frissons, c'est qu'il a alors ouvert son sac à dos et en a sorti un carnet de chez Mead à la couverture noire, sur laquelle était écrit plusieurs fois : DÉFENSE DE LIRE ! PRIVÉ !

On avait le même carnet, tous les deux !!!!!!!!!!!!!

« Moi aussi, je suis un fan de Mead, a-t-il avoué. Sauf que je n'y tiens pas mon journal.

— À quoi il te sert, alors ? » a demandé Lilly, avec sa curiosité habituelle.

J-P a paru légèrement gêné.

« Oh, j'écris de temps en temps des espèces de poèmes, disons. Enfin, j'essaie plutôt. »

Lilly a aussitôt voulu savoir s'il n'avait rien à lui proposer pour *Le Popotin de Fat Louie.* J-P a feuilleté son carnet puis a dit :

« Ça, peut-être ? », avant de lire à haute voix :

« *Film muet*

par John Paul Reynolds-Abernathy IV

Toutes les fois où on a été épiés
Par les caméras de surveillance de notre principale détestée
Quel genre de mouche a besoin de tant d'yeux
À chaque couloir, dans chaque lieu.

La sécurité de Gupta n'est pas sûre à cent pour cent
Puisqu'on sait qu'elle ne repose que sur la peur
Si je le pouvais, je ne serais pas là à cette heure
Mais mes cours sont payés jusqu'à la fin de l'an. »

Ouah !

C'était… excellent.

Bon d'accord, je n'ai pas tout compris. Je crois que ça parle des caméras de surveillance et de la principale Gupta qui pense savoir tout sur nous.

Mais ce qui me fait surtout dire que son poème est excellent, c'est que Lilly a semblé super impressionnée, au point qu'elle a insisté pour qu'il le publie dans *Le Popotin de Fat Louie*. Elle dit qu'il va faire tomber l'administration.

Ce n'est pas souvent qu'on rencontre un garçon qui écrit de la poésie. Ou qui lit autre chose que les instructions de sa Xbox.

Vous savez quoi ? Ça me fait quand même bizarre que le garçon-qui-déteste-qu'on-mette-du-maïs-dans-le-chili écrive, comme moi. Et si, tandis que j'écrivais ma nouvelle sur lui, il en écrivait une sur MOI ? Une nouvelle, par exemple, qui s'intitulerait *Assez de viande de bœuf!* parce qu'un jour où il y en avait dans les lasagnes végétariennes, j'avais piqué une crise.

Ça craindrait, non?

Vendredi 5 mars, en étude dirigée

Grand-Mère m'a rappelée pile au moment où la sonnerie annonçait la fin de la pause déjeuner.

«Amelia? Tu voulais me parler? a-t-elle dit d'une voix pointilleuse.

—Grand-Mère, pourquoi m'as-tu prise dans ta comédie musicale? ai-je demandé. Tu sais très bien que je ne veux pas y participer. Je te rappelle que je ne t'ai pas rendu de formulaire.

—C'est pour ça que tu m'as téléphoné? a fait Grand-Mère. Je pensais que tu n'étais autorisée à te servir de ton portable que pour les urgences. Ce n'est guère une urgence pour moi, Amelia.

—Eh bien, tu te trompes, ai-je répliqué. C'EST une urgence. Une crise grave dans nos relations, à toi et à moi.»

Grand-Mère a éclaté de rire, comme si ce que je venais de lui dire était hilarant.

«Amelia, de quoi t'es-tu quotidiennement plainte depuis que tu as appris que tu étais princesse?» m'a-t-elle demandé.

J'ai réfléchi avant de répondre tout bas pour que Lars ne m'entende pas et ne soit pas vexé :

« D'avoir un garde du corps qui me suit partout ?

— Quoi d'autre ? a dit Grand-Mère.

— De ne plus pouvoir aller nulle part sans être harcelée par les paparazzi ? ai-je suggéré.

— Cherche encore, a insisté Grand-Mère.

— De devoir passer tous mes étés à assister à des réunions au Parlement au lieu d'aller en camp d'ados comme tous mes amis ? ai-je soufflé.

— De suivre des leçons de princesse, Amelia, a déclaré Grand-Mère. Tu détestes ça. Eh bien, tu sais quoi ?

— Quoi ? ai-je fait.

— Les leçons de princesse sont annulées pendant toute la durée des répétitions de *Nattes !*! s'est exclamée Grand-Mère. Que penses-tu de ça ? »

On devinait la satisfaction béate dans sa voix. Grand-Mère était persuadée qu'elle avait l'avantage sur moi.

Sauf qu'elle ne savait pas que mon sens de la loyauté envers mes camarades était plus fort que mon aversion pour les leçons de princesse.

« Ça aurait pu marcher, mais désolée, Grand-Mère. Je préfère apprendre à dire *Vous pouvez me passer le sel, s'il vous plaît* en cinquante-cinq mille langues que voir Lilly privée du rôle qu'elle mérite.

— Lilly n'est pas contente du rôle qu'elle a obtenu ? a demandé Grand-Mère.

— Évidemment qu'elle n'est pas contente ! me suis-je écriée. C'est la meilleure actrice de tout le groupe, c'est elle qui aurait dû avoir le rôle principal. Mais tu lui fais jouer la maîtresse d'Alboin, un petit rôle stupide qui ne contient que deux lignes !

— Il n'y a pas de petit rôle, Amelia, m'a corrigée Grand-Mère. Il n'y a que de petits acteurs. »

QUOI ? Je ne comprenais rien à ce qu'elle racontait.

« Si tu veux, mais si tu tiens à ce que ta comédie musicale soit un succès, je te conseille de prendre Lilly. Elle...

— T'ai-je dit à quel point j'appréciais ton amie Amber Cheeseman ? » m'a coupée Grand-Mère.

Mon sang s'est littéralement figé et je suis restée paralysée devant la salle d'étude dirigée, mon téléphone portable collé à mon oreille.

« Qu-quoi ? ai-je murmuré.

— Je me demande ce qu'Amber dirait, a continué Grand-Mère, si je lui racontais que tu as gaspillé l'argent de sa cérémonie en poubelles de recyclage. »

J'étais trop choquée pour parler ou même pour bouger. Du coup, Boris, qui voulait entrer dans la salle pour travailler son violon, a dû me pousser légèrement sur le côté.

« Euh... excuse-moi, Mia, a-t-il fait.

— Grand-Mère, ai-je commencé difficilement car j'avais encore la gorge sèche. Tu ne ferais pas ça. »

Sa réponse m'a atteinte en plein cœur.

« Bien sûr que si », a-t-elle déclaré.

GRAND-MÈRE, voulais-je hurler. TU NE PEUX PAS TOUT DE MÊME MENACER TA SEULE PETITE-FILLE !!!!!!!!!! C'EST QUOI, TON PROBLÈME ????????

Mais je n'ai pas pu. Hurler. Parce que je me tenais devant la salle d'étude dirigée et que j'étais au téléphone.

Et même s'il s'agit de l'étude dirigée et que toutes les personnes présentes soient plus bizarres les unes que les autres, on ne peut pas se mettre brusquement à hurler dans un téléphone portable.

« Je pense que cela changera ton regard sur la situation, a roucoulé Grand-Mère. Je ne dirai rien, évidemment, à ton amie concernant l'état de tes finances, mais en échange, tu m'aideras à sauver la crise immobilière que je traverse en ce moment en jouant dans *Nattes !*. Le fait est, Amelia, qu'en tant que descendante de Rosagunde, tu apporteras bien plus de crédibilité au rôle que ton amie Lilly qui, soit dit en passant, est bien moins jolie que toi. Je trouve que, sous certains éclairages, elle ressemble à l'un de ces petits chiens qui ont le museau écrasé. »

Un carlin ! Moi qui pensais être la seule à l'avoir remarqué !

« Je te vois ce soir à la répétition, Amelia, a chantonné Grand-Mère. Au fait, juste une dernière chose, qui te semblera, j'en suis sûre, tout à fait justifiée : ne mentionne notre petit accord à personne. J'ai bien dit PERSONNE, et cela inclut ton père. Compris ? »

Et sur cet avertissement, elle a raccroché.

!!!!!!!!!!!!!!!!

Je n'arrive pas à y croire. Franchement. D'accord, je m'en doutais plus ou moins. Mais il faut reconnaître qu'elle n'a jamais fait quelque chose d'aussi TORDU.

Bref, il va falloir que je me fasse une raison : ma grand-mère est DIABOLIQUE. Sérieux.

À moins qu'elle ne soit psychopathe. Ça ne me surprendrait pas. Après tout, elle a tous les symptômes. Sauf qu'elle n'enfreint pas la loi systématiquement.

Mais si Grand-Mère n'enfreint pas la loi fédérale, elle enfreint les lois de la simple décence TOUT LE TEMPS.

Après avoir raccroché, j'ai surpris le regard de Lilly qui m'épiait par-dessus l'ordinateur où elle composait la mise en page du premier numéro du *Popotin de Fat Louie*.

« Quelque chose ne va pas, Mia ? m'a-t-elle demandé.

— Oui, c'est au sujet de Rosagunde, ai-je répondu. Je suis désolée, mais ma grand-mère refuse de changer la distribution des rôles. Elle dit que je dois jouer Rosagunde sinon elle raconte ce-que-tu-sais à qui-tu-sais, et je disparais de la circulation. »

Les yeux noirs de Lilly ont brillé derrière le verre de ses lunettes.

« Je suis vraiment désolée, Lilly, ai-je déclaré très sincèrement. Tu aurais été une bien meilleure Rosagunde que moi.

— N'importe quoi, a lâché Lilly en reniflant. Je suis très contente de mon rôle. Je te promets. »

Ça se voyait qu'elle prenait sur elle, et qu'au fond, elle était blessée.

Je la comprends. Cette histoire est ridicule. Si Grand-Mère veut que sa comédie musicale fasse un tabac, pourquoi ne prenait-elle pas la meilleure actrice ? Pourquoi tenait-elle tant à ce que j'aie le rôle principal, MOI, la pire actrice de tout le lycée – à l'exception peut-être d'Amber Cheeseman ?

Mais après tout, qui sait pourquoi Grand-Mère agit comme elle le fait la moitié du temps ? Nous, pauvres humains, nous ne le saurons jamais. C'est un privilège réservé uniquement aux aliens du vaisseau qui a conduit ma grand-mère de la planète diabolique où elle est née à la terre.

Vendredi 5 mars, en SVT

Kenny vient de me demander de recopier notre devoir sur la masse moléculaire parce que, hier soir, quand il l'a rédigé, il a renversé de la sauce Séchuan dessus.

Je ne sais pas ce qui m'a pris. Peut-être était-ce un peu de la méchanceté qui me restait de la conversation avec Grand-Mère. Comme si SA méchanceté m'avait collé à la peau. Je ne vois pas comment l'expliquer autrement.

Quoi qu'il en soit, j'ai décidé de traiter la situation en faisant appel à la théorie économique. J'ai pensé, Pourquoi pas ? Cette histoire d'autoréalisation n'a pas marché pour moi. Pourquoi n'essaierais-je pas sur ce vieux Alfred Marshall ? Tout le monde semble le faire. Comme Lana, par exemple.

Et ELLE obtient toujours ce qu'ELLE veut. Comme GRAND-MÈRE qui obtient aussi toujours ce qu'ELLE veut.

Bref, j'ai dit à Kenny que je le ferais s'il se chargeait de nos devoirs de ce soir.

Il m'a regardée d'un drôle d'air, mais il a accepté. J'imagine qu'il m'a regardée d'un drôle d'air parce qu'il fait nos devoirs de toute façon TOUS les soirs.

Mais bon. Je n'en reviens pas que ça m'ait pris si longtemps pour comprendre comment fonctionne notre société. Pendant tout ce temps, je pensais que ce dont j'avais besoin pour trouver la sérénité et le contentement, c'était me transcender à la Jung.

Mais Grand-Mère – et Lana Weinberger – m'ont montré où je me trompais.

Il ne s'agit pas de développer les racines de la confiance et de la compassion pour récolter les fruits de la joie et de l'amour.

Non. Il s'agit des lois de l'offre et de la demande. Si vous demandez quelque chose et que vous fournissiez une raison qui pousse les gens à accepter, alors, ils vous l'offrent.

Et l'équilibre reste stable.

C'est assez incroyable. Je ne pensais pas que Grand-Mère était un tel génie de l'économie.

Ou que LANA m'enseigne un jour quelque chose.

J'ai l'impression de voir le monde sous un autre angle.

Devoir :

EPS : SHORT DE GYM !!!!! SHORT DE GYM !!!!! SHORT DE GYM !!!!!

Économie politique : lire chapitre 9 pour lundi

Anglais : pages 155-175 de *O Pioneer!*

Français : vocabulaire 3e étape

Étude dirigée : trouver le haut de maillot de bain que Lilly m'a offert l'an dernier pour le 1er avril. Le porter à la fête.

Géométrie : chapitre 18

SVT : Qu'est-ce que j'en ai à faire ? Kenny s'en charge ! HA ! HA ! HA ! HA !

Vendredi 5 mars, dans la salle de bal du Plaza

Pour la première répétition de *Nattes !*, Grand-Mère nous a demandé de faire ce qu'on appelle une « italienne », c'est-à-dire qu'on est censés lire le texte ensemble, chaque comédien ou comédienne lisant à voix haute sa partie, comme si il ou elle était sur scène.

Vous savez quoi ? Ce genre de lecture est d'un ennui mortel.

Heureusement, j'ai caché mon journal sous mon exemplaire de *Nattes !* pour pouvoir écrire tranquillement. Cela dit, ça me fait drôle de passer de l'un à l'autre quand c'est à moi de donner la réplique.

Une réplique, au théâtre, c'est le texte prononcé par un personnage à destination d'un (ou plusieurs) autre(s) personnage(s).

J'ai appris plein de choses sur le théâtre.

Par exemple, l'auteur d'une comédie musicale n'écrit pas obligatoirement la musique. Grand-Mère a écrit les dialogues de *Nattes !* mais la musique est de

Phil, le type au piano qui nous accompagnait hier pendant les auditions. Grand-Mère l'a payé une fortune pour qu'il travaille pour elle.

Il paraît qu'elle a trouvé son nom sur le panneau de demandes d'emploi du Hunter Collège.

En tout cas, ça m'étonnerait qu'il ait eu beaucoup de temps pour profiter de cette manne tombée du ciel. Il a passé la nuit à composer et, apparemment, il n'a toujours pas récupéré, car il donne vraiment l'impression de tenir à peine debout.

Il n'est pas le seul. Señor Eduardo n'a pas ouvert les yeux une seule fois après la première réplique (prononcée par Rosagunde : « Oh là là, quelle joie de vivre dans ce village paisible niché au bord de la mer ») suivie de la PREMIÈRE CHANSON.

Et s'il était mort ?

Finalement, ce ne serait pas si terrible que ça. Tout le monde dirait : « Il est mort en faisant ce qu'il aimait le plus », comme dans cet horrible téléfilm où la fille tombe d'un arbre et se brise le cou le jour où on lui offre un nouveau cheval.

Ah, non, Señor Eduardo n'est pas mort. Il vient de ronfler.

Zut ! C'est à moi de lire.

« Oh, Gustav, je te défends de dire que tu es un paysan. Car les fers que tu as forgés pour nos chevaux ont donné de la force à leurs pas, et les épées que tu as conçues pour notre peuple lui ont donné le courage de se battre pour la liberté contre la tyrannie!»

J-P est en train de me donner la réplique. Il est loin d'être mauvais comédien. J'ai vu tout à l'heure qu'il avait caché lui aussi son carnet de chez Mead sous son exemplaire de *Nattes!*!!!!

On a parlé un peu tous les deux avant le début de la répétition (parce que j'ai vu que tout le monde l'ignorait – Boris et Tina s'embrassaient, ce qu'ils ont tendance à faire beaucoup depuis que Boris n'a plus de bagues, Lilly discutait avec Kenny de sa thèse sur les naines brunes et lui apportait les quelques remarques que se doit d'apporter toute rédactrice en chef, Yan tentait de convaincre Grand-Mère qu'elle était une fille, et Ling Su cherchait à éloigner Amber Cheeseman de moi, comme elle a promis de le faire tant que son rôle dans le chœur le lui permettrait), et J-P m'a confié que cela ne l'intéressait pas vraiment de jouer. La seule raison pour laquelle il auditionne chaque fois que le Club de théâtre d'Albert-Einstein monte un spectacle, c'est parce que ses parents sont dingues de théâtre et veulent que leur fils devienne comédien.

« Personnellement, je préférerais gagner ma vie en écrivant, a-t-il poursuivi. Même si je sais que c'est dur pour les poètes, je préfère quand même être écrivain que comédien. Parce que quand tu y réfléchis bien, le boulot d'un comédien consiste à interpréter ce que quelqu'un d'autre a écrit. Il n'a aucun POUVOIR. Le vrai pouvoir est dans les mots qu'il déclame et que quelqu'un d'autre a écrits. C'est ça qui m'intéresse. Être celui qui se trouve derrière les Julia Robert et les Jude Law de ce monde. »

!!!!!!!!!!!!!

Incroyable. J'ai presque dit la même chose un jour. Enfin, je crois.

Je comprends aussi complètement quand il parle de la pression qu'on ressent à accomplir quelque chose juste pour faire plaisir à nos parents. Exemple : les leçons de princesse. Oh, et ne pas avoir la moyenne en géométrie, même si ça ne me servira à rien plus tard.

Le seul problème, c'est que J-P n'a jamais obtenu le moindre rôle malgré toutes ses tentatives. D'après lui, c'est parce que les élèves du Club de théâtre d'Albert-Einstein ont l'esprit de clan.

« En même temps, si j'avais vraiment voulu un rôle, j'aurais commencé par essayer de faire partie de leur groupe, a-t-il continué. M'asseoir avec eux à la cafétéria, traîner devant le bahut avant les cours, aller leur chercher du café Chez Ho, me faire piercer le nez, me mettre à fumer des Bidies, tout ça, quoi. Mais la vérité, c'est que je hais les acteurs ! Ils sont tellement égocentriques ! Je ne supporte pas d'être leur public, tu comprends ? C'est exactement le sentiment que tu as quand tu parles à l'un d'eux. Tu as l'impression qu'il déclame un monologue rien que pour toi.

— C'est peut-être parce qu'ils manquent d'assurance, ai-je dit en repensant à toutes les histoires que j'avais lues sur de jeunes acteurs dans *Us Weekly*. Ce qui est le cas de la plupart des adolescents, non ? »

Je n'ai bien sûr pas précisé que de tous les adolescents à qui J-P avait parlé, j'étais probablement celle qui avait le MOINS d'assurance. Ce n'est pas que je n'aie pas de bonnes raisons de ne pas être sûre de moi. Combien d'ados connaissez-vous qui ne voient pas ce qu'on entend par « faire la fête » et qui ont une grand-mère qui essait de les faire chanter ?

« Peut-être, a répondu J-P. À moins que je sois trop critique. Cela dit, pour être franc, je ne suis pas vraiment du genre à faire partie d'une bande. Je suis plutôt solitaire. Au cas où tu ne l'aurais pas remarqué. »

J-P a souri en disant ça, d'un sourire penaud. J'ai alors compris ce que Tina et Lilly voulaient dire, quand elles avaient déclaré qu'elles le trouvaient mignon. Il EST mignon. À la manière d'un gros nounours.

Et il a raison sur les acteurs. À en juger d'après ce que j'ai vu d'eux dans les talk shows : ils ne parlent que d'eux !

Bon d'accord, c'est parce que le ou la journaliste leur pose des questions. Mais quand même.

Zut ! C'est encore à moi :

« Servante ! Va me chercher la grappa la plus forte ! Je vais montrer à ce gredin ce qui se passe quand on traite à la légère la maison des Renaldo. »

Mon Dieu. Encore deux heures avant de voir Michael. Je n'ai jamais autant éprouvé le besoin de sentir l'odeur de son cou. Bien sûr, je ne peux pas lui dire ce qui me tracasse – ne pas être une fêtarde –, mais je sais qu'auprès de lui, dans la cuisine de ses parents, tandis qu'il m'expliquera de sa voix grave la théorie du chaos et que je préparerai mon dip, je trouverai le réconfort.

FAITES QUE CETTE STUPIDE RÉPÉTITION S'ARRÊTE.

Zut, c'est encore à moi :

« Au nom de mon père, je t'envoie, seigneur Alboin, en enfer, là d'où tu viens ! »

Ah ! Joie et félicitations ! Alboin est mort ! Chantez la dernière chanson puis faites la ronde pour la finale ! Youpi ! On peut rentrer chez nous ! Ou aller retrouver nos petits copains !

Oh, non. Grand-Mère a une dernière annonce à faire :

« J'aimerais tous vous remercier de vous être joints à moi dans cet extraordinaire voyage que nous nous apprêtons à faire. Les répétitions et le spectacle de *Nattes !* devraient représenter l'une de vos expériences les plus enrichissantes du point de vue du travail créatif. Et à mon avis, les récompenses risquent de dépasser nos plus folles espérances. »

Sympa de sa part de me regarder tout en prononçant cette dernière phrase. Pourquoi n'a-t-elle pas dit tout simplement : Et Amber Cheeseman ne te tuera pas parce que tu as dépensé tout l'argent de la cérémonie de remise des diplômes.

« Mais avant de recevoir ces récompenses, a poursuivi Grand-Mère, nous allons devoir travailler dur. Les répétitions auront lieu tous les jours et dureront jusque tard dans la nuit. Il va sans dire que vous devez connaître votre rôle par cœur pour lundi. »

Un vent de panique a aussitôt soufflé au-dessus de nos têtes. Troublé par l'agitation régnante, Rommel s'est mis à lécher de manière compulsive les extrémités inférieures de son anatomie, comme il le fait lorsqu'il est soumis à des mesures coercitives.

« Je ne suis pas sûre de pouvoir mémoriser tous les mots d'italien qui figurent dans ma partie. Votre Altesse, a déclaré Yan nerveusement.

— N'importe quoi, a répliqué Grand-Mère. *Nessun dolore, nessun guadagno.* »

Même si personne n'avait compris, on s'est tous mis à paniquer de plus belle.

Sauf J-P, apparemment, qui a dit d'une voix profonde et calme, de sa voix à la *Bodyguard* :

« Hé, c'est bon ! Il n'y a aucune raison de flipper. On va y arriver !

— Excuse-moi, a aussitôt lancé Boris, mais n'est-ce pas toi qui viens juste de te plaindre parce que tu devais mettre sous presse le numéro 1 du nouveau magazine littéraire du lycée ? »

Lilly a préféré ne pas relever et J-P a eu l'air gêné.

« Écoute, je suis sûr que, si on répète ensemble demain matin et peut-être dimanche, on connaîtra nos textes par cœur avant lundi soir, a répondu J-P.

— Excellente idée, a dit Grand-Mère en frappant dans ses mains suffisamment fort pour que Señor Eduardo ouvre les yeux. Cela nous laissera tout le temps nécessaire pour travailler avec le chorégraphe et le chef de chœur.

— Le chorégraphe ? a répété Boris, l'air horrifié. Le chef de chœur ? Et vous avez dit qu'on avait combien de temps ?

— Autant de temps que cela prendra, a rétorqué Grand-Mère sèchement. À présent, vous allez tous rentrer chez vous et vous reposer ! Je vous suggère de bien dîner afin d'être en pleine forme pour la répétition de demain. Un steak pas trop cuit, une salade et des pommes de terre au four avec du beurre et du sel est le repas idéal pour un comédien qui veut garder la forme. Je vous attends tous ici demain à dix heures. Et n'oubliez pas de prendre un bon petit déjeuner – des œufs, du bacon et plusieurs tasses de café ! Je veux qu'aucun de mes comédiens ne défaille de fatigue devant moi ! Sinon, bravo pour la lecture de ma comédie musicale ! C'était excellent ! Vous avez fait preuve d'une grande émotion. Vous pouvez vous applaudir, vous le méritez ! »

Lentement, les uns après les autres, on s'est mis à frapper dans nos mains – seulement parce que, si on ne le faisait pas, Grand-Mère ne nous laisserait jamais partir.

Sauf que nos applaudissements ont définitivement réveillé le maestro endormi. Ou le metteur en scène. Enfin le… je ne sais pas.

« *Gracias*, a dit Señor Eduardo, qui devait penser qu'on l'applaudissait. *Gracias*, à tous. Je n'aurai pas pu le faire sans vous. *Gracias*. Vous êtes trop bons.

—À demain, Mia, m'a lancé J-P en me faisant signe de la main. N'oublie pas de manger un bon steak ! Et du bacon demain !

—Mia est végétarienne », lui a rappelé Boris, qui semblait particulièrement mécontent de devoir se priver de plusieurs heures de violon.

J-P a souri.

« Je sais. Je plaisantais, a-t-il dit. Depuis que Mia a crisé parce qu'elle a trouvé de la viande dans les lasagnes végétariennes, TOUT LE BAHUT sait qu'elle est végétarienne.

— Ah oui ? a fait Boris. Tu peux parler, Monsieur le garçon-qui-déteste-qu'on... »

J'ai aussitôt plaqué ma main sur la bouche de Boris pour l'empêcher de poursuivre.

« Eh bien, bonne nuit, a dit J-P. À demain ! »

Après son départ, j'ai libéré Boris et je me suis essuyé la main à une serviette.

« C'est incroyable, Boris, ce que tu peux baver ! me suis-je écriée.

— J'ai un problème, je sécrète trop de salive, m'a-t-il informée.

— Si j'avais su !

— Tu me sembles bien nerveuse, Mia ! s'est exclamée Lilly alors qu'on se dirigeait vers la sortie. Dis-moi, tu l'apprécies tant que ça, J-P ?

— Pas du tout », ai-je répliqué.

C'est incroyable. Ça fait un an et demi que je sors avec son frère. Elle devrait SAVOIR qui j'apprécie.

« Je trouve juste que vous pourriez être plus sympa avec lui, ai-je ajouté.

— Mia se sent coupable parce qu'elle l'a fait mourir dans sa nouvelle, est intervenu Boris.

— Absolument pas », ai-je déclaré.

Mais une fois de plus, je mentais.

Je me sens terriblement coupable d'avoir tué J-P dans mon histoire.

Aussi, je m'engage par la présente à ne plus jamais tuer dans mes prochaines productions littéraires un personnage qui m'aura été inspiré par quelqu'un qui existe vraiment.

Sauf pour le livre que j'écrirai sur Grand-Mère, bien sûr.

Vendredi 5 mars, 10 heures du soir, dans le salon des Moscovitz

Les films que Michael me fait regarder sont tellement déprimants !

Vous savez quoi ? La dystopie dans les films de science-fiction, c'est pas mon truc. Même le MOT dystopie me donne la nausée, parce que la dystopie, c'est le CONTRAIRE de l'utopie, qui signifie une société idyllique et totalement paisible. Comme la communauté qu'ils ont essayé de créer à New Harmony, en Indiana, où ma mère m'a amenée une année alors qu'on essayait d'échapper à Mémé et à Pépé lors d'une visite à Versailles (Versailles, en Indiana).

À New Harmony, tout le monde a donné son avis pour construire une ville parfaite, avec de jolis immeubles, de jolies rues et de jolies écoles. Je sais que ça a l'air repoussant comme ça, mais ce n'est pas du tout le cas. New Harmony est une ville vraiment sympa.

Une société dystopique, en revanche, ça n'est PAS sympa. Il n'y a pas de jolis immeubles, de jolies rues ou de jolies écoles. C'est plutôt comme Lower East Side, avant que les bobos ne s'y installent, ouvrent tous ces bars à tapas et paient 3 000 $ par mois de loyer. Vous voyez ce que je veux dire ? Le genre d'endroit où à part des stations-service, des clubs vidéo pour adultes et le dealer de crack au coin de la rue, il n'y a pas grand-chose.

Eh bien, c'est dans ces mondes-là que vivent la majorité des héros des films de science-fiction qu'on a vus ce soir.

Le Survivant? Une société dystopique née après qu'une terrible guerre bactériologique a décimé les 4/5e de la population et a laissé les quelques survivants (à l'exception de Charlton Heston) à l'état de zombie.

L'Âge de cristal? Parfait exemple de société dystopique qui paraît être utopique. Pour éviter la surpopulation après une guerre atomique, un gouvernement désintègre ses citoyens le jour de leur trentième anniversaire.

2001 : L'Odyssée de l'Espace est le prochain film qu'on doit voir, c'est-à-dire dès que je serai sortie de la salle de bains. Mais vous savez quoi ? Je ne suis pas sûre d'en supporter davantage.

La seule raison pour laquelle je les regarde, c'est parce que je peux me blottir contre Michael sur le canapé.

Et qu'on s'embrasse pendant les passages un peu lents.

Et pendant les passages qui font peur, j'enfouis ma tête contre son torse et il me serre dans ses bras et je peux sentir l'odeur de son cou.

Alors que tout ça pourrait être plus que satisfaisant dans des circonstances normales, j'ai remarqué que chaque fois que ça devient VRAIMENT passionné entre Michael et moi – suffisamment passionné en tout cas pour qu'il mette pause –, on entend Lilly au bout du couloir qui crie : « Maudit sois-tu, Alboin, chien fielleux que j'ai toujours su que tu étais ! »

Et je peux dire que c'est super dur de se laisser bercer dans les bras de l'amour de sa vie quand on entend quelqu'un hurler : « Tu voudrais prendre pour femme cette vulgaire fille de Genovia quand tu pourrais m'avoir, Alboin ? Fi donc ! »

Ce qui explique peut-être pourquoi Michael vient d'aller dans la cuisine chercher d'autres pop-corn. J'ai l'impression que *2001 : L'Odyssée de l'Espace* risque de représenter notre seul espoir d'étouffer les voix peu harmonieuses de Lilly et de Lars en train de répéter.

Cela dit, je dois admettre – puisque j'ai décidé de faire un effort pour ne plus mentir – que ce n'est pas seulement la voix aiguë de Lilly qui m'empêche de consacrer toute mon attention à Michael. En vérité, cette histoire de fête me tracasse bien plus que je ne l'imaginais.

C'est vrai, je parle très sérieusement. J'ai préparé le dip – celui qu'on fait avec un sachet de soupe à l'oignon de chez Knorr – uniquement pour que Michael pense que j'ai hâte d'être à demain soir.

Mais pas du tout.

Enfin, grâce à Lana, je sais au moins comment il faudra que je me comporte. Et j'ai une tenue. Du moins, j'espère. Je me demande juste si je n'ai pas coupé ma jupe un peu TROP court.

Ça m'étonnerait que pour Lana, ce genre de détail existe.

Oups ! Michael revient avec les pop-corn.

On va pouvoir s'embrasser à nouveau !

Samedi 6 mars, minuit

Je l'ai échappé belle : quand je suis rentrée ce soir de chez les Moscovitz, ma mère m'attendait (enfin, elle ne m'attendait pas MOI. Elle regardait la troisième partie de *Chirurgie extrême* sur ce type qui a une énorme tache de vin au visage et qui, après huit interventions, n'a pas pu s'en débarrasser complètement. Il ne peut même pas mettre un masque comme l'acteur dans *Le Fantôme de l'Opéra*, parce que sa tache de vin est en relief et qu'aucun masque ne lui va.

Bref, bien que j'aie essayé de faire le moins de bruit possible, ma mère m'a vue et on a eu la conversation que j'espérais éviter à tous prix :

Maman *(après avoir coupé le son de la télé)* : Mia, j'ai appris que ta grand-mère montait une comédie musicale sur ton ancêtre Rosagunde et que tu avais le rôle principal ?

Moi : Euh… oui, c'est exact.

Maman : C'est la chose la plus ridicule que j'aie jamais entendue. Sait-elle que tu n'as pas la moyenne en géométrie ? Tu n'as pas le temps de jouer dans une pièce. Tu dois te concentrer sur tes études. Tu as suffisamment d'activités extra-scolaires avec tes leçons de princesse et ton poste de présidente. Jouer dans une pièce ? De qui se moque-t-elle ?

Moi : Une comédie musicale.

Maman : Quoi ?

Moi : C'est une comédie musicale, pas une pièce de théâtre.

Maman : Je m'en fiche. J'appellerai ton père dès demain pour lui dire de demander à sa mère de mettre un terme à tout ça.

Moi *(complètement flippée, parce que, si elle téléphone à papa, Grand-Mère racontera tout à Amber*

Cheeseman, et je me retrouverai avec la gorge tranchée. Mais comme je ne pouvais pas répondre ça, j'ai menti. Une fois de plus) :

Non ! Ne fais pas ça ! S'il te plaît ! Je… j'y tiens trop !

Maman : Tu tiens trop à quoi ?

Moi : À la pièce, je veux dire à la comédie musicale. Le théâtre, c'est ma vie. Je t'en prie, ne m'oblige pas à arrêter.

Maman : Mia, tu es sûre que ça va bien ?

Moi : Super ! Mais n'appelle pas papa, OK ? Il est très occupé avec le Parlement. Je t'assure, tout va bien pour moi. Ne l'embêtons pas avec ça. J'adore la pièce de Grand-Mère. C'est drôle et c'est l'occasion pour moi de… d'élargir mes horizons.

Maman : Je… je ne sais pas.

Moi : S'il te plaît, maman. Je te promets que mes notes ne s'en ressentiront pas.

Maman : Très bien. Mais si tu as C au prochain contrôle, j'appelle ton père.

Moi : Oh, merci, maman ! Ne t'inquiète pas, ça n'arrivera pas !

Je suis allée ensuite dans ma chambre et j'ai respiré plusieurs fois dans un sac en papier parce que j'avais peur d'hyper ventiler.

Samedi 6 mars, 2 heures de l'après midi, dans la salle de bal du Plaza

OK. Jouer est peut-être un tout petit peu plus compliqué que je l'imaginais. Ce que j'ai écrit l'autre jour, comme quoi plein de gens veulent devenir acteurs parce que c'est super facile et qu'on est bien payés…

Eh bien, c'est peut-être vrai, mais ce n'est pas si facile que ça. On doit se rappeler plein de choses.

Comme la gestuelle quand on arrive sur scène et qu'on doit dire sa partie. J'ai toujours pensé que les acteurs arrivaient et récitaient leurs textes.

En fait, le metteur en scène leur indique exactement où ils doivent se placer, quels mots accentuer, à quelle vitesse ils doivent parler, et même comment ils doivent bouger.

Enfin, quand c'est Grand-Mère le metteur en scène.

Bien sûr, ce n'est pas elle, le metteur en scène. Du moins, c'est ce qu'elle ne cesse de nous répéter. Señor Eduardo, installé dans un coin de la salle, une couverture jusqu'au menton, est VRAIMENT celui qui dirige la pièce. Pardon, la comédie musicale.

Mais vu qu'il dort quasiment tout le temps, Grand-Mère s'est généreusement proposée pour le remplacer.

Je ne dis pas que c'est ce qu'elle avait prévu dès le départ, mais à mon avis, elle aurait du mal à le nier.

Bref, en plus de nos textes, on doit apprendre aussi la gestuelle.

Mais attention, la gestuelle, ce n'est pas la chorégraphie. La chorégraphie, c'est l'ensemble des pas et des figures des danses qu'on fait tout en chantant.

Pour ça, Grand-Mère a engagé une chorégraphe professionnelle. Elle s'appelle Feather. Apparemment, Feather est très connue dans le milieu de Broadway. Elle aussi devait être à court d'argent pour accepter de travailler sur une comédie musicale aussi rasante que *Nattes !*. Mais bon.

Feather n'a rien à voir avec les chorégraphes que j'ai vues dans des films comme *Honey* ou *Danse ta vie*. Elle ne se maquille pas, nous a expliqué que son collant de danseuse était en chanvre et n'arrête pas de nous demander de nous concentrer sur notre *chi*, qui est en relation avec notre énergie vitale.

Chaque fois qu'elle dit ça, Grand-Mère fait la grimace. Mais je sais qu'elle gardera ses réflexions pour elle, parce que ce serait la croix et la bannière de trouver une autre chorégraphe au pied levé si Feather claquait la porte dans un accès de colère, comme les danseurs ont tendance à le faire.

Cela dit, je préfère quand même Feather au chef de chœur, Madame Puissant, qui travaille normalement avec des chanteurs d'opéra au Metropolitan. Elle nous a demandé de nous tenir bien droit pour faire des exercices de technique du chant ou comme elle dit des vocalises. Et on s'est retrouvés à chanter O-o-o-o-o-o-o-o, A-a-a-a-a-a-a, I-i-i-i-i-i-i, U-u-u-u-u-u-u en montant de plus en plus dans les aigus jusqu'à ce qu'on « sente l'arête de notre nez vibrer ».

De toute évidence, Madame Puissant n'en a rien à faire de l'état de notre *chi*, car elle a failli renvoyer Lilly quand elle s'est aperçue qu'elle n'avait pas de vernis aux ongles, sous prétexte qu'« une diva ne sort jamais sans les ongles manucurés ».

J'ai remarqué que Grand-Mère approuvait tout ce que disait Madame Puissant. Du moins, elle ne lève pas les yeux au ciel toutes les cinq minutes comme avec Feather.

Comme si tout ça ne suffisait pas, on a dû aussi passer entre les mains d'une couturière pour vérifier les costumes et, dans mon cas, essayer des perruques, vu que le personnage de Rosagunde doit avoir une très longue natte. C'est le titre de la pièce, après tout.

Pardon, de la comédie musicale.

Quand je pense qu'on se faisait un sang d'encre à l'idée de mémoriser notre TEXTE à temps. En fait, il y a bien PLUS de choses à apprendre par cœur quand on monte une pièce – je sais, une comédie musicale. Il faut connaître la gestuelle et les différentes figures des danses, sans parler de toutes les chansons. Et il faut aussi faire attention à ne pas marcher sur sa natte ce qui, dans mon cas, veut dire faire attention à ne pas marcher sur la corde en velours que Grand-Mère a nouée autour de ma tête et qui sert d'habitude à fermer le Palm Court pour empêcher les gens d'entrer en trombe quand c'est l'heure du thé.

Pas étonnant que j'aie la migraine. Cela dit, ce n'est pas pire que lorsque je dois porter mon diadème.

Pour l'instant, J-P et moi faisons une petite pause car Feather revoit l'enchaînement du chœur pour la chanson « *Genovia!* » que tout le monde chante sauf J-P et moi. On a tous découvert que Kenny, en plus de ne pas savoir chanter ni jouer, ne sait pas danser non plus. Du coup, ça prend plus de temps.

Mais bon, ça va, car j'en profite pour mettre au point ma stratégie pour la fête de ce soir, et parler avec J-P. C'est incroyable tout ce qu'il sait sur le théâtre. Il m'a expliqué que c'était parce que son père était producteur. J-P traîne dans les coulisses ou sur les plateaux de tournage depuis qu'il est tout petit, ce qui lui a permis de croiser des tas de vedettes.

« John Travolta, Antonio Banderas, Bruce Willis, Renée Zellweger, Julia Roberts… Tous ceux qu'il faut rencontrer sont là, en gros », a-t-il répondu quand je lui ai demandé de quelles vedettes il parlait.

Ouah ! Je suis sûre que Tina serait prête à tout pour être à sa place. Même devenir un garçon.

J'ai voulu savoir ensuite s'il existait quelqu'un qu'il n'avait PAS rencontré et dont il rêvait de faire la connaissance. Il m'a dit, oui : David Mamet, le célèbre dramaturge.

« Tu sais, celui qui a écrit *Glengarry*, *À propos d'hier soir, Oleanna*.

— Ah, oui, bien sûr ! » ai-je répondu, comme si je savais de qui il parlait.

Puis je lui ai redit à quel point j'étais impressionnée qu'il ait rencontré presque tout le monde à Hollywood.

« Oui, mais quand on y réfléchit bien, les célébrités sont des gens ordinaires, comme toi et moi. Enfin, comme moi, plutôt. Parce que toi, tu ES une célébrité. Mais tu dois connaître tout ça, non ? Les gens pensent que tu es ceci ou cela, alors qu'en réalité, tu n'es ni l'un ni l'autre. C'est juste la façon dont le public te perçoit. Ça doit être super dur à vivre. »

N'a-t-on jamais prononcé paroles plus vraies ? Il suffit de considérer ce à quoi je suis confrontée en ce moment : tout le monde semble penser que je ne suis pas une fêtarde. Mais j'en suis UNE. Je vais bien à une fête, ce soir, non ?

OK, je suis morte de trouille et j'ai dû demander conseil à la fille la moins sympa de tout le bahut.

Mais ça ne signifie pas que je ne suis pas une fêtarde.

Bref, en plus d'avoir rencontré pratiquement tous les grands noms de ce monde, à l'exception de David Mamet, J-P a vu toutes les pièces qui sont passées à Broadway depuis sa naissance y compris – et là, je n'en revenais pas – *La Belle et la Bête*.

Et écoutez-moi bien : c'est l'un de ses spectacles préférés.

Dire que pendant tout ce temps, je n'ai vu que le garçon-qui-déteste-qu'on-mette-du-maïs-dans-le-chili – c'est-à-dire un type bizarre – quand, en vérité, c'est un garçon super cool, drôle, qui écrit des poèmes sur la principale Gupta, qui a adoré *La Belle et la Bête*, et qui aimerait rencontrer David Mamet (quel qu'il soit).

Mais j'imagine que c'est juste le reflet de l'école aujourd'hui ; les classes sont tellement nombreuses et l'enseignement est si impersonnel, qu'il est difficile pour nous autres, adolescents, de ne pas tenir compte des idées préconçues qu'on peut avoir les uns des autres, et de voir la vraie personne sous l'étiquette dont on l'affuble, telle la Princesse, la Grosse Tête, la Diva, le Sportif, la Pompom Girl ou le garçon-qui-déteste-qu'on-mette-du-maïs-dans-le-chili.

Oups ! Le chœur a fini de répéter. Grand-Mère appelle les rôles principaux.

C'est-à-dire J-P et moi. Je trouve qu'on a plein de scènes ensemble. C'est curieux, car jusqu'à ce que je lise *Nattes!*, je ne savais pas que mon ancêtre Rosagunde AVAIT EU un petit ami.

Samedi 6 mars, six heures, dans la limousine, de retour à la maison

Je suis tellement fatiguée que j'arrive à peine à garder les yeux ouverts. C'est SUPER DUR d'être acteur. Comment font les filles et les garçons qui jouent dans *Bienvenue à Degrassi*? Ça a l'air facile pour eux et pourtant, ils continuent d'aller en cours et de vivre leur vie tout en tournant la série.

En même temps, ils n'ont pas à chanter sauf pour les épisodes où un groupe répète. En fait, c'est encore plus dur de chanter que de jouer. Moi qui pensais que c'est ce qui me poserait le moins de problèmes, vu que je m'étais entraînée pendant des heures au cas où je me retrouverais à devoir passer dans un karaoké pour gagner ma vie comme Britney dans *Crossroads*.

Eh bien, laissez-moi vous dire que, depuis aujourd'hui, j'éprouve le plus grand respect pour Kelis. À mon avis, pour obtenir une version aussi parfaite de *Milkshake*, dans son dernier album, elle a dû répéter des milliers de fois. Ce que Madame Puissant m'a obligée à faire avec « *La Chanson de Rosagunde* ».

Et quand ma voix a commencé à s'érailler et que je ne pouvais plus monter dans les aigus, elle m'a obligée à tenir le bas du piano à queue sur lequel Phil jouait et à LE SOULEVER !

« Chantez avec votre diaphragme, Princesse, hurlait-elle. Ne respirez pas par la poitrine. Avec le DIAPHRAGME ! Pas avec la poitrine ! LE DIAPHRAGME ! LE DIAPHRAGME ! SOULEVEZ ! SOULEVEZ ! SOULEVEZ !!!!! »

Heureusement que j'avais pensé à me vernir les ongles (pour ne pas être tentée de les ronger). Sinon, elle m'aurait crié dessus à cause de ÇA aussi.

Quant aux différents pas et aux divers enchaînements ? Laissez tomber. Il y a des gens qui méprisent les pompom girls (OK, j'en fais partie – il n'y a que Shameeka que je supporte), eh bien, vous savez quoi ? C'est SUPER DUR aussi !!! Et il faut mémoriser toutes les figures. J'étais à deux doigts de dire à Feather : « Prenez mon *chi*, Feather ! Je n'arrive pas à faire un chassé puis un chassé-croisé suivi d'une pirouette deux fois de suite ! »

Mais Feather n'a pas eu la moindre indulgence à mon égard – et encore moins à l'égard de Kenny qui, lui, est carrément incapable de faire une pirouette, même si sa vie en dépend.

Et vous savez quoi ? On est censés revenir demain et être là à dix heures tapantes.

Alors qu'on partait, Boris a dit : « Jamais je n'ai travaillé aussi dur pour gagner un crédit de cent points à un examen. »

Ce qui est tout à fait exact. Sauf que, comme Ling Su lui a fait remarquer, c'est mieux que de vendre des bougies.

J'ai dû lui faire signe de parler moins fort car Amber Cheeseman était juste derrière nous !

J-P, qui m'a vue, m'a tout de suite demandé :

« Que se passe-t-il ? C'est quoi, le grand secret ? De quoi vous parlez ? Tu peux me le dire, je te jure de l'emporter avec moi dans la tombe. »

En fait, quand on passe beaucoup de temps ensemble, comme c'est notre cas depuis qu'on a commencé les répétitions, des… des liens se créent. On ne peut pas aller contre. C'est comme ça. Même Lilly, qui a manifestement des tendances antisociales, a lancé, au moment où on enfilait tous nos manteaux :

« Écoutez-moi ! Il y a une fête chez moi, ce soir ! Vous êtes tous invités ! Mes parents ne seront pas là ! »

Personnellement, j'ai trouvé ça assez osé de sa part – après tout, c'est la fête de Michael, et je ne suis pas sûre qu'il apprécie de voir débarquer toute une bande de lycéens (à part moi, bien sûr).

Enfin, c'est un exemple pour montrer à quel point on se sentait proches les uns des autres.

Et aussi pourquoi je n'ai pas hésité à raconter la vérité à J-P – que le comité des délégués de classe n'avait plus d'argent et ne pouvait pas payer pour la cérémonie de la remise des diplômes des élèves de dernière année, d'où *Nattes!*

J-P a paru surpris – mais pas du tout, comme je l'ai pensé au début, parce qu'il était choqué que j'aie mal calculé mon budget.

« C'est vrai ? a-t-il dit. Moi qui pensais que cette comédie musicale était une ruse de ta grand-mère pour empêcher mon père de faire une offre plus importante que la sienne pour l'île de Genovia. »

!!!!!!!!!!

Je l'ai dévisagé, bouche bée, jusqu'à ce qu'il éclate de rire.

« Ne t'inquiète pas, Mia, a-t-il lancé. Je ne dirai rien. Pour l'argent OU pour les manigances de ta grand-mère.

— Mais pourquoi ton père veut acheter une fausse île qui représente Genovia ? ai-je demandé.

— Parce qu'il en a les moyens », a répondu J-P, qui ne semblait plus plaisanter du tout – ce qui était nouveau chez lui. J-P ne donne en effet jamais l'impression d'être contrarié ou inquiet – sauf quand il y a du maïs dans le chili, bien sûr.

J'ai alors compris que John Paul Reynolds-Abernathy III était un sujet douloureux pour John Paul Reynolds-Abernathy IV. Du coup, je n'ai pas insisté. C'est le genre de chose qu'on apprend quand on est princesse : ne pas insister sur un sujet qui met son interlocuteur dans l'embarras.

« Eh bien, à demain, ai-je dit à J-P.

— Tu ne vas pas à la fête de Lilly ? m'a-t-il demandé.

— Oh, si, bien sûr, ai-je répondu.

— Alors, à tout à l'heure », a-t-il lancé.

Ça m'a fait plaisir de voir que J-P se sentait suffisamment à l'aise avec nous pour avoir envie d'aller à la fête de Lilly. Même s'il ne sait pas que c'est la fête de Michael.

Quoi qu'il en soit, j'ai autre chose à faire qu'à penser à J-P, Lilly, Grand-Mère et ses plans diaboliques pour récupérer l'île de Genovia.

Dimanche 7 mars, 1 heure du matin, à la maison

J'ai tellement honte. Je ne plaisante pas. Je suis MORTIFIÉE. Je crois que je n'ai jamais eu aussi honte de ma vie.

D'accord, ce n'est pas la première fois que je l'écris, mais cette fois, je le pense vraiment.

Pendant un moment, j'ai cru que mon plan marchait. Mon plan pour prouver à Michael que je suis une vraie fêtarde, je veux dire.

Je ne comprends pas où ça a cloché. J'avais TOUT prévu et j'ai fait EXACTEMENT ce que Lana m'avait conseillé. Dès que je suis arrivée chez Michael et Lilly, je me suis changée et j'ai enfilé ma tenue de fêtarde :

* des collants noirs
* ma jupe en velours noir (transformée en mini-jupe – l'ourlet n'était pas complètement droit parce que Fat Louie n'arrêtait pas de sauter sur les ciseaux pendant que je coupais, mais bon, ça allait)
* mes Doc
* un sous-pull qui me restait de l'année où, pour Halloween, je m'étais déguisée en chat et que Ronnie, la voisine, m'avait dit que je ressemblais à un mannequin de *Playboy* sans la poitrine, ce qui fait que je ne l'ai plus jamais porté
* un béret noir datant de l'époque où ma mère manifestait avec ses copines des Guerilla Girls
* le haut de maillot de bain que m'a offert Lilly (il est muni de deux poches qu'on peut remplir d'eau, en cas de grosse canicule. Sauf que je ne l'ai pas fait parce que j'avais peur qu'il fuie.)

Je m'étais en plus mis du rouge à lèvres et fait une coiffure sexy, comme Lindsay Lohan quand elle sort d'une boîte de nuit new-yorkaise après avoir raté de cinq minutes Wilmer, son ex.

Mais au lieu de s'extasier devant mon nouveau look, Michael – qui ouvrait la porte à son premier invité – a haussé les sourcils d'un air surpris en me voyant.

Quant à Lars, il a levé les yeux de son palm au moment où je suis passée devant lui et a commencé à dire quelque chose, mais il a dû penser qu'il valait mieux s'abstenir car il est très vite retourné à son écran.

Lilly, elle, qui préparait sa caméra pour filmer la fête en vue d'une prochaine émission de *Lilly ne mâche pas ses mots* portant sur la dynamique homme-femme dans un cadre urbain moderne, s'est exclamée : « En quoi tu t'es déguisée ? En mime ? »

Je ne me suis même pas donné la peine de répondre. J'ai rejeté la tête en arrière, comme Lana, et j'ai poursuivi mon chemin.

Parce que j'essayais de me comporter comme une adulte devant les amis de Michael, lesquels arrivaient les uns après les autres.

J'imagine que j'ai réussi car Trevor et Felix ont sursauté en disant : « Mia ? », comme s'ils ne me reconnaissaient pas. Même Paul a paru étonné.

« Super, les gambettes ! » a-t-il lancé. Il parlait de mes jambes, qu'il devait trouver assez belles. C'est vrai qu'avec ma mini-jupe, elles font assez longues.

Doo Pak, lui, s'est écrié : « Oh, princesse Mia, vous êtes très belle quand vous n'êtes pas en salopette ! »

J-P, qui est arrivé un peu plus tard, en même temps que Tina et Boris, s'est approché de moi et a dit : « Votre beauté ferait honte à n'importe quel coucher de soleil sur la Méditerranée, ma mie. »

OK, c'est une des répliques de *Nattes !*, mais c'était gentil quand même.

Et il a accompagné son compliment d'une révérence, comme dans la pièce. Pardon, la comédie musicale.

Bref, Michael a été le seul à ne faire aucun commentaire. Mais à mon avis, c'est parce qu'il était trop occupé à mettre de la musique et à faire que tout le monde se sente à l'aise. Et puis, il n'était pas très content que Lilly ait invité Boris et tous les autres sans lui demander la permission.

C'est pourquoi j'ai décidé de l'aider. Je me suis dirigée vers un groupe de filles de sa résidence universitaire – aucune ne portait de béret ni n'avait de tenue particulièrement sexy – et je me suis présentée :

« Salut. Je m'appelle Mia, je suis la petite amie de Michael. Vous voulez un peu de dip ? »

Je n'ai pas précisé que c'était moi qui l'avais cuisiné parce que ça m'étonnerait qu'une vraie fêtarde concocte son propre dip. Par exemple, ça m'étonnerait que Lana en ait déjà fait un. Finalement, ce n'était pas une si bonne idée de ma part de préparer un dip, mais dans la mesure où je n'étais pas obligée de dire qu'il était de moi, ça allait.

Sauf qu'aucune des étudiantes n'en a voulu, même après que je leur ai assuré que la crème était à 15 %. J'ai lu que les filles en première année surveillent leur alimentation pour ne pas prendre les dix kilos qui vont généralement de pair avec l'entrée à l'université. Évidemment, je ne leur ai PAS dit ça.

Ce que je ne comprenais pas, en revanche, c'est qu'elles ne me donnent pas l'impression d'avoir envie de discuter avec moi. Et comme Boris et Tina s'embrassaient, assis sur le canapé, que Lilly montrait à J-P comment marchait sa caméra, je n'avais personne à qui parler.

Du coup, je suis allée à la cuisine et j'ai pris une bière. C'est ce qu'aurait fait une fêtarde, non? En tout cas, c'est ce qu'aurait fait Lana. Aussi, j'ai décapsulé ma bouteille et comme tout le monde buvait au goulot, j'ai fait pareil… Et j'ai failli m'étrangler.

La bière avait encore plus mauvais goût que dans mon souvenir. Et l'odeur était pire que celle de la moufette sur laquelle Pépé avait roulé un jour.

Mais vu que personne ne faisait la grimace en buvant, je me suis forcée à me contrôler et j'ai commencé à boire de petites gorgées. C'était un peu plus supportable. Après tout, les buveurs de bière font peut-être comme ça. Ils prennent de très petites quantités de bière chaque fois. Bref, j'ai continué à ce rythme jusqu'à ce que je m'aperçoive que J-P me filmait avec la caméra de Lilly. J'ai aussitôt caché ma bière dans mon dos.

J-P a abaissé la caméra, brusquement gêné.

« Désolé », a-t-il murmuré.

Cela dit, il ne l'était pas autant que je l'ai été quand Lilly, qui se tenait à côté de lui, m'a demandé :

« Mia ? Qu'est-ce que tu fabriques ?

— Rien », ai-je répondu sur un ton agacé, parce que c'est comme ça que j'imaginais qu'une fêtarde aurait réagi si ses amis lui avaient demandé ce qu'elle fabriquait. À moins d'être une fêtarde qui se lâche et qui dans ce cas aurait soulevé son tee-shirt devant tout le monde.

Mais j'ai décidé que je n'en étais pas une.

« Tu bois ? a fait Lilly, choquée. À vrai dire, plus amusée que choquée.

— J'essaie juste de passer un bon moment », ai-je répondu.

Comme J-P n'arrêtait pas de me dévisager, j'ai tourné la tête, et j'ai ajouté :

« Tu sais, je bois quand je suis à Genovia.

— Oui, bien sûr, a répliqué Lilly. Du champagne avec des dignitaires étrangers. Et du vin à table. Mais pas de la bière.

— Je t'en prie, Lilly ! ai-je lâché avant de m'éloigner et de tomber nez à nez avec Michael.

— Ah, te voilà », a-t-il dit.

Puis il a baissé les yeux sur la bière que je tenais à la main.

« Qu'est-ce que tu fais ? a-t-il demandé.

— Je m'amuse, ai-je répondu en rejetant à nouveau la tête en arrière avec désinvolture.

— Depuis quand tu bois de la bière ? » a-t-il insisté.

J'ai éclaté de rire.

« Je t'en prie, Michael.

— Elle m'a répondu la même chose, a annoncé Lilly à son frère tout en reprenant sa caméra pour nous filmer, Michael et moi.

— Lilly, arrête tout de suite, a ordonné Michael. Mia… »

Mais avant qu'il ait le temps de dire quoi que ce soit, le premier slow de la soirée est monté des enceintes (Michael y avait branché son MP3) – *Speed of Sound* des Coldplay.

« Oh, j'adore cette chanson », ai-je déclaré, et j'ai commencé à danser, comme Lana m'avait dit de faire.

En vérité, je ne suis pas vraiment fan des Coldplay, à cause du chanteur qui a laissé sa femme, Gwyneth Paltrow, appeler leur fille Apple. Comment cette pauvre enfant va se débrouiller quand elle arrivera au lycée ? Tout le monde se moquera d'elle.

Mais j'imagine que la bière, aussi dégoûtante soit-elle, avait fait son effet car je me sentais bien moins intimidée qu'avant de commencer à boire. En fait, je me sentais plutôt bien. Même si j'étais la seule à danser dans la pièce.

Mais ça ne m'a pas gênée. Je me disais que les autres allaient me rejoindre. C'est comme ça, dans les fêtes. Dès qu'une personne se met à danser, les autres suivent. Ils attendent juste que quelqu'un se lance.

Sauf que personne n'est venu. Michael moins que les autres. Il se tenait là, immobile, et me regardait fixement. Tout comme Lars. Et Lilly, quoiqu'elle l'ait fait à travers l'objectif de sa caméra. Sur le canapé, Boris et Tina ont cessé de s'embrasser et m'ont regardée à leur tour. Ainsi que le groupe d'étudiantes à qui je m'étais présentée. L'une d'elles a même dit quelque chose à l'oreille de sa voisine et celle-ci a pouffé.

Elle devait sans doute être jalouse, parce que j'avais fait un effort pour m'habiller, et que je dansais.

C'est à ce moment-là que J-P est venu à ma rescousse : il s'est mis à danser avec moi.

Enfin, pas vraiment avec moi puisqu'il ne me touchait pas, mais il s'est placé devant moi et a bougé les pieds, comme les hommes font parfois, quand ils ne veulent pas attirer l'attention sur eux mais qu'ils ont envie de s'amuser.

J'étais tellement contente de ne plus être la seule à danser que j'ai commencé à agiter les épaules, comme pour le *shimmy* – Feather nous a expliqué que c'était une danse en vogue dans les années 20, qui s'exécutait avec un tremblement des épaules –, en m'approchant de plus en plus de J-P et en lui souriant. J-P me souriait aussi.

Après ça, eh bien… j'imagine qu'on a – en principe – dansé plus ou moins ensemble. Ce qui revient à dire que j'ai dansé avec un autre garçon. En présence de mon petit ami. À une fête organisée par mon petit ami.

Comportement qui – en principe encore une fois – n'est pas à proprement parler correct pour une fille.

Cela dit, je ne m'en suis pas rendu compte sur le moment. Sur le moment, tout ce à quoi j'arrivais à penser, c'est à quel point je devais paraître stupide quand je dansais toute seule et comme j'étais heureuse que J-P – à l'inverse de mes soi-disant amis – ne m'ait pas abandonnée devant tout le monde… en particulier Michael.

Qui ne m'avait même pas dit que j'étais jolie. Ou qu'il aimait bien mon béret.

J-P m'avait dit que j'étais plus belle que le plus beau coucher de soleil sur la Méditerranée. J-P m'avait rejointe sur la piste de danse.

Tandis que Michael, lui, n'avait pas bougé de place.

Qui sait pendant combien de temps encore J-P et moi, on aurait dansé – tandis que Michael ne bougeait pas – si la porte ne s'était pas brusquement ouverte sur… les Drs Moscovitz.

OK, Michael avait eu la permission d'organiser une fête et ils ne semblaient pas en colère.

Mais quand même ! Ils sont entrés pile au moment où je dansais avec UN AUTRE GARÇON ! J'étais super gênée !!!! Hé ho, je parle des PARENTS de Michael !!!!

J'étais presque aussi gênée que la fois où, pendant les vacances de Noël, ils sont arrivés alors que Michael et moi, on s'embrassait sur le canapé (bon d'accord, on faisait plus que s'embrasser. Michael avait glissé ses mains sous mon tee-shirt, ce qui, pour une fille qui refuse de faire l'amour avant la fin de ses études secondaires, est assez risqué. Mais passons. La vérité, c'est que j'étais tellement étourdie par tous ces baisers que je n'avais même pas remarqué ce que faisaient les mains de Michael. J'aimais TROP ça. Du coup, quand les Moscovitz sont entrés, j'ai pensé, MERCI. Car qui sait OÙ j'aurais laissé les mains de Michael aller).

Bref, croyez-moi ou pas, j'étais encore PLUS GÊNÉE cette fois. Après tout, danser avec un autre garçon, ce n'est pas rien !

En même temps, je ne suis pas sûre qu'ils m'aient vue. Parce qu'ils sont à peine arrivés qu'ils ont dit : « Excusez-nous, ne faites pas attention à nous », et se sont précipités dans leur chambre.

Mais bon. Chaque fois que je pense à ce qu'ils AURAIENT pu voir, j'ai chaud et très froid juste après – comme Alec Guinness. Il raconte que c'est ce qu'il ressent quand il revoit la scène de *La Guerre des étoiles – Un nouvel espoir* où Obi-Wan explique qu'il sent des perturbations dans la Force, comme si des milliers de voix hurlaient de peur puis se taisaient brusquement.

Pire, dès le départ des Drs Moscovitz, j'ai arrêté de danser net et Lilly s'est approchée de moi et m'a dit : « Qu'est-ce que tu étais censée faire ? Danser comme une allumeuse ou quoi ? Parce que tu donnais vraiment l'impression d'essayer de te débarrasser d'un glaçon qu'on t'aurait mis dans le soutien-gorge. »

Danser comme une allumeuse ! C'est ce que pensait Lilly ? Que j'allumais J-P ??? Devant Michael ????

Évidemment, après ça, je ne pouvais plus jouer à la fêtarde. Je suis allée droit vers le canapé et je me suis assise.

Michael n'est même pas venu me voir pour me demander si j'avais perdu la tête ou si j'avais lancé un défi à J-P pour qu'il se batte en duel avec lui. Non, il a suivi ses parents, sans doute pour savoir s'ils étaient rentrés plus tôt que prévu parce qu'ils avaient eu un problème ou parce que leur conférence était terminée.

Bref, je suis restée assise, les mains moites, tandis qu'autour de moi, les gens riaient et s'amusaient. J'étais au milieu d'eux, mais je jure que je ne me suis jamais sentie aussi seule. Danser comme une allumeuse! J'avais dansé comme une allumeuse! Et avec un autre garçon!

Même Lilly avait cessé de me filmer, le spectacle de Doo Pak goûtant pour la première fois de sa vie des Cool Ranch Doritos lui paraissant bien plus intéressant que mon intense mortification.

J-P a été le seul à me parler – à l'exception de Tina qui, assise sur le canapé en face de moi, s'est penchée en avant et m'a soufflé: « C'était très beau, Mia », comme si je venais d'exécuter une performance ou je ne sais quoi.

« Hé, a lancé J-P en prenant place à mes côtés. Tu as oublié ça. »

J'ai baissé les yeux sur ce qu'il tenait : ma bière aux trois quarts vide ! La substance à cause de laquelle j'avais pensé que ça pouvait être une bonne idée de danser comme une allumeuse avec un autre garçon que Michael !

« Emporte-la, s'il te plaît, ai-je gémi avant d'enfouir ma tête dans mes mains.

— Oh, a fait J-P. Je suis désolé. Ça va ?

— Non, ai-je répondu dans mes mains.

— Je peux faire quelque chose ? a-t-il demandé.

— Peux-tu créer une trouée dans le continuum spatio-temporel de sorte que tout le monde oublie à quel point je me suis ridiculisée ? ai-je suggéré.

— Euh…, je ne crois pas, a dit J-P. Mais comment ça, tu t'es ridiculisée ? »

C'était gentil de sa part de faire comme s'il n'avait pas remarqué, mais ça ne changeait rien à ma situation.

Ce qui explique pourquoi j'ai fait alors la seule chose sensée que je pouvais faire : me lever, appeler mon garde du corps et partir avant d'éclater en sanglots.

J'ai pleuré pendant tout le trajet.

Et maintenant, il ne me reste plus qu'à espérer que J-P mentait et qu'il peut créer une trouée dans le continuum spatio-temporel de sorte que toutes les personnes présentes à la fête oublient que j'y étais moi aussi.

Surtout Michael.

Qui, à l'heure actuelle, doit penser que je suis une fêtarde, dans le pire sens du terme.

Je crois que je vais prendre un cachet d'aspirine.

Dimanche 7 mars, 9 heures du matin, à la maison

Pas de message de Michael. Pas d'e-mail. Pas d'appel. C'est officiel : même me connaître le dégoûte.

Vous savez quoi ? Je ne lui en veux pas. Si je n'avais pas une répétition aujourd'hui, j'irais me jeter dans l'East River tellement j'ai honte.

J'ai téléphoné chez Zabar et, grâce à la carte de crédit de ma mère (je l'ai prise à son insu puisqu'elle dort encore et que Mr. G est sorti acheter du jus d'orange avec Rocky), j'ai commandé des bagels et du saumon fumé que j'ai fait livrer chez les Moscovitz.

Je ne connais personne qui reste en colère après avoir mangé des bagels de chez Zabar.

Ce n'est pas vrai ?

Danser comme une allumeuse ! Mais à quoi je PENSAIS ???????

Dimanche 7 mars, 5 heures de l'après-midi, dans la salle de bal du Plaza

Ce n'était pas la peine de flipper à l'idée de ne pas savoir nos rôles d'ici lundi. On a répété la pièce tellement de fois que je connais mon texte sur le bout des doigts.

Et j'ai super mal aux pieds à force d'avoir dansé (pas comme une allumeuse). D'après Feather, il faut qu'on mette ce qu'elle appelle des chaussons jazz. Elle va nous en apporter plusieurs paires demain.

Sauf que demain, je n'aurai plus de pieds.

Je commence aussi à avoir mal à la gorge. Madame Puissant nous a obligés à boire du Emer'gen-C brûlant.

Phil, le pianiste, semble lui aussi sur le point de s'effondrer. Même Grand-Mère a l'air épuisé. Seul Señor Eduardo, qui somnole sur sa chaise, paraît reposé. Enfin, Señor Eduardo et Rommel.

Oh, non ! On doit reprendre *Genovia, ma Genovia* depuis le début. Je HAIS cette chanson. Heureusement, je n'ai pas à la chanter. Mais quand même. Madame Puissant ne voit-elle pas qu'elle nous pousse à bout ? Je croyais qu'il existait des lois qui interdisaient le travail des enfants ?

Mais bon. Au moins, ça m'empêche de penser à mon humiliation d'hier soir. Enfin, plus ou moins.

Car dès qu'elle en a l'occasion, Lilly ramène le sujet sur le tapis, en disant par exemple: «Au fait, Mia, merci pour les bagels» ou «Hé, Mia, si tu dansais comme une allumeuse dans la scène où tu tues Alboin» ou bien encore «Tu n'as pas mis ton béret?»

Évidemment, toutes les personnes qui n'étaient pas là hier soir s'empressent de demander: «De quoi tu parles, Lilly?», et Lilly leur répond par un sourire satisfait.

Il y a aussi l'histoire avec Michael. Lilly m'a dit qu'il n'était pas là ce matin, quand ils ont livré les bagels. Il est retourné à sa résidence universitaire hier soir, une fois la fête terminée, parce que leurs parents n'avaient plus besoin de lui pour la surveiller.

Je lui ai envoyé trois textos pour m'excuser et tout ce que j'ai reçu, c'est:

FO KE JE TE PARLE

Ce qui ne peut signifier qu'une chose: Il…

Oh, oh. J-P vient de me passer un message. C'est le seul moyen pour communiquer pendant les répétitions, sinon on se fait hurler dessus dès qu'on chuchote, comme c'est arrivé tout à l'heure quand J-P s'est penché vers moi pour me dire que les lacets de mes Doc étaient défaits.

J-P: Hé? Tu ne m'en veux pas, dis?

Moi: Pourquoi je t'en voudrais?

J-P : Parce que j'ai dansé avec toi.

Moi : Pourquoi je t'en voudrais d'avoir DANSÉ avec moi ?

J-P : Eh bien…, je ne sais pas, si ça t'a causé des problèmes avec ton petit ami, par exemple.

Ce qui semblait être de plus en plus le cas. Mais si c'était la faute de quelqu'un, c'était la mienne… et pas celle de J-P.

Moi : Non. C'était super SYMPA de ta part de danser avec moi. Grâce à toi, je ne suis pas passée pour une bête curieuse. Je suis tellement idiote. Je n'arrive pas à croire que j'aie pu boire cette bière. La vérité, c'est que j'étais hyper nerveuse. À l'idée de ne pas être suffisamment fêtarde.

J-P : En tout cas, tu donnais l'impression de bien t'amuser, si ça peut te consoler. Pas comme aujourd'hui. Aujourd'hui, tu as l'air… en fait, c'est pour ça que je t'ai demandé si tu m'en voulais. À cause d'hier soir, à moins que ce soit à cause de ce que j'ai dit l'autre jour, comme quoi je savais que tu étais végétarienne parce que tu avais piqué une crise un jour au self.

Moi : Pas du tout. Pourquoi serais-je en colère contre toi ? C'est vrai, j'ai effectivement piqué une crise un jour au self parce que j 'avais découvert qu'ils mettaient de la viande dans les lasagnes prétendument aux légumes.

J-P : Je sais. Ils font n'importe quoi dans ce self. Tu as vu comment ils préparent le chili ?

Moi : Tu veux parler du maïs ?

J-P : Exactement. On ne met pas de maïs dans le chili. C'est de l'hérésie. Tu n'es pas d'accord ?

Moi : À vrai dire, je n'ai jamais réfléchi à la question. En plus, j'aime bien le maïs.

J-P : Pas moi. Je n'ai jamais aimé ça. En tout cas, plus depuis… Laisse tomber.

Moi : Tu n'aimes plus ça depuis quand ?

J-P : Non, c'est rien. Laisse tomber, je te dis.

Impossible maintenant. Il FALLAIT que je sache.

Moi : Franchement, ça m'intéresse. Tu peux me le dire. Je ne le répéterai à personne. Je te promets.

J-P : Eh bien, c'est… Tu te souviens que je t'avais dit que la seule célébrité que j'aimerais rencontrer, c'est David Mamet.

Moi : Oui.

J-P : Mes parents l'ont rencontré. Ils sont allés dîner chez lui il y a quatre ans environ. J'étais tellement content quand je l'ai appris – tu sais, comment on est à douze ans. On pense que le monde tourne autour de soi. Bref, j'étais tellement content que j'ai demandé à mon père s'il lui avait parlé de moi et s'il lui avait dit que j'étais l'un de ses plus grands fans.

Moi : Et qu'est-ce que ton père a répondu ?

J-P : Il m'a dit : « Oui, on a parlé de toi. » Et j'ai appris qu'il lui avait raconté ce qui s'était passé la première fois que j'avais mangé du maïs quand j'étais bébé.

Moi : Et ?

J-P : Et la tête qu'ils avaient faite, ma mère et lui, en découvrant le lendemain matin les grains entiers dans ma couche. Je parle des grains de maïs.

!!!!!!!!!!!!!!!!!!

C'est arrivé à Rocky aussi la première – et unique – fois où on lui en a donné. Du coup, je voyais très bien ce que voulait dire J-P : c'est DÉGOÛTANT.

Moi : Berk ! Oh, pardon. Ça devait être terriblement gênant pour toi. Que tes parents aient raconté ÇA à ton idole, je veux dire. Même si tu n'étais qu'un bébé à l'époque où ça t'est arrivé.

J-P : Gênant ? J'étais mortifié ! Depuis, je ne supporte plus la vue du moindre grain de maïs !

Moi : Ça explique tout.

J-P : Ça explique quoi ?

Moi : Eh bien… ton aversion pour le maïs.

J-P : Oui. Les parents, je te jure. Ils sont les champions parfois pour tout gâcher.

Moi : Oh oui !

J-P : On ne peut pas vivre avec eux mais on n'a pas les moyens de vivre sans eux. En parlant de ça, que penses-tu de ce poème ?

Ils paient notre manger,
notre loyer, notre scolarité.
Et en retour, ils nous demandent
d'obéir à leurs lois.
On n'a pas le contrôle,
notre destin ne nous appartient pas.
Du moins jusqu'à la majorité,
Jour où on pourra enfin quitter leur foyer.

Moi : Ouah ! C'est super. Tu devrais le montrer à Lilly, pour son magazine.

J-P : Merci. Oui, j'ai bien envie de le lui soumettre, en même temps que le poème sur la principale Gupta. Et toi ? Tu publies quelque chose ? Dans le magazine de Lilly, je veux dire.

Moi : Non.

Je ne pouvais rien répondre d'autre vu que la seule chose que j'ai écrite récemment (à part mon journal), c'est *Assez de maïs !* Et j'ai déjà prévenu Lilly que c'était hors de question qu'elle le publie. Heureusement d'ailleurs, car ça m'étonnerait qu'il trouve ma nouvelle drôle, étant donné ce qu'il vient de me raconter sur son dégoût du maïs.

Oh non ! Grand-Mère m'appelle pour la scène de l'étranglement.

Vous savez quoi ? J'aimerais que ce soit MOI qu'on étrangle. Comme ça, Michael n'aurait pas besoin de me parler puisque je serais déjà morte.

Dimanche 7 mars, 9 heures du soir, à la maison

Je n'arrive pas à y croire. Pourquoi faut-il que les choses aillent de mal en pis ? Premièrement, je n'ai toujours pas réussi à joindre Michael. Son portable est éteint, il n'est pas connecté, et Doo Pak n'est pas dans leur chambre et ne sait pas où est passé « Mike ».

J'ai ma petite idée sur la question : le plus loin possible de moi.

C'est bien ma veine. Des deux enfants Moscovitz, celui dont j'ai le moins envie d'entendre parler est celui qui n'arrête pas de m'envoyer des e-mails. Je viens de recevoir ça de Lilly, en réponse à ma demande réitérée de ne pas voir publier *Assez de maïs !*

WomnRule : Désolée, mais je maintiens sa publication. C'est ma pièce maîtresse. Au fait, est-ce que tu porteras ton béret à la fête ?

FtLouie : Tu vas arrêter avec ce stupide béret ? Et de quelle fête parles-tu ? Lilly, tu ne peux pas publier ma nouvelle sans mon autorisation, et je te rappelle que je ne te l'ai pas donnée.

WomnRule : Je parle de la fête que donne ta grand-mère pour les producteurs d'olive de Genovia. Quant à ton histoire d'autorisation, ça ne marche pas. Car à partir du moment où un texte a été soumis au comité de rédaction du *Popotin de Fat Louie*, il en devient sa propriété.

FtLouie : OK

a) arrête de l'appeler comme ça et

b) TON MAGAZINE N'A PAS DE COMITÉ DE RÉDACTION. C'EST TOI LE COMITÉ DE RÉDACTION. Par ailleurs, ma grand-mère ne donne pas une fête, elle organise une soirée de bienfaisance.

WomnRule : J'ai employé l'expression de comité de rédaction au sens figuré. Maintenant, parlons sérieusement : si tu ne portes pas ton béret, tu peux le prêter ?

C'est horrible. Pauvre J-P !

Mais qu'est-ce qui se passe chez les Moscovitz ? À la limite, je comprends que Michael me déteste, mais pourquoi Lilly me torture-t-elle autant avec cette histoire de nouvelle ?

Si je n'étais pas si fatiguée, j'appellerais le chauffeur de la limousine pour qu'il me conduise d'abord chez Lilly, pour que je lui fasse entendre raison, puis chez Michael ensuite pour m'excuser personnellement.

Mais je suis trop fatiguée pour faire quoi que ce soit, sauf prendre un bain et me coucher.

Franchement, je ne sais pas comment fait Paris Hilton – elle passe à la télé, dirige sa propre ligne de maquillage et de bijoux ET sort tous les soirs jusqu'à pas d'heure ! Pas étonnant qu'elle ait perdu son chien et pensé qu'on l'avait kidnappé.

Cela dit, les chances que je perde Fat Louie sont plus que minces, vu qu'il est trop lourd pour qu'on puisse le porter sur un petit coussin comme le fait Paris avec Tinkerbell. Par ailleurs, même si j'essayais, il me grifferait aussitôt au visage.

Lundi 8 mars, en perm

J'ai de nouveau « emprunté » la carte de crédit de ma mère ce matin pour faire livrer un cookie géant à Michael. Mais cette fois, j'ai donné l'adresse de sa résidence universitaire. Comme ça, je suis sûre qu'il le recevra. Et j'ai demandé à ce qu'on inscrive *Pardon* en glaçage.

En fait, je me rends compte qu'envoyer un cookie – même un cookie de trente centimètres de diamètre avec écrit *Pardon* dessus – est une piètre façon d'exprimer ses remords pour avoir dansé comme une allumeuse avec un autre garçon en présence de son petit ami.

Mais je n'ai pas les moyens d'offrir à Michael ce dont il rêve, à savoir un aller et retour en navette spatiale.

Après avoir commandé le cookie, je suis sortie de ma chambre et j'ai trouvé Rocky assis à califourchon sur Fat Louie en criant : « Hu ! Hu ! Hu ! »

Pauvre Fat Louie, on aurait dit qu'il avait avalé une chaussette alors qu'en réalité, c'est son envie de griffer mon petit frère qu'il avait avalée. Fat Louie est tellement gentil de laisser Rocky faire ce qu'il veut.

Mais ça ne signifie pas qu'il n'avait pas l'air paniqué. Je ne lui donnais pas cinq secondes avant de craquer.

Du coup, je suis allée à sa rescousse et j'ai hurlé :

« Maman ! Est-ce que tu peux surveiller TON FILS ? »

Mais comme ma mère n'avait pas encore bu son café, elle était incapable de contrôler Rocky et encore moins de voir ce qui se passait autour d'elle.

Je crois qu'elle ne se rend pas compte à quel point elle a de la chance que je sois arrivée à ce moment-là. Car si Fat Louie AVAIT perdu son sang-froid et s'était déchaîné sur Rocky, mon frère aurait pu attraper la maladie des griffes du chat et mourir. C'est super grave, la maladie des griffes du chat. Si on ne fait pas attention, on peut se retrouver avec des troubles anorexiques.

Cela dit, dans le cas de Rocky, personne ne s'en apercevrait, car à même pas un an, il a la taille d'un enfant de quatre ans.

En fait, si Rocky, comme Fat Louie, était orange, il ressemblerait comme deux gouttes d'eau à un Oompa-Loompa.

Je ne vois vraiment pas comment, entre mon petit frère, mes amis, mes parents, cette histoire de princesse, ma grand-mère et ma réputation d'allumer les garçons quand je danse, je vais pouvoir m'autoréaliser maintenant.

Lundi 8 mars, en EPS

Lana est venue me voir au moment où je prenais ma douche pour me demander si j'avais ses billets d'entrée pour la soirée de bienfaisance de Grand-Mère. J'étais tellement fatiguée – je ne sentais plus mes avant-bras à force d'avoir étranglé Boris, et tapé dans cette stupide balle de volley-ball, même si je ne l'ai fait qu'une fois... le reste du temps, je baisse la tête dès que je la vois arriver – que je lui ai répondu :

« Un ton au-dessous, s'il te plaît. J'ai soumis le nom de tout le monde à l'organisateur de la soirée, OK ? Il vous suffira, à Trish et toi, de vous présenter à l'entrée. »

Elle a paru un peu surprise par ma réaction. C'est vrai que j'ai été un peu brusque.

En tout cas, c'est clair pour moi que les actrices sont victimes d'accusations montées de toutes pièces.

Vous savez, quand on dit qu'elles ont « mauvais caractère », comme Cameron Diaz, par exemple. Si elle est à moitié aussi stressée que moi, ça ne m'étonne pas qu'elle pète les plombs et donne des coups de pied aux photographes ou détruise leurs appareils photo.

En d'autres termes, ce que certains considèrent comme la manifestation d'un « mauvais caractère » n'est peut-être que la frustration de se sentir sans cesse poussée au-delà de ses limites mentales et physiques.

C'est tout ce que j'ai à dire.

Lundi 8 mars, en économie politique

Élasticité :

L'élasticité d'un phénomène est le quotient de la variation relative entre l'offre et la demande.

L'élasticité varie en fonction des produits et de l'aspect essentiel qu'ils représentent pour le consommateur.

J'ai l'impression d'avoir perdu beaucoup d'élasticité aux yeux de Michael depuis que j'ai dansé comme une allumeuse avec J-P.

À moins que ce ne soit le béret.

Lundi 8 mars, en anglais

Tout le monde est trop fatigué pour se passer des petits messages.

Et apparemment, personne n'a lu *O Pionners* ce week-end.

Mrs. Martinez est très déçue, dit-elle.

Eh oui, c'est comme ça, Mrs. Martinez.

Lundi 8 mars, pendant le déjeuner

J-P s'est de nouveau assis à notre table. C'est le seul à jouer dans la pièce – pardon, la comédie musicale – qui ne soit pas épuisé de fatigue. Il a même écrit un autre poème.

J'ai toujours rêvé
De monter sur les planches
Mais le bonheur de déclamer des vers
S'estompe de jour en jour

À présent, je suis là,
Et j'en ai assez.
Assez d'espérer,
Assez de répéter

Venez à notre aide
Entendez nos suppliques
Aidez-nous, s'il vous plaît
De Nattes *!, c'est assez !*

Bien vu. J'aurais ri si mon diaphragme ne m'élançait pas autant à force d'avoir soulevé ce stupide piano.

Toujours pas de nouvelles de Michael. Il suit son cours sur l'histoire de la dystopie dans les films de science-fiction en ce moment. Ce qui pourrait expliquer pourquoi il ne m'a pas appelée pour me remercier de lui avoir envoyé un cookie géant.

Ça ne peut être que ça, et non le fait qu'il ne veuille plus me voir ni entendre parler de moi sous prétexte que j'ai dansé comme une allumeuse avec un autre garçon.

Du moins, j'espère.

Lundi 8 mars, en étude dirigée

Elle est devenue folle.

Je parle sérieusement. Elle veut qu'on l'aide à assembler les pages de son magazine littéraire – c'est-à-dire 3700 pages qu'il faut numéroter et agrafer – et elle refuse toujours de retirer *Assez de maïs !*

« Lilly, ai-je déclaré. S'IL TE PLAÎT. On connaît J-P maintenant. On est AMIS avec lui. Tu ne peux pas publier ma nouvelle. Ça va le blesser. Je le fais quand même MOURIR à la fin.

— J-P est un poète, a répondu Lilly.

— ET ALORS ? QUEL EST LE RAPPORT ?

— Les poètes se suicident tout le temps. C'est connu. Parmi les écrivains, les poètes sont ceux qui vivent le moins longtemps. Ils ont tendance à mourir plus jeunes que les auteurs de prose. J-P sera probablement d'accord avec la façon dont tu termines *Assez de maïs !* puisqu'il a de fortes chances de finir comme ça.

— Lilly ! », me suis-je écriée.

Mais elle n'a pas voulu en démordre.

Du coup, j'ai refusé de l'aider à numéroter et à agrafer ses pages. Question de déontologie. Elle a demandé à Boris de le faire à ma place.

Vous savez quoi ? Je me demande si vendre des bougies n'aurait pas été plus simple, finalement.

Les Princesses qui ont du style

Note de Son Altesse Royale, la Princesse Mia

Les princesses ont toujours eu une importante influence sur le monde de la mode, même dans les temps très anciens. Quand la Reine Elizabeth Ire a teint ses cheveux en rouge, toutes les femmes de la cour ont fait la même chose !
Et quand Joséphine, la femme de l'Empereur Napoléon, s'est mise à porter des robes à taille haute pour cacher sa grossesse, toutes les autres ont fait la même chose, pas seulement en France mais partout en Europe (et la plupart d'entre elles n'étaient même pas enceintes !).
Mais je suppose que ça dépend de la princesse... Pour ma part, je n'ai pas constaté de retour des Doc Marten's. Mais, qui sait ? Peut-être qu'un de ces quatre les petites poitrines et les cheveux façon choucroute seront complètement dans le vent !

La Reine Victoria

Par Paulo, coiffeur visagiste et esthéticien, et Sebastiano, styliste de mode et conseiller en garde-robe

[avec les commentaires de la Princesse Mia]

La Reine Victoria eut une grande influence sur la mode royale anglaise pendant soixante ans – voire plus ! Quiconque a vu les films *Autant en emporte le vent* et *Le Roi et moi* est au courant de l'importance de la jupe à volants dans ces deux histoires (Scarlett ne cesse d'accrocher sa jupe sur son passage. Quant à Anna... la scène où elle danse avec Yul Brynner ne serait pas aussi émouvante si elle portait l'une des robes à taille haute de l'Impératrice Joséphine, n'est-ce pas ?)

Lorsque la Princesse Victoria fit le dernier pas qui la menait au trône, les visages de tous les Anglais pâlirent ! Pourquoi ? Tout simplement parce qu'elle avait de jolis petits pieds ! Et comme elle était petite, la Princesse Victoria ordonna qu'on lui taille des jupes de plus en plus évasées, afin de paraître plus impressionnante sur le trône. C'est ainsi que les femmes se mirent à porter des jupes si amples qu'elles passaient à peine les portes !

Une jupe fut créée rien que pour la Princesse Victoria ; elle existe encore aujourd'hui ! La tournure a finalement permis à la jupe à volants de revenir à la mode, mais bien longtemps après que la princesse s'est retirée des mondanités dans un château, déprimée par la

mort de son mari, Albert. Le jour où elle est morte, le monde entier l'a pleurée, car qui allait leur dire ce qu'il fallait porter maintenant ? (Commentaire de Paolo.)

La Reine Vic faisait très attention à sa peau. Elle se servait toujours d'eau et de savon pour le lavage et d'une éponge pour le frottage. C'est grâce à cela qu'elle avait toujours le teint aussi beau. (Commentaire de Sebastiano.)

[L'anglais de Sebastiano n'est pas terrible, il voulait dire : La Reine Victoria faisait très attention à sa peau. Elle se servait toujours d'eau savonneuse pour la laver et l'exfoliait avec une éponge.

Elle a aussi été la mère de neuf enfants et a étendu l'Empire britannique de l'Inde à Melbourne. Mais qui ça intéresse, ça ? Mon cousin Hank avait l'habitude de s'adonner à une farce lorsqu'il vivait dans l'Indiana : il appelait le drugstore du coin pour lui demander s'il n'avait pas de Prince Albert en boîte. Le vendeur répondait par l'affirmative, s'attendant à ce que son interlocuteur dise qu'il arrivait, mais mon cousin répondait : « Quel scandale, enfin, laissez-le sortir ! » Hé oui, Prince Albert est apparemment une marque de tabac à chiquer. Il fut aussi le mari de la Reine Victoria, et le seul père de tous ses enfants…

Enfin, heureusement que je ne vis pas dans l'Indiana, je crois que je m'y ennuierais…]

Le conseil de Mia pour faire une bonne princesse :

Comme Victoria, invite tes amis pour un goûter, mais à l'anglaise… C'est-à-dire qu'il faut mettre du lait dans ton thé, à la place du citron ou du miel. Sers des petits sandwichs au concombre sur de la mie de pain blanc, donc sans les croûtes. Goûter complètement végétalien et absolument délicieux !

Les Princesses Caroline et Stéphanie de Monaco

Caroline et Stéphanie, les filles du Prince Rainier de Monaco et de la Princesse Grace (Grace Kelly, la célèbre actrice) sont *molto belle*, tout comme l'était leur *mama*. Elles ont la grâce de leur mère et le tempérament méditerranéen de leur père, ainsi que son penchant pour le champagne... Traquées pour leur fortune et leur beauté par tous les playboys d'Europe et même de plus loin, ces petites princesses ont toujours été les plus populaires d'Europe. Dans le domaine de l'éphémère, ce sont les reines ! Elles se sont mariées avec des pilotes de voitures

de course et de bateaux, et même avec des gardes du corps !

Aujourd'hui, elles consacrent leur temps à élever leurs enfants, qui sont aussi beaux que leur grand-mère et leurs mères.

Sebastiano : Les Princesses Caro et Stéph ont des corps de top mode et peuvent tout porter. Leur teinte est surtout bien ressortie en blanc ou noir.

[Ce que Sebastiano veut dire, c'est que les Princesses Caroline et Stéphanie ont des corps de top models, c'est pourquoi elles peuvent porter absolument tout ce qu'elles veulent. Leur teint est encore mieux mis en valeur lorsqu'elles portent du blanc ou du noir.

Mais, quand même, le plus intéressant, c'est que l'une d'entre elles ait épousé l'un de ses gardes du corps !!! Moi, je n'épouserai jamais un de mes gardes du corps ! Je dis ça parce qu'ils sont beaucoup trop vieux pour moi... et puis, Lars, par exemple, ce n'est pas du tout mon type de garçon. Par exemple, l'un de ses loisirs, c'est la chasse... LA CHASSE !!!

Est-il nécessaire d'en dire plus ?]

Le conseil de Mia pour faire une bonne princesse :

Fais comme les Princesses Caroline et Stéphanie. Dès les premiers rayons de soleil, par un beau samedi de printemps, elles vont se promener. Mais, n'oublie pas, à cause du trou dans la couche d'ozone, il faut prendre des précautions : mets de la crème solaire, un grand chapeau bien large, un T-shirt à manches longues, et assieds-toi à l'ombre. Parce que, lorsqu'on s'expose trop au soleil, la peau vieillit plus vite.

Marie-Antoinette

Pauvre Marie ! Si incomprise ! Elle voulait toujours bien faire, mais peut-être un peu trop... Et elle y a vraiment mis du cœur. D'abord, elle s'est mariée à ce petit dauphin grassouillet. Il l'aimait tellement qu'il lui a fait construire un village rien que pour elle, afin qu'elle puisse s'y amuser à faire semblant d'être une laitière ! Et très vite toute la royauté française s'est mise à jouer à la laitière !

Mais, les vraies bergères, elles n'avaient pas l'air si enjoué. Parce que, elles, elles travaillaient dur toute la journée !

Enfin, rien ne donne meilleur teint que le sport, et quel meilleur exercice existe-t-il que de livrer le lait ?

(Paolo)

Le lait ! C'est très beau pour le corps ! (Sebastiano)

[Je crois qu'il voulait dire que le lait est très bon pour le corps.]

J'ai beaucoup de mal à retenir par cœur la vie de toutes ces princesses, particulièrement pendant les interros de Grand-Mère. Alors, j'ai écrit ce poème sur Marie-Antoinette, pour ne pas la confondre avec les autres :

Il était une fois une reine de France
Qui dépensait sa fortune en vin et romances.
Les paysans souvent se plaignaient
Car l'argent du royaume avait été ôté
De leurs poches et de leurs porte-monnaie.
Leurs plaintes ? La reine les ignorait
Et continuait de gouverner
En leur fermant les portes de son palais.
De gens « barbants » elle les traitait,

Car à cause d'eux adieu feux d'artifice et défilés !
Jusqu'à ce qu'un jour un châtelain lui dit :
« Votre Majesté,
De vos lois les paysans en ont assez,
Ils n'ont rien à manger –
Ni pain ni viande dans leur maisonnée –
Ils vont incendier votre palais ! »
Ce à quoi la reine répondit
« Oh, pour l'amour de Dieu !
Vous vous effrayez pour bien peu !
S'il n'y a pas de pain dans leurs placards,
Et si la viande est si rare,
Il leur reste toujours des œufs ! »

Le conseil de Mia pour faire une bonne princesse :

Comme Marie, sois « gentille » avec ceux qui travaillent dans l'industrie alimentaire, et paie-les bien ! Les princesses sont également toujours généreuses avec leurs domestiques.

La Princesse Marcella Borghese

La Princesse Marcella Borghese, la Duchesse de Bomarzo, est la légendaire fondatrice de la célèbre marque de cosmétiques Princesse Marcella Borghese, des années soixante... période à laquelle on la vit souvent porter du Pucci, l'Enyce d'Italie. Elle aimait les soins spa : c'est elle qui introduisit l'idée des bains de boue en Occident, alors qu'on ignorait encore à l'époque les bienfaits de cette pratique.

La pauvre Princesse Marcella ! Elle est morte en Suisse et fut enterrée dans la crypte de la famille Borghese, laissant derrière elle deux garçons. Mais ils avaient hérité de sa beauté ! (Paolo)

Les Princes Bor, on dit, recherchent toujours princesses, mais princesses indépendantes... ! (Sebastiano)

[Je crois que Sebastiano essayait de dire : Les Princes Borghese, d'après ce qu'on raconte, sont toujours à la recherche de leurs princesses, mais de princesses qui savent se débrouiller seules !

Désolée mais moi, ça ne me tente pas trop... Est-ce que ces garçons arrivent seulement à la cheville des Princes William et Harry ? Non, je ne crois pas, car qui le peut ?]

Le conseil de Mia pour faire une bonne princesse :

Comme Marcella, aie des réflexions royales ! Essaie un rouge à lèvres auquel tu n'aurais jamais pensé avant – rouge cramoisi ou rouge écarlate ! Embrasse les serviettes de table... Un jour, lorsque tu seras célèbre, ces bouts de tissu se vendront cher sur eBay !

Princesse Jasmine

Jasmine, la princesse du film *Aladdin*, ne fait pas que sauver ce gamin au tapis volant de sa pauvreté et de sa vie si triste. Elle a aussi lancé la grande mode du top très court ! Si si ! Ensuite, les stylistes n'ont fait que récupérer cette idée (je ne dis pas ça pour t'offenser, Sebastiano). Et ce bijou dans son nombril ? C'est ce qui a précédé le piercing ! Quelle starlette, cette Jasmine ! (Paolo)

Grazie, Jas ! (Sebastiano)

[Je crois que Sebastiano essayait de dire : merci beaucoup, Jasmine !

D'accord, je l'avoue : je me suis déjà déguisée en Jasmine pour une soirée d'Halloween. Mais comme il faisait froid dehors, ma mère m'a obligée à porter des grandes chaussettes sous mon pantalon bouffant transparent, ce qui a tout gâché.]

Le conseil de Mia
pour faire une bonne princesse :

Comme Jasmine, fabrique des chaînes de cheville pour tes amies et toi. Portez-les tout le temps, même pour prendre votre douche. La première dont la chaîne se casse sera la première à être enlevée et amenée dans un pays lointain... !

Princesse Ariel

Cette petite sirène qui a échangé sa jolie voix contre des jambes pour pouvoir vivre aux côtés de l'homme qu'elle aime... Qui ne connaît pas son histoire ? Ah, Ariel, nous te vénérons ! Comment pourrait-on l'oublier, alors que c'est elle qui a rendu populaire le fameux soutien-gorge en coquilles Saint-Jacques ! Hé non, ce n'est pas Botticelli, avec sa Vénus (d'accord, on ne voit pas très clairement ce soutien-gorge, il est caché par ses cheveux, mais nous, Italiens, nous savons qu'il y est !). Merci, Ariel, d'avoir remis le soutien-gorge au goût du jour ! (Paolo)

Ariel ! Ses cheveux sont amour, avec leurs boucles naturelles et leur intense couleur roux. (Sebastiano)

[Je pense que Sebastiano voulait parler des beaux cheveux d'Ariel naturellement bouclés et de leur belle couleur auburn. Pour ma part, je ne pense pas avoir ce qu'il faut pour porter un soutien-gorge en coquillages, si vous voyez ce que je veux dire. C'est pour ça que je ne me déguise jamais en Ariel, même pour Halloween. Et, de toute manière, ma mère ne me laisserait jamais faire ça, car elle pense qu'Ariel est le pire cauchemar des féministes pour avoir renié sa propre espèce afin de s'attirer les faveurs d'un homme.

À quoi ressembleront donc les enfants d'Ariel et du Prince Éric ? À des têtards ? Et puis, dans la version qui n'est pas de Disney, le Prince se marie à plusieurs autres filles, et la petite sirène finit par se suicider.

Sympa comme conte, non ?]

Le conseil de Mia pour faire une bonne princesse :

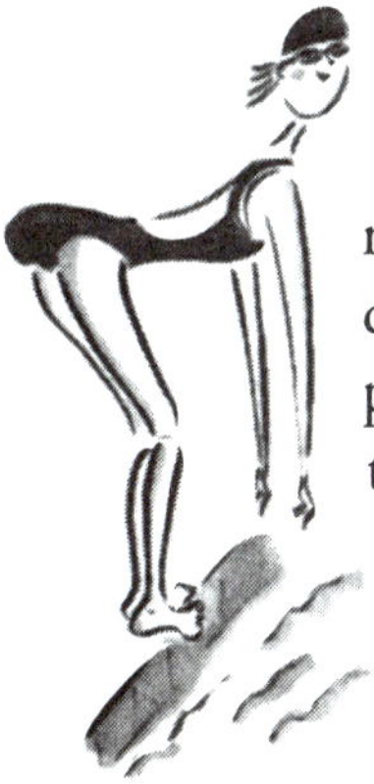

Fais comme Ariel, rejoins une équipe de natation ! Nager est une très bonne manière d'entretenir sa santé. Prends bien soin de porter un bonnet de bain pour ne pas abîmer tes cheveux avec le chlore de la piscine. Rien n'est pire que de porter un diadème avec des algues à la place des cheveux.

La « Corn Princess » de Versailles de l'Indiana

Supplément spécial de Hank Thermopolis, top model et cousin de la Princesse Mia.

La plus stylée des princesses est mon ex-petite amie Amber Grub, qui a été la *Corn Princess* de Versailles de l'Indiana pendant trois ans. Au cas où vous ne sauriez pas vraiment ce qu'est une *corn princess*, laissez-moi vous dire qu'il s'agit de princesses très particulières. Premièrement, elles sont pas, pardon, elles ne sont pas nées avec un titre de noblesse, bien au contraire ! Non, pour devenir *Corn Princess*, vous devez être élue. Et c'est pas, pardon, ce n'est pas chose facile que d'être élue *Corn Princess* de Versailles de l'Indiana, car la compétition est assez féroce.

Cependant, les *Corn Princesses* ne doivent pas simplement être belles et talentueuses. Durant la phase finale de leur élection, elles doivent répondre à plusieurs questions assez difficiles. Par exemple : quel oiseau symbolise l'État de l'Indiana ? Certains diraient la buse parce qu'ils en voient souvent sur le bas-côté de la route. Mais ce n'est pas la bonne réponse : c'est le cardinal. Et la fleur de l'Indiana ? Non, ce n'est pas l'herbe à poux, bien qu'on en voie également beaucoup le long des routes. C'est la fleur de frangipanier ! Ne me demandez pas de vous la décrire, je crois que je n'en ai jamais vu. Je suis même sûre que Maman n'en a jamais eu dans son jardin...

Bref, ce sont les deux choses les plus importantes que doit connaître la *Corn Princess* de Versailles. Ceci sans parler de tout le travail qu'elle aura à faire APRÈS avoir été couronnée, comme apprendre à couper le ruban lors d'une inauguration. Il faut avoir une personnalité SPÉCIALE pour être une princesse, nous le savons tous. Mais pour être une *Corn princess*, il faut avoir une personnalité vraiment TRES SPÉCIALE. Ne l'oublie jamais !

[Malheureusement, je ne pense pas être capable d'en être une un jour...]

Le conseil de Mia
pour faire une bonne princesse :

Comme Amber, mémorise les informations sur la ville dans laquelle tu habites, et les choses qui la symbolisent. Tu impressionneras ta famille et tes amis avec tes connaissances. Il se pourrait que cela te serve un jour… Ça pourrait t'apporter un bonus pour une dissertation par exemple.

Lundi 8 mars, en SVT

Kenny était trop fatigué hier soir pour remplir notre fiche.

Mais il n'était PAS trop fatigué pour renverser de la sauce marinara dessus.

Résultat, j'ai dû la recopier gratuitement.

Toujours aucune nouvelle de Michael. Et son cours sur l'histoire de la dystopie dans les films de science-fiction est fini depuis longtemps.

Bref, c'est officiel.

Il me déteste.

Devoirs :

EPS : LAVER SHORT DE GYM !!! JE N'EN REVIENS PAS D'AVOIR OUBLIÉ

Économie politique : ????? Trop fatiguée pour demander ce qu'il y avait à faire

Anglais : M.F. (m'en fiche)

Français : M.F.

Géométrie : M.F.

SVT : M.F. (Kenny me le dira)

Lundi 8 mars dans la limousine, en chemin pour la maison

Dites-moi que je rêve.

Elle pousse le bouchon un peu loin. Je suis très sérieuse.

OK. Il faut que je me calme. IL FAUT QUE JE ME CALME.

Tout a commencé le plus innocemment du monde. On était tous allongés par terre, dans la salle de bal, épuisés après une dernière chanson. Et puis quelqu'un – Tina, je crois – a demandé : « Euh, excusez-moi, Votre Majesté ? Mes parents aimeraient savoir où ils peuvent acheter des billets pour le spectacle ?

— Les noms de vos parents ont été inscrits sur la liste des invités…, a commencé à répondre Grand-Mère en tirant sur la cigarette qu'elle s'accorde après chaque répétition (apparemment, il n'y a pas qu'après le dîner qu'elle fume). Pour mercredi, a-t-elle ajouté.

— Mercredi ? a répété Tina, d'une drôle de voix.

— Exact », a dit Grand-Mère en soufflant de longues volutes de fumée bleuâtre.

Señor Eduardo a toussoté dans son sommeil au moment où elles sont passées au-dessus de lui.

« Mais ne donnez-vous pas votre soirée de bienfaisance au profit des producteurs d'olives de

Genovia… mercredi? a demandé quelqu'un d'autre – Boris, je crois.

— Exact», a répondu à nouveau Grand-Mère.

Ça a alors fait tilt dans nos têtes.

Lilly a été la première à se redresser.

«QUOI? a-t-elle hurlé. Vous allez nous faire jouer votre pièce devant tous les gens que vous avez invités à votre SOIRÉE?

— Ma comédie musicale, a corrigé Grand-Mère. C'est une comédie musicale, pas une pièce.

— Quand je vous ai posé la question, mardi dernier, vous m'avez dit qu'on jouerait *Nattes!* mardi en huit!» a fait remarquer Lilly.

Grand-Mère a pris une nouvelle bouffée.

«Voyons, ma chère, a-t-elle dit, avec légèreté. Je me suis trompée d'un jour, c'est tout.

— C'est hors de question qu'une fille m'étrangle avec ses cheveux en présence de Joshua Bell, a déclaré Boris se levant à son tour.

— Et c'est hors de question que je joue une quelconque courtisane devant Benazir Bhutto – même si elle a soutenu les talibans! s'est écriée Lilly.

— Et moi, je ne veux pas jouer une servante devant toutes ces célébrités», a dit humblement Tina.

Grand-Mère a écrasé sa cigarette dans une assiette vide que quelqu'un avait laissée sur le piano. Phil a aussitôt froncé les sourcils en voyant le petit bout incandescent. De toute évidence, il redoute autant que moi d'avoir un cancer des poumons à cause du tabagisme passif.

« Alors, a commencé Grand-Mère de sa voix grave de fumeuse, c'est comme ça que vous me remerciez d'avoir apporté à vos mornes petites vies médiocres un peu de glamour et d'art.

— Euh… l'art fait déjà partie de ma vie, Votre Altesse, a déclaré Boris. Je ne sais pas si vous êtes au courant, mais je suis un violoniste de concert, et je…

— J'ai essayé, l'a coupé Grand-Mère que l'intervention de Boris n'intéressait pas, de faire quelque chose pour enrichir la monotonie de vos journées d'esclavage scolaire. J'ai essayé de vous donner quelque chose qui avait du sens, quelque chose qui aurait insufflé de l'enthousiasme en vous. Et c'est comme ça que vous me payez de retour. En refusant de partager ce que nous avons essayé de créer ensemble ? Mais quel genre de COMÉDIENS êtes-vous ??? »

Tout le monde a ouvert de grands yeux. Parce que, évidemment, aucun de nous ne se considérait comme un comédien.

« Dieu ne vous a-t-IL pas mis sur terre pour que vous partagiez vos talents avec les autres ? a-t-elle continué. Oseriez-vous DÉFIER les projets de Dieu en SPOLIANT le monde de son droit à vous voir accomplir votre art ? Est-ce CELA que vous essayez de me dire? Que vous avez l'intention de DÉFIER Dieu?»

Seule Lilly a eu le courage de lui répondre.

«Euh…, Votre Altesse, je ne pense pas défier Dieu – si Elle existe, évidemment – en refusant de me ridiculiser devant des chefs d'État et des stars de cinéma.

— Trop tard! s'est écriée Grand-Mère. Par ailleurs, un vrai artiste n'est jamais ridicule quand il fait son travail. JAMAIS.

— Très bien, a répliqué Lilly. Je ne suis pas ridicule, mais…

— Ce spectacle, l'a interrompue Grand-Mère, pour lequel vous avez donné votre sang, est trop important pour ne pas le partager avec le plus de gens possible. Et quelle occasion est la meilleure pour le présenter qu'une soirée organisée au profit des pauvres producteurs d'olives de Genovia? Ne voyez-vous donc pas que *Nattes!* est porteur d'un message, un message d'espoir, qui est vital pour les gens, en particulier les agriculteurs de Genovia. En ces temps obscurs, ce spectacle prouve que le mal ne gagne jamais et que même les plus faibles d'entre nous peuvent jouer un rôle pour empêcher qu'il ne se propage. En refusant de porter ce message, ne laisserions-nous pas le mal gagner?

— Au secours», a marmonné Lilly.

Mais tous les autres avaient l'air touché.

Tous les autres, sauf moi. Car si je suis à cent pour cent d'accord pour aider les producteurs d'olives de Genovia, comment ce spectacle va-t-il m'aider à régler ma crise financière ? Résultat, il ne me restait plus qu'à faire confiance à Grand-Mère et a espérer qu'elle n'avait pas oublié notre petit accord.

Une minute... Qu'est-ce que je viens d'écrire ? Faire confiance à Grand-Mère ???? Jamais.

Pour en revenir à mes camarades, une fois qu'ils ont réalisé que mercredi soir, c'était après-demain, ils se sont tous remis, et moi avec eux, à flipper.

Car je tiens à préciser que certains d'entre nous – bon, d'accord, Kenny – ne connaît toujours pas ses enchaînements et ses figures.

Ce qui explique pourquoi Grand-Mère nous a annoncé que la répétition de demain soir risquerait de durer toute la nuit.

Mais bon, comme son discours était vraiment très inspiré, aucun de nous n'a râlé. Puisqu'il faut lutter contre le mal, luttons.

Même si parfois nous sommes nous-mêmes... les instruments du mal.

Bref, j'ai demandé à Hans de me conduire à Engle Hall avant de rentrer à la maison. Engle Hall, c'est le nom de la résidence universitaire de Michael, à Columbia. J'ai l'intention de lui demander pardon, quitte à ramper par terre comme Rommel quand il comprend que c'est l'heure de son bain.

Lundi 8 mars, dans la limousine, de retour de chez Michael

Ouah !

C'est tout ce que j'ai à dire.

Avec : je ne suis qu'une idiote.

Sérieux. Quand je pense que j'avais toutes les pièces du puzzle et que j'ai été incapable de les assembler.

OK, peut-être que si je mets tout à plat, j'y verrai plus clair.

Je suis donc arrivée à Engle Hall et j'ai sonné à l'interphone. Michael a paru surpris de m'entendre, mais il m'a dit qu'il descendait tout de suite car les officiers de la sécurité du campus qui gardent la porte du hall interdisent à qui que ce soit d'entrer dans le bâtiment à moins d'être escorté par un résident. Même les princesses et leur garde du corps n'ont pas le droit d'entrer. Le résident doit descendre, signer le registre, et les invités, eux, doivent laisser leurs cartes d'identité ou leur passeport.

Le fait que Michael descende et signe le registre était bon signe, c'est-à-dire… jusqu'à ce que je le voie.

J'ai alors compris que ce n'était pas bon signe du tout. Michael avait l'air SUPER triste. Mais VRAIMENT super triste.

Là, j'ai eu un très mauvais pressentiment.

Je savais que ses examens approchaient, ce qui est suffisant pour déprimer n'importe qui. Sauf que Michael n'avait pas l'air déprimé à cause de ses examens.

Non, il avait l'air déprimé du garçon qui se dit : je-viens-de-découvrir-que-ma-petite-amie-est-complètement-folle-et-je-dois-rompre-avec-elle.

En même temps, je ne pouvais pas m'empêcher de penser que je projetais peut-être.

Mais bref, tandis qu'on était dans l'ascenseur qui nous menait à son étage, j'ai répété dans ma tête ce que j'avais l'intention de lui dire, ou plutôt comment j'allais réagir quand il me parlerait de ma façon de danser avec J-P. Et de la bière. Ce que je voulais faire, c'est le convaincre que, le week-end dernier, je souffrais d'un déséquilibre hormonal temporaire. Ça ne devait pas être trop difficile vu le nombre d'heures durant lesquelles on avait répété avec Grand-Mère et travaillé notre jeu d'acteur.

Et vu le fait aussi, bien sûr, que je suis experte en mensonge.

La seule chose qui me tracassait, c'était J-P. Ça allait être beaucoup moins évident à expliquer. Étant donné que je n'étais pas sûre de comprendre moi-même pourquoi j'avais agi de la sorte.

Quand on est arrivés à l'étage de Michael, Lars s'est discrètement assis dans la salle-télé (il y avait un match) et Michael et moi, on est allés dans sa chambre, heureusement vide : Doo Pak était à une réunion de l'Association des étudiants coréens.

« Bien », ai-je commencé en m'asseyant sur le lit de Michael, l'air le plus désinvolte possible, même si la désinvolture était le sentiment le plus éloigné de moi à ce moment-là. En fait, j'avais l'impression que mon sang s'était figé. Si on m'avait coupé le bras, je suis sûre qu'il se serait brisé en mille morceaux au lieu de saigner, comme si j'avais subi le même genre de cryogénisation que les types dans la prison de *Demolition man* (c'est un des films de science-fiction dystopique que j'ai vus avec Michael).

Parce que, brusquement, j'ai su avec certitude que Michael allait m'annoncer qu'il voulait rompre.

Du coup, je me suis entendue bafouiller :

« Écoute, je suis désolée d'avoir dansé comme une allumeuse. Je suis vraiment désolée. Il n'y a rien entre J-P et moi. Je te jure. Mais je me sentais TELLEMENT MAL au milieu de toutes tes amies étudiantes qui sont super intelligentes et… »

Michael, qui s'était assis en face de moi dans son fauteuil de bureau, a cligné des yeux plusieurs fois et a dit :

« Danser comme une allumeuse ?

— Eh bien, ai-je répondu. Quand j'ai dansé avec J-P. »

Il a haussé les sourcils.

« C'était ça que tu faisais ? Tu dansais comme une allumeuse ? a-t-il insisté.

— Eh bien, oui », ai-je murmuré.

J'avais les joues en feu. Est-ce que je peux faire remarquer que, lorsque Buffy danse comme une allumeuse au Bonze pour rendre Angel jaloux dans un des épisodes de *Buffy contre les vampires*, Angel va tuer une dizaine de vampires après, histoire de calmer sa frustration sexuelle ? Est-ce que MON petit ami était incapable de reconnaître quand SA petite amie dansait comme une allumeuse ?

Je me suis efforcée de ne pas penser à ce que cela augurait de nos relations futures. Sans parler de mes talents d'allumeuse.

« C'est ma faute, ai-je repris. Je n'aurais pas dû danser comme ça. Mais tu m'as invitée à ta fête en sachant que je serais la plus jeune et la moins intelligente de la soirée. Comment voulais-tu que je me sente ? J'étais intimidée !

—Mia, a fait Michael, un peu durement, je trouve. Tu n'étais certainement pas la personne la moins intelligente de la soirée. Et tu es une princesse. Comment peux-tu être intimidée?

—Ce n'est pas parce que je suis une princesse que je ne suis pas intimidée. Surtout par des filles plus âgées que moi. Des filles qui vont à l'université. Qui savent… des choses qu'on apprend à l'université. Et je suis désolée si j'ai fait n'importe quoi. Mais est-ce vraiment impardonnable? Après tout, je n'ai bu qu'UNE bière et j'ai dansé avec un autre garçon. Si on peut appeler ça danser puisqu'on était finalement juste en face l'un de l'autre. Bon d'accord, je n'aurais pas dû mettre de béret, c'était ridicule. Mais…–je sentais les larmes qui montaient–tu aurais quand même pu m'appeler au lieu de m'imposer ce silence pendant deux jours!

—T'imposer ce silence? a répété Michael. De quoi parles-tu? Je ne t'ai imposé aucun silence, Mia.

—Excuse-moi, ai-je dit en luttant pour ne pas éclater en sanglots. Je t'ai laissé cinquante messages au moins, je t'ai fait livrer des bagels ET un cookie géant, et tout ce que je reçois de toi, c'est un texto qui dit: FO KE JE TE PARLE.

—Ne commence pas, s'il te plaît, Mia, a déclaré Michael, l'air agacé. J'ai des soucis en ce moment et…

—Je comprends que ton cours sur l'histoire de la dystopie dans les films de science-fiction te préoccupe beaucoup, l'ai-je coupé, et c'est vrai que je me suis comportée comme une idiote à ta fête. Mais tu aurais pu au moins…

—Je ne parle pas de soucis avec la fac, Mia, m'a coupée à son tour Michael. Et oui, tu t'es comportée comme une idiote à ma fête, mais ce n'est pas ça non plus. J'ai des soucis avec ma famille. Mes parents… se séparent. »

J'ai cligné des yeux, persuadée d'avoir mal entendu.

« Pardon ? ai-je fait.

—Mes parents se séparent, a répété Michael en se levant avant de me tourner le dos et de se passer la main dans les cheveux. Ils me l'ont annoncé le soir de la fête. »

Il m'a alors fait face et j'ai vu, même s'il essayait de le cacher, qu'il était bouleversé. Vraiment bouleversé.

Et ce n'était pas parce que sa petite amie n'est pas une fêtarde. Ou parce qu'elle est TROP fêtarde. Ça n'avait rien à voir avec tout ça.

« Je voulais te le dire samedi, a-t-il continué. Mais quand je suis revenu, tu étais déjà partie. »

Je l'ai dévisagé, horrifiée devant l'énormité de ma bêtise. Je m'étais enfuie, parce que j'étais gênée d'avoir été surprise par ses parents en train de danser avec un autre garçon et que j'étais persuadée que Michael devait penser la même chose qu'eux… Sinon, il n'aurait jamais quitté la pièce en me plantant, là?

Je comprenais à présent qu'il avait eu une bonne raison de le faire. Il parlait avec ses parents. Qui ne lui conseillaient pas de rompre avec son allumeuse de petite amie. Non, mais qui lui annonçaient, qu'*eux* se séparaient.

«Ce n'est pas à une conférence qu'ils étaient le week-end dernier, a-t-il poursuivi. Ils sont allés consulter un conseiller conjugal. C'était le dernier effort qu'ils ont tenté pour sauver leur couple. Ça n'a pas marché.»

Je l'ai regardé fixement. J'avais l'impression d'avoir reçu un coup en pleine poitrine. Je n'arrivais presque plus à respirer.

«Ruth et Morty? me suis-je entendue murmurer. Se séparer?

—Oui. Ruth et Morty se séparent», a confirmé Michael.

J'ai repensé alors à quelque chose que Lilly avait dit le jour où on avait heurté le toit ouvrant de la limousine. *Je crois que Ruth et Morty ont d'autres chats à fouetter.*

«Est-ce que Lilly est au courant? ai-je aussitôt demandé.

—Ils attendent le bon moment pour le lui annoncer, a répondu Michael. Ils ne voulaient même pas me le dire, mais je sentais bien que quelque chose n'allait pas. Ils pensent qu'avec ce magazine sur lequel travaille Lilly et cette pièce...

—Comédie musicale, n'ai-je pas pu m'empêcher de corriger.

—... Lilly est assez stressée comme ça, a continué Michael. Du coup, ils préfèrent attendre avant de lui en parler. Je ne suis pas nécessairement d'accord avec eux, mais ils m'ont demandé de les laisser faire à leur façon. Alors, s'il te plaît, ne dis rien à Lilly.

—À mon avis, elle sait, ai-je répondu. L'autre jour, elle a dit... elle a dit quelque chose.

—Ça ne m'étonne pas, a fait Michael. Si elle ne le sait pas, elle doit au moins avoir des soupçons. Elle vient de passer un an à la maison avec eux qui se disputent sans arrêt, tandis que je suis là, à l'abri...

—Pauvre Lilly», ai-je murmuré, sincèrement peinée.

Je comprenais tout à coup pourquoi elle était si sensible avec cette histoire de magazine littéraire. Elle savait sans doute que ses parents avaient décidé de se séparer, ce qui expliquait ses sautes d'humeur et ses bizarreries.

Dommage que je n'aie pas pareille excuse pour expliquer MES bizarreries.

—Michael, ai-je dit, je ne me doutais pas que... Je pensais que tu m'en voulais, parce que j'avais fait n'importe quoi. Je pensais que tu ne désirais plus me voir. Ou que tu étais déçu. Parce que je ne suis pas une fêtarde.

— Mia, a fait Michael en secouant la tête, presque comme s'il avait du mal à croire ce qui nous arrivait. C'est vrai, je t'en voulais, parce que je ne veux PAS de petite amie qui soit une fêtarde. Tout ce que je veux, c'est... »

Mais avant qu'il ait le temps de poursuivre, Doo Pak est entré, l'air jovial, comme chaque fois qu'il me voit.

« Bonjour, Princesse ! a-t-il lancé. Je me doutais que vous étiez ici, j'ai vu Mr. Lars dans la salle-télé. Comment allez-vous ? Merci pour le cookie géant, il était délicieux. Mike et moi, on en a mangé toute la journée. »

Je m'apprêtais à répondre : « De rien, Doo Pak. Merci, je vais bien. Et toi ? », ce qui n'était PAS DU TOUT ce que je voulais dire. Ce que je VOULAIS dire, c'était : « Sors d'ici, Doo Pak ! Laisse-nous tranquilles ! Michael, finis ta phrase. *Tout ce que tu veux, c'est*... C'EST QUOI CE QUE TU VEUX???? »

Parce que ça avait l'air super important, surtout quand on repense à la première partie de sa phrase, à savoir : « C'est vrai, je t'en voulais. »

Mais le téléphone a sonné. Doo Pak a décroché et s'est exclamé : « Oh, Bonjour, Mrs. Moscovitz ! Oui, Mike est ici. Je vous le passe. »

Michael a eu beau faire signe à Doo Pak qu'il ne voulait pas parler à sa mère, il était trop tard : Doo Pak lui tendait le combiné. Il l'a pris et a dit : « Allô, maman ? Salut. Écoute, ce n'est pas vraiment le bon moment. Est-ce que je peux te rappeler plus tard ? »

Mais apparemment, sa mère a ignoré sa remarque et s'est lancée dans un long monologue sans fin.

Et Michael, en bon fils, l'a écoutée.

Je me suis rassise sur le lit. Je n'arrêtais pas de me répéter : les Drs Moscovitz se séparent. Ce n'est PAS possible. Ce n'est TOUT SIMPLEMENT PAS possible. C'est comme si Michael et moi, on se séparait.

Ce qui allait peut-être être le cas, après tout. Car Michael ne m'avait pas dit qu'il me pardonnait. Il avait admis qu'il m'en voulait, mais sans préciser cependant s'il m'en voulait ENCORE.

Mon Dieu ! Y avait-il d'autres Moscovitz qui avaient l'intention de briser leur couple ?

Je n'avais aucun moyen de le savoir. Du moins, pour l'instant, puisque Michael était toujours au téléphone avec sa mère.

Et il était clair que ce qui était en train de se jouer entre nous n'allait pas se régler avec un cookie géant.

Il était clair aussi que je ne pouvais plus rien faire.

Ce qui explique pourquoi je me suis levée et je suis partie.

Quelle autre solution j'avais ?

Du bureau de S.A.R.
la princesse Amelia Mignonette Thermopolis Renaldo

« Cher Dr Carl Jung,

Je sais, vous êtes toujours mort. Sauf que ça va de plus en plus mal pour moi.

À présent, je ne me soucie plus de savoir comment transcender mon ego et m'autoréaliser.

Non, ce sont mes amis qui m'inquiètent.

Attention, je ne suis pas en train de vous dire que je n'ai plus de problèmes. Mais je viens d'apprendre que les parents de mon petit copain se séparaient. Dr Jung, ce genre de nouvelles pourrait détruire un jeune homme à la fleur de l'âge comme Michael. Non seulement, cela lui brise le cœur, mais cela pourrait lui donner des idées d'abandon qui risquent d'avoir des conséquences sur MA relation avec lui. Et si, au vu de l'exemple de ses parents, il en déduisait que se séparer était le seul moyen de gérer un conflit ?

Ça peut arriver. Je le sais, c'est ce qui se passe dans l'émission de *Dr Phil*.

Car regardons les choses en face : il y a bel et bien un conflit entre Michael et moi en ce moment, dû à une malencontreuse danse de ma part.

Pensez-vous que les choses risquent d'empirer ?

JE VOUS EN PRIE, AIDEZ-MOI.

Amicalement,

MIA THERMOPOLIS. »

Mardi 9 mars, minuit, à la maison

Vous savez quoi ? Toute cette histoire me fait penser à *Assez de maïs !* Je ne plaisante pas. Ça me fait penser au moment où le personnage principal erre dans les rues de Manhattan au milieu des piétons et se sent pourtant seul, tellement seul. Si seul qu'il finit par se dire qu'il n'a pas d'autre solution que de se jeter sous un train.

Ce qui est, quand on y réfléchit bien, très égoïste de sa part, car le pauvre conducteur du métro restera traumatisé à vie.

Mais bon. J'ai l'impression que ma vie s'est mise à imiter mon ART ! Sérieux !!! La fiction que j'ai écrite se réalise, et pas seulement en ce qui concerne J-P.

En ce qui me concerne aussi.

Voilà ce qui s'est passé.

Dès que je suis montée dans la limousine, j'ai envoyé un long e-mail à Michael (j'ai emprunté le palm de Lars), dans lequel je lui disais que je l'aimais et que j'étais désolée pour ses parents et désolée aussi de m'être comportée de façon si immature et si égocentrique. Et d'avoir dansé comme une allumeuse, bien sûr.

Je m'attendais à recevoir un long e-mail de sa part de retour à la maison, dans lequel il m'aurait dit qu'il m'aimait aussi et qu'il me pardonnait.

Mais Michael ne m'a pas répondu.

Je n'arrive pas à y croire. Qu'est-ce que je dois faire, MAINTENANT ? Je lui ai déjà envoyé un cookie avec *Pardon* écrit dessus. Je ne sais plus quoi faire. Je lui achèterais volontiers un billet aller-retour dans une navette spatiale si ça pouvait arranger les choses. Mais je n'en suis pas sûre.

De toute façon, je n'en ai pas les moyens. Je ne peux même pas lui offrir une navette spatiale en JOUET.

Mais comme si ça ne suffisait pas, les dernières paroles de Michael ne cessaient de résonner dans ma tête : « Mia, je ne veux pas de petite amie qui soit une fêtarde. Tout ce que je veux, c'est… »

Mais QUOI, bon sang ????

Je n'aurai probablement jamais la réponse. En même temps, je ne peux pas m'empêcher de me dire que, quoi qu'il veuille, ce n'est pas moi.

Et je ne peux même pas lui en vouloir.

Mardi 9 mars, dans la limousine, en chemin pour le lycée

Dès que Lilly est montée, elle s'est écriée :

« Qu'est-ce qui t'est arrivé ?

— De quoi tu parles ? ai-je demandé.

— Tu as vraiment une sale tête, a-t-elle répondu. Tu n'as pas dormi de la nuit ? Ta grand-mère va te tuer. N'oublie pas qu'on doit faire les essayages des costumes ce soir. »

Bref, j'en ai conclu que Lilly ne savait pas que je savais. Pour ses parents, je veux dire. À moins que Michael se trompe, et que Lilly ne sache rien du tout.

Sauf si elle est aussi bonne comédienne qu'elle le pense.

En tout cas, je ne pouvais pas lui expliquer pourquoi j'avais si mauvaise mine. Elle me TUERAIT si elle découvrait que j'avais appris avant ELLE que ses parents voulaient se séparer. De toute façon, Michael m'avait demandé de ne rien lui dire.

En revanche, je pouvais peut-être lui annoncer qu'à mon avis, Michael et moi, on allait casser parce que j'avais dansé comme une allumeuse avec J-P.

Mais n'était-ce pas trop pour elle ? Dans l'hypothèse où elle savait pour ses parents, avais-je le droit d'attendre d'elle qu'elle supporte leur séparation ET la mienne ? Si c'était bien sûr ce qui nous arrivait, à Michael et à moi.

Non. Non, je n'avais pas le droit d'attendre ça d'elle.

Du coup, au lieu de lui répondre la vérité, j'ai dit : « Je crois que j'ai attrapé froid, c'est sans doute pour ça que j'ai une sale tête.

— Ma pauvre », a fait Lilly avant de me raconter qu'elle avait déjà numéroté et agrafé vingt magazines. Sur cent quatre-vingts. Car Lilly est persuadée que tous les élèves d'Albert-Einstein vont acheter un exemplaire.

Je ne me suis même pas donné la peine de la contredire. Premièrement, parce que je sentais un énorme vide en moi et que plus rien ne m'intéressait.

Et deuxièmement, parce qu'elle n'avait vraiment pas été sympa la dernière fois où je l'ai suppliée de ne pas publier *Assez de maïs !*

« Où en serions-nous aujourd'hui si Woodward et Bernstein avaient demandé au rédacteur en chef du *Post* de ne pas publier leur enquête sur le Watergate, hein ? s'était-elle exclamée. Où en serions-nous ? »

Sauf que révéler le scandale du Watergate n'a RIEN à voir avec *Assez de maïs !* Le scandale du Watergate allait faire tomber un président tandis que ma nouvelle allait blesser quelqu'un. Qu'est-ce qui est plus important ?

Mais Lilly avait refusé de m'écouter.

« Ta nouvelle est la pièce maîtresse de ce numéro, avait-elle déclaré. Son titre figure juste en dessous du *Popotin de Fat Louie. Une nouvelle de la princesse d'Albert-Einstein : Mia Thermopolis*. Je ne peux pas la retirer sans refaire la cover et le sommaire. Il faudrait que je trouve une autre photo, que je l'imprime, et que je rephotocopie tout. Alors, non merci, Mia. Je n'ai pas l'intention de recommencer. »

J'ai eu beau lui promettre de l'aider, rien n'y a fait.

Je n'en reviens pas qu'elle soit prête à faire du mal à un ami sous prétexte qu'elle est trop fatiguée pour se tenir debout devant une photocopieuse quelques heures de plus. Après tout ce que je fais pour elle. Comme protéger son fragile état mental en ne lui révélant pas la vérité sur ses parents, et peut-être aussi celle qui nous concerne, Michael et moi.

Brrr.

Mardi 9 mars, en perm

Je n'arrive toujours pas à m'en remettre. C'est comme quand Wilma et Fred Flinstone se sont séparés. Ou Homer et Marge Simpson. Ou Lana Weinberger et Josh Richter.

Sauf que je n'étais pas anéantie quand je l'ai appris.

COUPLES DONT LA SÉPARATION
M'ANÉANTIRAIT COMPLÈTEMENT

Sarah Michelle Gellar et Freddie Prinze Jr.
Kelly Ripa et Mark Consuelos
Jessica Simpson et Nick Lachey
Scooby-Doo et Shaggy
Melissa Etheridge et Tammy Lynn Michaels
Bruce Springsteen et Patti Scialfa
Russel et Kimmora Lee Simmons
Ben Affleck et Matt Damon
Danny DeVito et Rhea Perlman
Will et Jada Pinkett Smith
La reine Elizabeth et le prince Philip
Tom Hanks et Rita Wilson
Kevin Bacon et Kyra Sedgwick
Gwen Stefani et Gavin Rossdale
Ellen DeGeneres et Portia di Rossi
Hermione et Ron
Jay-Z et Beyoncé
Tea Leoni et David Duchovny
Sandy et Kirsten Cohen
Tina Hakim Baba et Boris Pelkowski
Ma mère et Mr. G

Non, je n'arrive vraiment pas à me faire à l'idée que les Moscovitz se séparent. Ce sont quand même des PSYCHIATRES JUNGIENS. S'ils ne parviennent pas à faire que leur couple marche, quel espoir cela nous laisse-t-il, à nous autres?

Du bureau de S.A.R.
la princesse Amelia Mignonette Thermopolis Renaldo

« Cher Dr Carl Jung,

Ça y est, j'ai compris. J'ai tout compris.

Je reconnais qu'il m'a fallu du temps, mais la vérité s'est enfin imposée à moi.

C'est drôle, pendant tout ce temps, je pensais que la transcendance me rendrait heureuse. Je me disais qu'une fois que je connaîtrais mon vrai moi, je trouverais enfin le bonheur. Vous m'avez bien eue ! J'imagine que vous deviez vous fendre la poire, là-haut au paradis ou ailleurs.

Parce que vous le saviez depuis le début, hein ? Vous saviez que l'arbre jungien de l'autoréalisation n'existe pas. Vous saviez qu'on ne peut pas transcender son ego. La preuve, les Drs Moscovitz se séparent.

La vérité, c'est qu'on est tous seuls.

Et qu'ensuite, on meurt.

Ne vous inquiétez pas. J'ai pigé.

C'est la dernière lettre que je vous envoie.

Adieu.

Votre ex-amie,

MIA THERMOPOLIS. »

Mardi 9 mars, en économie politique

Utilité marginale : satisfaction additionnelle obtenue à partir de chaque unité supplémentaire de consommation. L'utilité marginale décroît à chaque accroissement additionnel dans la consommation d'un bien.

En d'autres termes, moins on a de quelque chose, plus on le veut.

Un phénomène que je connais très bien.

Mardi 9 mars en anglais

Ça va, Mia ? Tu as la tête de quelqu'un qui a attrapé un virus.

Non, ça va très bien, Tina. Ça va très, très bien.

Ah bon.

OK, c'est faux. Michael est super mal parce que j'ai dansé avec J-P. Mais il y a quelque chose d'autre qui n'a rien à voir avec moi qui le rend encore PLUS mal. Sauf que je ne peux pas te le dire. En attendant, il ne m'adresse pratiquement plus la parole. Je lui ai pourtant envoyé un cookie géant avec *Pardon* écrit dessus. Je ne sais pas quoi faire.

Peut-être ne devrais-tu rien faire du tout. Les garçons ne sont pas comme nous, Mia. Ils n'aiment pas parler de leurs sentiments. À mon avis, tu devrais le laisser tranquille. Quoi qu'il vive, il reviendra quand ses problèmes seront réglés. C'est comme Boris et son Bartók.

Tu crois? C'est tellement dur de rester assise ici à ne rien faire!!!!!

Oui, je sais. Mais les garçons sont comme ça. Des bêtes curieuses.

De quoi vous parlez?

De rien.

De rien.

Comme d'habitude. Mais bon. Au fait, vous voulez bien m'aider à agrafer mes feuilles pendant l'heure du déjeuner?

Bien sûr.

NON!!! J-P VERRA *Assez de maïs!*, puisqu'il mange avec nous maintenant.

À propos, est-ce permanent ou sa présence à notre table n'aura plus lieu d'être après le spectacle?

À mon avis, il a le béguin pour Mia.

QUOI?????

Tu crois?

C'EST FAUX!!!!

Je ne serais pas aussi affirmative que toi, Mia. Il y a le coup de la danse et puis, j'ai remarqué qu'il te regardait souvent à la dérobée.

Comment sais-tu que ce n'est pas MOI qu'il regarde, Tina ?

Eh bien… oui, ça pourrait être toi, mais franchement, je ne pense pas…

Tu aimerais qu'il te regarde, Lilly?

Je n'ai pas dit ça, j'ai juste demandé à Tina comment elle pouvait être sûre que ce n'est pas MOI qu'il regarde. Après tout, on est très souvent assises côte à côte, toi et moi. Du coup, il pourrait avoir le béguin pour MOI et pas pour Mia.

Lilly, tu aimes J-P ?

Ça va pas ???

Mais si, bien sûr. Tu l'aimes.

Qu'est-ce que tu peux être immature, ma pauvre fille. Ça me dégoûte. Je n'ai plus envie de vous parler.

Mais oui, tu as raison. Lilly a le béguin pour J-P.

C'est clair.

Je n'en reviens pas. J-P n'est tellement pas son style.

Pourquoi ? Parce qu'il est beau, que sa langue maternelle, c'est l'anglais et qu'il vient d'une famille riche ?

Oui… Et puis, c'est un créatif, il est grand et il danse super bien.

Ce que je ne comprends pas, c'est pourquoi, si elle l'aime, elle tient tant à publier ma nouvelle, qui ne peut que le blesser.

Je ne sais pas. J'adore Lilly, mais j'avoue que parfois je ne la comprends pas.

On pourrait dire la même chose de tous les Moscovitz.

Oh, Mia. Que vas-tu faire avec Michael ?

Rien. Puisqu'il n'y a rien à faire.

Tu m'impressionnes. Tu sembles tellement bien prendre votre brouille. Mis à part le fait que tu donnes quand même l'impression d'être sur le point de vomir.

Je suis en train de vomir, Tina. Mais en moi.

Mardi 9 mars, pendant le déjeuner

Tout à l'heure, quand J-P s'est assis à table, il m'a demandé : « Ça va, Mia ? » Je lui ai répondu : « Oui, pourquoi ? », et il m'a dit : « Parce que tu as perdu toutes tes couleurs. » Je lui ai fait : « Mes COULEURS ? De quoi tu parles ? », et il m'a répliqué : « Je ne sais pas, mais tu n'as pas l'air dans ton assiette. »

Ce n'est pas trop le genre de réflexion qu'une personne brûlant d'une passion secrète dirait, non ? Bref, Tina doit se tromper. À tous les coups, c'est Lilly que J-P aime.

Ce serait cool s'ils sortaient ensemble. Ça donnerait à Lilly une raison d'être heureuse, une fois qu'elle aura appris pour ses parents. Et pour Michael et moi.

Et puis, ça lui laisserait moins de temps pour essayer de me psychanalyser, comme elle le fait actuellement :

Lilly : Qu'est-ce qui va pas, PDG ? Pourquoi n'as-tu pas fini ton hot-dog ?

Moi : Parce que je ne suis pas d'humeur à manger un hot-dog.

Lilly : Depuis quand tu n'es pas d'humeur à manger un hot-dog. Tu adores ça.

Moi : Depuis aujourd'hui, OK ?

Les autres : Ouhhhhhhhhh.

Moi : Je suis désolée, je ne voulais pas être désagréable.

Lilly : Maintenant, tout le monde sait que quelque chose ne va pas. Allez, Thermopolis, crache le morceau.

Moi : JE N'AI RIEN, D'ACCORD ? JE SUIS JUSTE FATIGUÉE.

J-P : Hé ! Personne ne veut voir mes ampoules ? A cause de mes chaussons jazz. Elles sont super belles ? Il y en a que ça intéresse ?

Est-ce mon imagination, ou J-P essayait-il de distraire Lilly pour qu'elle cesse de me harceler ?

Il est TELLEMENT gentil.

Il faut que je trouve un moyen pour reprendre coûte que coûte *Assez de maïs!* à Lilly. Mais comment ? COMMENT ?????

Mardi 9 mars, en étude dirigée

Bon d'accord. Ce n'était peut-être pas la meilleure solution. Et OK, je reconnais que je n'aurais pas dû insister sur cette histoire comme quoi elle a un faible pour lui.

Mais ce n'est pas une raison. Elle n'était pas obligée de dire à Mrs. Hill que je voulais saboter son magazine, puis ramasser toutes ses affaires et aller agrafer ses feuilles toute seule dans la salle des profs.

Le sang de plusieurs générations de femmes courageuses et indépendantes coule dans mes veines. Comment mes aïeules auraient-elles géré la situation, si elles avaient été à ma place ? À part étrangler Lilly, bien sûr.

Mardi 9 mars, sur le palier du troisième étage

On a séché la SVT, Kenny et moi, pour retrouver Tina, qui, elle, a séché la géométrie, Boris qui a séché l'anglais, et Ling Su qui a séché l'art plastique, afin de revoir certaines figures de la chorégraphie qui ne sont pas encore au point.

Ça m'embête de sécher, et je reconnais que l'instruction, c'est important.

Mais c'est important aussi de ne pas se ridiculiser devant Bono.

Mardi 9 mars, dans la salle de bal du Plaza

Quand on est entrés dans la salle de bal du Plaza, aujourd'hui, un orchestre au grand complet s'accordait.

Il y avait aussi des ingénieurs du son et des éclairagistes qui couraient d'un endroit à un autre en criant : « Un, deux, OK, un, deux, OK. »

Et il y avait une scène.

Oui, vous avez bien lu : une scène, installée à l'une des extrémités de la salle.

C'est comme si l'équipe de *S.O.S. Bâtisseur* était intervenue pendant la nuit pour construire la scène et les décors, lesquels comprenaient l'enceinte d'un château, une plage, un village et ses boutiques, et la forge d'un forgeron.

Incroyable !

La mauvaise humeur de Grand-Mère à notre arrivée l'était aussi, incroyable.

« Vous êtes en retard ! a-t-elle hurlé.

– Euh, oui, désolée, Grand-Mère, ai-je répondu au nom de tout le monde. Mais il y a eu un accident de calèche dans la Cinquième Avenue.

– Quelle sorte de comédiens êtes-vous ? a-t-elle continué, choisissant manifestement d'ignorer ma remarque. Si nous étions à Broadway, vous seriez tous renvoyés ! Aucune excuse n'est valable la veille d'un spectacle !

– C'est-à-dire que le cheval est tombé dans un égout, est intervenu J-P. Il a fallu dix chauffeurs de taxi pour le sortir de là. Mais heureusement, il va bien maintenant. »

En entendant cela, Grand-Mère a aussitôt changé de ton. Ou plutôt en reconnaissant la PERSONNE qui venait de parler.

« Oh, John Paul, s'est-elle exclamée, je ne vous avais pas vu. Approchez, mon cher. Je voudrais vous présenter la costumière en chef. Vous allez essayer votre costume de forgeron. »

!!!!!!!!!!

Peu importe qui J-P aime, entre Lilly et moi. Ce qui est clair, c'est que GRAND-MÈRE l'aime, elle.

Bref, une fois nos costumes enfilés, on a commencé à répéter. Pour empêcher que nos voix ne soient étouffées par les violons et la section des cors, on nous a fixé un petit micro à la hauteur de la bouche, comme les journalistes ou les présentateurs à la télé. Ça faisait bizarre de chanter dans un micro – un VRAI, je veux dire, pas une brosse à cheveux, ce que j'utilise généralement quand je chante. Nos voix PORTAIENT vraiment.

Et grâce à Madame Puissant qui m'avait obligée à soulever le piano plusieurs fois, je n'ai eu aucune difficulté à monter dans les aigus.

Le seul problème, c'était Kenny. Nos répétitions dans la cage d'escalier d'Albert-Einstein n'avaient pas servi à grand-chose. On aurait dit que ses pieds n'étaient pas rattachés à ses jambes et qu'ils n'obéissaient pas aux ordres que leur transmettait le cerveau. Du coup. Grand-Mère lui a demandé de se mettre derrière le chœur quand on danse.

Puis elle nous a fait part des notes qu'elle avait prises sur chacun de nous. Au lieu de nous interrompre pendant qu'on interprétait une scène, elle a préféré écrire ce qui n'allait pas et nous lire ses commentaires après. Quand ça a été le tour de Lilly, elle lui a expliqué par exemple qu'elle ne devait pas soulever la traîne de sa robe avec ses DEUX mains, au moment où elle monte les marches du palais pour saluer Alboin, mais avec UNE main seulement, comme les grandes dames.

« Je ne suis pas une grande dame, a fait observer Lilly. Je suis une courtisane, vous vous rappelez ?

— La maîtresse d'un homme n'est pas une courtisane, jeune fille, a corrigé Grand-Mère. Est-ce que Camilla Parker Bowles est une courtisane ? Mme Tchang Kaï-chek ? Evita Perón ? Non. Certaines des grandes femmes qui ont marqué leur temps ont commencé dans la vie comme étant la maîtresse d'un homme. Elles ne sont pas devenues pour autant des courtisanes. Quoi qu'il en soit, je vous prierais de ne pas me contredire. Vous soulèverez votre traîne avec UNE main seulement. »

Puis elle s'est tournée vers J-P. Évidemment, elle n'avait rien à redire : il était parfait.

Personnellement, je ne vois pas comment le fait d'encenser le fils de John Paul Reynolds-Abernathy III fera que celui-ci renoncera à acheter la fausse île de Genovia.

En même temps, j'ai officiellement cessé de chercher à comprendre Grand-Mère : cette femme est une énigme pour moi. Chaque fois que je pense avoir vu clair dans son jeu, elle me sort une nouvelle embrouille.

C'est pour ça que je ne devrais pas me prendre la tête avec ses desseins secrets. Jamais Grand-Mère ne m'avouera ce qui l'a poussée à me choisir moi, pour le rôle de Rosagunde, à la place de Lilly, qui est nettement meilleure. Comme jamais elle n'admettra qu'elle pense qu'en étant gentille avec J-P, elle aura plus de chances d'avoir son île. Tout ce qu'on peut faire, c'est s'asseoir et l'écouter. Et c'est ce qu'on fait pour l'instant.

« J'aime beaucoup quand vous inclinez la tête pendant le dernier morceau, John Paul, est-elle en train de dire d'une voix mielleuse. Mais puis-je vous faire une suggestion ? À mon avis, ce serait encore mieux si, après vous être incliné, vous preniez Amelia dans vos bras et vous l'embrassiez, en rejetant son corps en arrière. Feather, ma chère, pouvez-vous lui montrer ? »

UNE MINUTE. QU'EST-CE QUE J'AI ENTENDU ???????

Mardi, 9 mars, dans la limousine, en repartant du Plaza

MON DIEU !!!!!!!! J-P DOIT M'EMBRASSER !!!!!! PENDANT LA PIÈCE !!!!!

LA COMÉDIE MUSICALE, JE VEUX DIRE !!!!!!

Je n'arrive pas à y croire. Ce baiser n'est même pas dans le texte. Grand-Mère l'a rajouté parce que… Je ne sais même pas pourquoi vu qu'il n'apporte RIEN justement. C'est juste un stupide baiser à la fin entre Rosagunde et Gustav.

En plus, ça m'étonnerait qu'il soit historiquement vrai.

Cela dit, la scène où le peuple et le roi d'Italie entourent Rosagunde après qu'elle a tué Alboin, et chantent car ils sont heureux de le voir mort, n'est sans doute pas vraie non plus, historiquement parlant.

Mais quand même. Grand-Mère SAIT que mon cœur appartient à Michael – même si pour l'instant, il y a de l'eau dans le gaz.

À quoi pense-t-elle quand elle me demande d'embrasser un autre garçon ?

« Je t'en prie, Amelia », m'a-t-elle répondu lorsque je suis allée lui parler – tout DOUCEMENT, parce que je ne voulais pas que J-P apprenne, évidemment, que je ne tenais pas à l'embrasser.

Je refuse de trahir mon petit ami en embrassant un autre garçon (surtout quand c'est celui avec qui il m'a vue danser comme une allumeuse il y a moins d'une semaine), mais je ne veux pas non plus blesser J-P.

« Les gens s'attendent à ce que le héros et l'héroïne s'embrassent à la fin d'une comédie musicale, a-t-elle continué. Ce serait cruel de les décevoir.

– Mais Grand-Mère…, ai-je commencé.

– Et ne me dis pas, s'il te plaît, qu'en embrassant John Paul, tu as le sentiment de trahir ton amour pour *l'autre garçon.* »

C'est comme ça que Grand-Mère appelle Michael : *l'autre garçon*.

« Vous jouez une scène, Amelia. Crois-tu que Laurence Olivier en voulait à Vivien Leigh, sa femme, quand elle embrassait Clark Gable dans *Autant en emporte le vent* ? Certainement pas. Il comprenait qu'elle ne faisait que son métier d'actrice.

—Mais…, ai-je tenté de la couper.

—Oh, Amelia, s'il te plaît ! s'est-elle exclamée. Je n'ai pas de temps à perdre avec ça ! J'ai un millier de choses à faire avant la représentation de demain ! Alors, franchement, ça ne m'intéresse pas du tout de rester là à discuter avec toi. Vous allez vous embrasser, un point c'est tout. À moins que tu ne préfères que je parle à une certaine chanteuse du chœur… »

J'ai aussitôt lancé un regard paniqué dans la direction d'Amber Cheeseman. Je suis coincée. ET Grand-Mère le sait.

Ce qui explique peut-être pourquoi elle m'a plantée là, avec un petit sourire satisfait, pour aller réveiller Señor Eduardo et le renvoyer chez lui.

Comme si ça ne suffisait pas, quand je suis sortie de l'hôtel, juste avant de monter dans la limousine, J-P a surgi de l'ombre et m'a appelée.

« J-P ? » me suis-je exclamée, confuse.

Est-ce qu'il m'attendait ? Apparemment, oui. Mais… pourquoi ?

« Que se passe-t-il ? Tu as des ennuis ? Tu veux que je te raccompagne chez toi ? Je peux te déposer. »

Mais J-P a répondu :

« Non, non. Ce n'est pas ça. Il faut que je te parle. Au sujet du baiser. »

!!!!!!!!!!!!!!!

Le problème, c'est que Lilly se trouvait déjà dans la limousine, et m'attendait. Dès qu'elle nous a vus, là, debout sur le trottoir, elle a baissé sa vitre et a lancé : « Hé, vous vous dépêchez un peu tous les deux ! Je n'ai pas que ça à faire ! Il faut que j'agrafe encore plein de pages ! »

Brrrr… Qu'est-ce qu'elle peut être agaçante, parfois.

« Écoute, Mia, a commencé J-P en ne tenant pas compte de Lilly. Je sais que tu as des problèmes avec ton petit ami et que c'est en partie à cause de moi. Non, non, n'essaie pas de nier, Tina m'a tout raconté. Je me faisais du souci pour toi, tu avais l'air si déprimé, du coup, je l'ai un peu forcée à me dire ce qui se passait. Alors, écoute. On n'est pas obligés de s'embrasser. Une fois que la comédie musicale aura commencé, on pourra en gros faire ce qu'on veut. Ta grand-mère ne pourra pas nous en empêcher. C'est pour ça que je voulais te dire, si tu ne veux pas qu'on s'embrasse, ça ne me gêne pas. Je ne serai pas vexé. Je comprendrais tout à fait. »

OH, MON DIEU !

N'est-ce pas la chose la plus gentille que vous ayez jamais entendue ?

C'était tellement délicat, tellement mature que… je me suis hissée sur la pointe des pieds et j'ai embrassé le garçon-qui-déteste-qu'on-mette-du-maïs-dans-le-chili sur la joue.

« Merci, J-P », ai-je dit.

J-P a eu l'air assez surpris.

« De quoi ? a-t-il demandé d'une voix légèrement éraillée. Tout ce que je t'ai dit, c'est que tu n'es pas obligée de m'embrasser si tu n'en as pas envie.

– Je sais, ai-je répondu en serrant sa main. C'est pour ça d'ailleurs que je t'ai embrassé. »

Là-dessus, je suis montée dans la limousine.

Où Lilly m'a aussitôt harcelée de questions :

Lilly : Qu'est-ce qui s'est passé ?

Moi : Il m'a dit que je n'étais pas obligée de l'embrasser.

Lilly : Alors pourquoi tu viens de l'embrasser ?

Moi : Parce que je trouvais que c'était adorable de me dire ça.

Lilly : En fait, tu l'aimes.

Moi : Je l'aime comme un ami.

Lilly : Depuis quand on embrasse ses amis garçons ? Tu n'embrasses pas Boris.

Moi : Et je ne suis pas près de le faire. Tu l'as entendu, l'autre jour, quand il disait qu'il sécrétait trop de salive ? Je ne sais pas comment fait Tina.

Lilly : Qu'est-ce qu'il y a entre vous, Mia ? Entre J-P et toi ?

Moi : Rien. Je t'ai dit, on est juste amis.

En fait, même si je savais que je ne devais pas le faire, parce que Lilly n'allait pas tarder à apprendre quelque chose qui risquait de la déstabiliser complètement – c'est-à-dire quand l'un de ses parents se déciderait enfin à lui annoncer qu'ils se séparaient –, je l'ai fait quand même. Parce que j'étais trop en colère.

Moi : La vraie question, c'est qu'est-ce qui se passe entre TOI et J-P ?

Lilly : MOI ? Ce n'est pas moi qui l'ai embrassé. Ou qui ai dansé comme une allumeuse avec lui.

Je l'apprécie comme un ami, ce que TU prétends faire.

Moi : Alors pourquoi ne retires-tu pas. *Assez de maïs !* de ton magazine ? TU sais très bien que ça va le blesser. Si tu l'apprécies comme un ami, pourquoi veux-tu lui faire de la peine ?

Lilly : Ce n'est pas *moi* qui vais lui faire de la peine. C'est *toi*. Je n'ai pas écrit cette nouvelle.

Mon Dieu... Pourquoi doit-elle tourner le couteau dans la plaie ?

Mercredi 10 mars, minuit, à la maison

Toujours pas d'e-mails de Michael.

Ni de messages.

Je sais qu'il a des tas d'autres soucis en tête en ce moment, et qu'il ne peut pas ne penser qu'à moi. Et je ne m'attendais pas, à mon retour, à trouver un énorme bouquet de roses avec un petit mot sur lequel j'aurais lu : *Je t'aime.*

Mais j'aurais apprécié un coup de fil, juste pour me dire de ne pas m'en faire et qu'on sort toujours ensemble.

Bon. Rien de tout cela n'est arrivé. Quand je suis rentrée, tout le monde dormait. Comme d'habitude.

Être une actrice qui se donne à fond à son art, ce n'est pas de tout repos, croyez-moi. Maintenant, je comprends ce que doit ressentir Meryl Streep quand elle rentre en titubant de fatigue après une journée de tournage pour un nouveau film qui sera primé aux Academy Awards. Plus jamais je ne dirai que jouer la comédie est un métier facile.

En ce qui concerne Michael, j'ai décidé de suivre les conseils de Tina et de le laisser tranquille. Comme elle fait avec Boris quand il doit travailler un nouveau morceau de Bartók.

Je ne peux même pas en vouloir à Michael de ne pas m'appeler ni de ne pas m'envoyer de mail puisque je ne suis manifestement pas la personne la plus *stable* qu'il connaisse. À quoi je pensais quand j'ai voulu lui prouver que j'étais une fêtarde, alors que je ne le suis pas du tout ????? Au fond, je me demande si je n'essayais pas de le manipuler, ce qui n'est jamais une bonne idée. À moins de s'appeler Clarisse Renaldo ou Lana Weinberger, qui sont toutes les deux passées maîtresses dans l'art de la manipulation – en particulier pour manipuler les lois de l'offre et de la demande.

Mais ça ne veut pas dire que c'est bien.

Franchement. Ce n'est pas parce que vous êtes fort pour faire quelque chose que vous devez le faire.

C'est comme pour ma nouvelle. Oh, bien sûr, je sais écrire, mais est-ce que cela me donne le droit d'écrire une histoire qui s'inspire de la vie de quelqu'un qui risque de la lire et d'être peiné ?

Non. Ce n'est pas parce qu'on a le POUVOIR qu'on doit en USER. Ou en ABUSER.

Ce que Grand-Mère et Lana font. Quand on a la chance de POSSÉDER un talent – comme moi, avec l'écriture – on se doit moralement de l'user pour faire le BIEN.

C'est ce qui est arrivé à la fête, quand j'ai dansé comme une allumeuse. Si ça n'a pas marché, c'est parce que j'essayais de manipuler les gens. Ce qui est mal et contraire au bien.

J'ai abusé de…

QUELQU'UN EST EN TRAIN DE M'ENVOYER UN MAIL !!!!!!

POURVU QUE CE SOIT MICHAEL

POURVU QUE CE SOIT MICHAEL
POURVU QUE CE SOIT MICHAEL
POURVU QUE CE SOIT MICHAEL
POURVU QUE

Zut, c'est Lilly.

WomnRule : Tu sais quoi ? C'était très présomptueux de ta part de l'embrasser si tu ne l'aimes pas. Et s'il interprétait mal ton geste ? Je te rappelle que tu as déjà dansé comme une allumeuse avec lui, et maintenant tu l'embrasses ? Pour quelqu'un qui a peur de lui faire de la peine, tu aurais peut-être pu réfléchir un peu plus aux conséquences de tes actes.

!!!!!!

FtLouie : Ah oui ? Et pour quelqu'un qui prétend l'apprécier comme un ami seulement, tu donnes vraiment l'impression de ne pas supporter que *lui* m'apprécie.

WomnRule : Uniquement parce que je croyais que tu sortais avec mon frère. Mais, apparemment, un seul garçon ne te suffit pas. Il te les faut TOUS.

FtLouie : Quoi ???? Qu'est-ce que tu racontes ? JE N'AIME PAS J-P.

WomnRule : Ben voyons… Je suis sûre que, si j'étais devant toi, je verrais tes narines trembler.

FtLouie : C'est faux, Lilly. Je n'aime pas J-P. C'est ton frère que j'aime. Tu le sais très bien en plus. Qu'est-ce que tu as en ce moment ?

WomnRule : Terminé.

Ouah ! Heureusement que ses parents ne lui ont pas annoncé qu'ils se séparaient. Parce que si elle est autant à prendre avec des pincettes en ce moment alors qu'elle ne SAIT RIEN, qu'est-ce que ce sera quand elle SAURA.

À moins qu'elle SOIT AU COURANT, comme le soupçonne Michael, et fasse SEMBLANT de ne pas savoir. Ce qui expliquerait son comportement actuel.

Mais bon, en ce qui me concerne, j'ai compris maintenant ce que je dois faire. Ma mission est claire. Un sentiment de calme m'a envahie.

Euh… non, c'est juste Fat Louie qui s'est endormi sur mes pieds.

Enfin. J'ai un plan, c'est déjà ça.

Pour empêcher J-P de lire *Assez de maïs !*, je veux dire. En revanche, que faire avec le restant de ma vie, c'est encore une énigme.

Mais je sais quoi faire avec *Le Popotin de Fat Louie.*

Et honnêtement, je pense que Carl Jung ET Alfred Marshall approuveraient.

Du bureau de S.A.R.
la princesse Amelia Mignonette Thermopolis Renaldo

« Cher Dr Carl Jung,

Bonjour. Désolée pour ma dernière lettre. Je… euh… je perdais un peu la boule.

Vous voyez sans doute de quoi je parle. Après tout, vous avez passé votre vie à étudier des dingos comme moi, non ?

Bref, je voulais juste vous dire de ne pas vous inquiéter. Ça va beaucoup mieux. Je crois que j'ai enfin compris le truc sur la transcendance. Ce n'est pas ce qui se passe EN SOI qui compte, mais ce qu'on exprime HORS DE SOI.

Attention, je ne parle pas d'exprimer comme faire sortir par pression, par exemple quand on exprime le jus d'un citron. Non, je parle d'exprimer quelque chose hors de soi dans l'univers. Comme être gentil avec les autres, dire la vérité au lieu de mentir tout le temps, et mettre ses pouvoirs au service du bien et non du mal. Par exemple, si votre petit ami organise une fête, il vaut mieux juste y aller et passer du bon temps au lieu d'avoir recours à des plans compliqués pour essayer de lui faire croire que vous êtes une fêtarde.

Et si votre amie est sur le point de publier dans un magazine une histoire qui pourrait vraiment provoquer de la peine à quelqu'un, il vaut mieux l'en empêcher.

Vrai ?

C'est pourquoi j'ai décidé de consacrer le restant de ma vie à Dire la Vérité et à Être Bonne envers les Autres. Je suis très sérieuse. Je sais maintenant que c'est la seule façon pour m'autoréaliser. Et je crois aussi que des gens comme ma grand-mère et Lana Weinberger qui, elles, ont recours aux mensonges et au chantage, et abusent des lois de l'offre et la demande, ne trouveront jamais la lumière spirituelle.

Étant donné que je m'engage dorénavant à ne suivre que le Chemin de la Vérité, pensez-vous qu'il y ait une chance pour que cette partie-là de mon autoréalisation, quand elle viendra après que j'ai accompli toutes mes bonnes actions, m'aide à faire que mon petit ami me pardonne ? Parce qu'il me manque vraiment ?

J'espère que ce n'est pas trop vous demander. Sachez qu'il n'y a rien d'égoïste de ma part. C'est juste que… je l'aime.

Votre amie, toujours
MIA THERMOPOLIS. »

Mercredi 10 mars, en perm

Apparemment, Lilly ne me parle plus. Elle ne m'attendait pas en bas de son immeuble ce matin quand je suis passée la prendre en limousine, et lorsque j'ai sonné à son interphone, personne n'a répondu.

Mais je sais qu'elle n'est pas malade, parce que je l'ai vue qui sortait de Chez Ho, le traiteur chinois, avec un lait de soja.

Sauf qu'elle a tourné la tête quand je lui ai fait signe.

Bref, maintenant ce sont les DEUX Moscovitz qui m'ignorent.

Ma première journée sur le Chemin de la Vérité commence plutôt mal.

Mercredi 10 mars, en EPS

OK. Sécher la gym n'était probablement pas la voie la plus directe pour transcender mon ego.

Mais c'est pour la bonne cause !

Même Lars est d'accord. Ce qui est pratique car je vais avoir besoin de lui pour m'aider à tout transporter. C'est vrai, quoi. Je suis incapable de porter toute seule 3 700 feuilles de papier.

Du moins, en un voyage.

Mercredi 10 mars, en économie politique

OK.

À mon avis, il n'est pas trop tard pour m'engager sur le Chemin de la Vérité.

Car je pensais VRAIMENT bien faire.

Du moins, au début.

Comme je me souvenais de la combinaison du casier de Lilly (j'ai dû lui apporter ses livres la dernière fois qu'elle a eu la grippe), je l'ai ouvert et j'ai vu mille exemplaires du numéro 1 du *Popotin de Fat Louie* dans l'attente d'être vendus pendant la pause du déjeuner.

C'était super facile de les prendre tous.

Bon, d'accord, pas si facile que ça parce que c'est assez lourd, en fait.

On a partagé la pile en deux, Lars et moi, et on a ensuite cherché un endroit où les cacher – un endroit où Lilly ne penserait jamais à aller – jusqu'à ce que mes yeux tombent sur la porte des toilettes pour garçons.

C'était la cachette idéale !

On y est aussitôt entrés, les bras chargés de nos magazines, sans penser qu'il n'y a pas de miroir au-dessus des lavabos des toilettes pour garçons d'Albert-Einstein (ce que je trouve totalement sexiste. C'est vrai, quoi. Pourquoi les garçons ne voudraient-ils pas se recoiffer avant de sortir des toilettes ?)

Ce qui fait qu'on n'a pas vu J-P qui se tenait devant un lavabo et se lavait les mains.

« Mia ? s'est-il exclamé, surpris. Qu'est-ce que tu fais ici ? »

Je suis restée figée sur place, et j'ai bafouillé :

« Euh… rien. »

Évidemment, J-P n'en a pas cru un mot. Il a indiqué la pile de magazines sous laquelle on croulait, Lars et moi, et a demandé :

« C'est quoi, tout ça ?

– Euh... », ai-je répété en cherchant désespérément une réponse.

C'est alors que je me suis rappelé que j'étais censée suivre le Chemin de la Vérité et que j'avais fait le serment de ne plus jamais mentir.

Résultat, je n'avais pas quinze mille possibilités.

« Eh bien, ce sont les exemplaires du *Popotin de Fat Louie*, ai-je déclaré. Vu qu'ils contiennent une nouvelle que j'ai écrite mais que je ne veux pas qu'on lise, je les ai pris dans le casier de Lilly et je pensais les cacher..., ici. »

J-P a haussé les sourcils.

« Mais pourquoi ? a-t-il fait. Tu as peur que ta nouvelle soit mauvaise ? »

J'ai failli répondre oui.

Mais comme j'avais juré de dire la vérité, j'ai dit :

« Pas exactement. En fait, ma nouvelle parle de toi. Mais je l'ai écrite avant de te connaître ! C'est pour ça que je suis super gênée et que je ne veux pas que tu la lises ! »

J-P a haussé encore plus les sourcils.

Mais il n'avait pas l'air en colère. À vrai dire, il avait l'air plutôt... flatté.

« Tu as écrit une nouvelle sur moi ? a-t-il dit en se penchant sur le lavabo. Et tu ne veux pas que je la lise. Je comprends ton dilemme. Mais à mon avis, je ne pense pas que cacher les magazines, même dans les toilettes pour garçons du lycée, soit une bonne solution. Si j'étais Lilly, c'est le premier endroit où je les chercherais. »

Il avait raison : ça ne servait à rien de cacher les exemplaires du *Popotin Fat Louie* dans les toilettes pour garçons d'Albert-Einstein.

« Qu'est-ce que je peux faire, alors ? ai-je gémi. Où les cacher pour qu'elle ne les trouve pas ? »

J-P a réfléchi puis il a relevé la tête et m'a dit : « Suis-moi. »

J'ai jeté un coup d'œil à Lars. Qui a haussé les épaules. Du coup, on a suivi J-P jusque dans le hall où on l'a vu pointer un doigt…

… en direction de l'une des poubelles de recyclage, l'une de celles que j'avais commandées et sur laquelle on pouvait lire : *Papier, Bottes et Bouteilles.*

J'ai lâché un soupir de désespoir.

« Elle regardera là, ai-je dit. En plus, c'est marqué *Papier* dessus.

– Pas si on les met dans le broyeur », a fait observer J-P.

Et sur ces paroles, il a jeté la serviette en papier avec laquelle il s'était essuyé les mains. Le broyeur s'est aussitôt mis en marche, réduisant le papier en lambeaux.

« Et voilà ! s'est exclamé J-P. Ton problème est réglé. Définitivement. »

Tandis que le broyeur finissait sa tâche, j'ai baissé les yeux sur la pile de magazines.

Non, je ne pouvais pas faire ça. Je ne pouvais tout simplement pas faire ça. Même si je détestais la couverture et le titre du magazine de Lilly, et que je ne voulais pas qu'y figure ma nouvelle, je ne pouvais pas détruire quelque chose pour lequel elle s'était donné autant de mal.

« Princesse, a fait Lars en me montrant l'horloge, au mur. La cloche va bientôt sonner.

– Je..., ai-je commencé en levant les yeux vers J-P. Je ne peux pas faire ça, J-P. Je suis désolée, mais non, sincèrement, je ne peux pas. Ça ferait trop de peine à Lilly... surtout en ce moment, où ce qu'elle vit n'est pas drôle. Même si elle ne le sait pas. »

J-P a hoché la tête.

« Je comprends, a-t-il dit.

– Non, je ne crois pas, ai-je corrigé. Je ne suis pas fière de ma nouvelle, tu sais. Tout le monde va la lire et devinera qu'il s'agit de toi. Et même si c'est moi au bout du compte qui serai ridicule, les gens vont... rire. Et je ne veux pas plus te faire de peine que je ne veux en faire à Lilly.

– Ne t'inquiète pas pour moi, Mia, a déclaré J-P. Je suis un solitaire, ne l'oublie pas. Je me fiche de ce que les gens pensent de moi. À l'exception de quelques personnes.

– Ça veut dire que si je remets les magazines dans le casier de Lilly et qu'elle les vende pendant la pause déjeuner, tu ne m'en voudras pas ? ai-je demandé.

– Pas du tout », a répondu J-P en proposant même de nous aider, Lars et moi, à les remettre en place.

On avait à peine fini que la cloche sonnait. On s'est vite dit au revoir, J-P et moi, et on s'est dirigés vers nos salles de classe respectives.

Ce qui est triste dans cette histoire, c'est que Lilly ne saura jamais quel sacrifice J-P a fait pour elle.

En tout cas, c'est SÛR qu'il l'aime.

Mercredi 10 mars, en anglais

Tu as le trac pour ce soir ? Moi, je ne te dis pas !

`Tu sais quoi ? Je n'ai pas vraiment eu l'occasion d'y penser.`

C'est vrai ? Oh, mon Dieu, tu veux dire que tu n'as toujours pas de nouvelles de Michael ?

`Non. Aucune.`

À tous les coups, c'est parce qu'il veut te faire la surprise de t'offrir un bouquet de roses après le spectacle.

J'aimerais tellement voir le monde à ta façon, Tina.

Mercredi 10 mars, pendant le déjeuner

Dès que je suis entrée dans la cafétéria, je l'ai vue, assise au guichet qu'elle avait installée, sous des panneaux de sa fabrication, annonçant la vente aujourd'hui du premier numéro du nouveau magazine littéraire du lycée.

Je savais qu'il fallait que je sois sympa. Vu que ce qu'elle vivait chez elle ne devait pas être très agréable. Ou n'allait pas l'être bientôt.

Aussi, je me suis dirigée vers elle et j'ai dit :

« Un exemplaire, s'il te plaît. »

Avec le plus grand sérieux du monde, elle m'a répondu :

« Ça te fera cinq dollars.

– Quoi ? me suis-je exclamée. CINQ DOLLARS ???? TU PLAISANTES ???

– Sache que ce n'est pas gratuit de fabriquer un journal, a-t-elle répliqué. Je te rappelle, par ailleurs, que c'est toi qui nous as rabâché qu'on devait récupérer l'argent qu'on a perdu à cause des poubelles de recyclage. »

Je lui ai tendu un billet de cinq dollars, persuadée que ça ne les valait pas.

Ça ne les vaut pas. Car en plus de ma nouvelle, de la thèse sur les naines brunes de Kenny, de deux ou trois mangas et d'un poème de J-P, *Le Popotin de Fat Louie* contient les cinq nouvelles que Lilly avait écrites pour *Seize ans*. Les cinq, j'ai bien dit. Son magazine présente CINQ de ses nouvelles !

Incroyable. J'étais en train de me dire, OK, Lilly a une très haute opinion d'elle-même, quand la principale Gupta est arrivée. Il faut que vous sachiez que la principale ne vient plus JAMAIS à la cafétéria depuis le jour où elle a mis le pied dans un bol de soupe que quelqu'un avait posé par terre.

En tout cas, elle était là, aujourd'hui, ignorant les bols de soupe qui pouvaient se trouver sur son chemin, et s'est dirigée droit vers la table où était installée Lilly !

« Oh, oh, a fait Ling Su, qui se tenait à côté de moi. J'ai l'impression qu'il y a quelqu'un pour qui ça ne va pas être la fête.

– La principale n'apprécie peut-être pas l'illustration de couverture, a fait observer Boris.

– Moi, je crois plutôt que c'est une des nouvelles de Lilly qu'elle n'apprécie pas, a dit Tina en montrant son exemplaire du *Popotin de Fat Louie*. Vous l'avez lue ? C'est très... osé. »

Je n'avais lu aucune des nouvelles de Lilly, elle m'en avait juste parlé. Mais même un rapide résumé suffisait pour deviner...

Que ça n'allait effectivement pas être la fête pour Lilly.

« C'est une violation des droits à la liberté de parole ! hurlait-elle tandis que la principale l'escortait hors de la cafétéria, et que Mr. Wheeton, le prof de gym, confisquait tous les exemplaires du *Popotin de Fat Louie* avant de les jeter dans un grand sac-poubelle. Ne restez pas comme ça les bras ballants ! nous lançait Lilly. Levez-vous et protestez ! Ne laissez pas l'autorité vous dicter sa loi ! »

Mais personne n'a bougé. Les élèves d'Albert-Einstein ont l'habitude que l'autorité leur dicte sa loi.

Apercevant mon exemplaire du *Popotin de Fat Louie*, Mr. Wheeton s'est approché de moi et a ouvert son sac-poubelle tout en disant :

« Désolé, Mia. Je ferai en sorte que tu récupères ton argent. »

Du coup, j'ai dû le lui remettre.

Qu'est-ce que je pouvais faire d'autre ?

On s'est regardés, J-P et moi.

Je ne sais pas si c'est le fruit de mon imagination ou quoi, mais j'ai eu l'impression qu'il riait.

Tant mieux si quelqu'un trouve la situation drôle.

Lilly, la principale et Mr. Wheeton venaient juste de partir que Tina m'a attirée à l'écart.

« Écoute, Mia, a-t-elle murmuré. Je ne voulais pas t'en parler devant tout le monde, mais je crois que je viens de comprendre quelque chose. J'ai lu un roman qui raconte l'histoire d'une fille, l'héroïne, et de sa jumelle, qui est vraiment diabolique. Elles sont toutes les deux amoureuses du même garçon, le héros. Eh bien, pendant tout le livre, la méchante jumelle fait plein de trucs pour que sa sœur passe pour quelqu'un de mauvais aux yeux du héros.

—Hum, hum, ai-je fait. Et alors ?

—Tu as bien insisté pour que Lilly ne publie pas *Assez de maïs !*, et elle a refusé tout en sachant que cela ferait de la peine à J-P s'il la lisait, a expliqué Tina.

—Oui. Et alors ? ai-je demandé, incapable de voir où voulait en venir Tina.

—Et si Lilly avait refusé de retirer ta nouvelle parce qu'elle VOULAIT que J-P la lise ? Parce qu'elle savait que s'il la lisait, il t'en voudrait et ne t'adresserait plus la parole. C'est-à-dire qu'il serait libre pour ELLE.

—Non, Tina. Je ne crois pas. Jamais Lilly ne me ferait ça », ai-je répondu.

Et puis, je me suis souvenue de ce qu'elle m'avait dit dans la limousine quand on avait quitté le Plaza : « Ce n'est pas moi qui vais lui faire de la peine. C'est toi. Je n'ai pas écrit cette nouvelle. »

Mon Dieu ! Tina avait-elle raison ? Est-ce que Lilly aimait J-P mais pensait qu'il m'aimait ? Est-ce que c'est pour ça qu'elle refusait de retirer *Assez de maïs !*??????

Non. Ce n'est pas possible. Lilly n'est pas comme ça. Elle n'est pas possessive avec les garçons.

« Attention, je ne dis pas qu'elle a agi CONSCIEMMENT, a poursuivi Tina. Elle ne s'est peut-être même pas avoué qu'elle aimait J-P. Mais INCONSCIEMMENT, cela pourrait expliquer pourquoi elle tenait autant à ce que ta nouvelle soit publiée. Et donc lue par J-P.

– Non, Tina. C'est trop fou, ai-je fait.

– Réfléchis, Mia, a insisté Tina. Réfléchis à tout ce à quoi Lilly a dû renoncer récemment à cause de toi. D'abord, la présidence du comité des délégués de classes. Ensuite, le rôle de Rosagunde. Et maintenant, J-P. C'est tout ce que je dis. Et ça pourrait expliquer beaucoup de choses. »

Effectivement, ça expliquerait beaucoup de choses. Si c'était vrai. Mais non. J-P ne m'aime pas comme ça, et Lilly ne l'aime pas comme ça non plus.

Et même si elle l'aimait, jamais elle ne me ferait un coup pareil. Elle est quand même la septième personne que j'aime le plus au monde. Et je suis sûre d'être la troisième en ce qui la concerne. Ou la quatrième, vu qu'elle n'a pas de petit ami, de petit frère ou de petite sœur, de garde du corps ou d'animal de compagnie.

Mercredi 10 mars, en étude dirigée

Lilly est revenue. Elle est pâle comme un linge. Apparemment, la principale a appelé ses parents.

Qui sont venus au lycée. Pour un entretien.

Je ne sais pas de quoi ils ont parlé. Pendant l'entretien, je veux dire. Mais Lilly doit montrer le contenu du prochain numéro du *Popotin de Fat Louie* à Mrs. Martinez avant d'être autorisée à le vendre. Parce que Lilly n'a jamais montré ses textes à Mrs. Martinez.

Ou ma nouvelle.

Ou le titre de son magazine. Qui a été changé en *Zine*.

Juste *Zine*.

Ce qui est, comme je l'ai dit à Lilly dans l'espoir de lui remonter le moral, plutôt vendeur.

Mais elle ne m'a pas répondu. Je n'ai eu droit ni à « Merci » ni à « Je suis désolée. »

En tout cas, je ne suis pas prête à lui dire, moi : « Tu veux qu'on parle ? » ou bien : « Je suis désolée. »

Même si j'aimerais bien.

J'ai trop peur de ce qu'elle pourrait me répondre.

Mercredi 10 mars, sur le palier du troisième étage

Je crois que je n'ai jamais autant transgressé le règlement de l'école qu'aujourd'hui. On vient de sécher la SVT, Kenny et moi, pour retrouver Tina et revoir une dernière fois certaines figures de la chorégraphie avant ce soir.

Kenny a tellement le trac qu'il a envie de vomir. Tina aussi.

Moi ? En vérité – puisque ma mission dans la vie, c'est de ne plus dire que la VÉRITÉ –, je pourrais vomir tripes, bile et boyaux tellement j'ai la trouille.

Car ce soir, je vais devoir faire quelque chose que je n'ai jamais fait : embrasser un garçon.

Autre que Michael, je veux dire.

Bon, d'accord, j'ai déjà embrassé Josh Richter, mais ça ne compte pas parce que c'était avant qu'on sorte ensemble, Michael et moi.

En fait, si on y réfléchit bien, ce soir, je vais tromper mon petit ami.

Je sais bien que ce n'est pas vraiment le tromper, puisqu'il s'agit d'une pièce – pardon, une comédie musicale – et qu'on ne s'aime pas, J-P et moi.

Mais quand même. Je vais embrasser UN AUTRE GARÇON, un garçon avec qui j'ai dansé comme une allumeuse samedi dernier. Devant Michael.

Qui n'a pas eu l'air d'apprécier. En tout cas, qui ne me parle apparemment plus depuis. Bref, s'il apprend qu'on va s'embrasser ce soir, J-P et moi, je ne suis pas dans le pétrin.

Et même s'il ne l'apprend pas, MOI, JE LE SAURAI.

Du coup, je ne pourrai pas faire autrement que me dire que je l'ai trahi d'une façon ou d'une autre.

Surtout si – et c'est ça qui m'inquiète le plus –, je me rends compte que ça ne me déplaît pas d'embrasser J-P.

Mon Dieu ! Je n'arrive pas à croire que j'ai pu ÉCRIRE ça.

Bien sûr que ça ne va pas me plaire. Je n'aime qu'un seul garçon et c'est Michael. Même si lui ne m'aime pas pour l'instant. Embrasser un autre garçon que Michael, non, JAMAIS ça ne me plaira. JAMAIS.

MAIS POURQUOI NE M'APPELLE-T-IL PAS ????????????

Mercredi 10 mars, au Plaza, juste avant le spectacle

Michael ne m'a toujours pas appelée.

Et il y a un monde fou.

Je ne plaisante pas.

Je ne sais pas pour l'instant qui est venu car Grand-Mère nous a interdit de soulever le rideau pour jeter un coup d'œil dans la salle.

« Si vous voyez le public, le public vous verra », nous a-t-elle déclaré.

Il paraît que ce n'est pas professionnel de se montrer en costume avant le début du spectacle.

Cela dit, j'ai réussi à compter vingt-cinq rangées environ de vingt-cinq chaises, chacune étant occupées. Ce qui nous fait… cinq mille personnes !

Heu… non, peut-être pas. Boris me dit que ça ne fait que six cent vingt-cinq personnes.

Quand même, c'est beaucoup. Ils ne peuvent pas TOUS être des membres de nos familles, non ? Ce qui signifie qu'il doit y avoir des CÉLÉBRITÉS dans le lot. D'après Internet, que j'ai consulté juste avant de venir, la soirée de Grand-Mère était complète – des dons pour les producteurs d'olives de Genovia sont arrivés toute la semaine de la part de vedettes du cinéma et de rock stars. Apparemment, ce soir, c'est L'ENDROIT où il faut être.

Je peux peut-être me tromper, mais je pense avoir aperçu Prince – vous savez, le chanteur qui s'est fait connaître sous le nom de Prince – qui s'installait sur le côté.

Quant aux PHOTOGRAPHES, il y en a un paquet ! Ils sont entassés derrière l'orchestre, leurs appareils prêts à mitrailler dès le lever du rideau. J'imagine déjà les gros titres, demain à la une du *Post* : *LA PRINCESSE JOUE UNE PRINCESSE*. Ou pire, *LA PRINCESSE BRÛLE LES PLANCHES*.

De quoi avoir des frissons.

En plus, avec ma veine, il y aura à tous les coups une photo de J-P m'embrassant, et ce sera CETTE PHOTO-LÀ qu'ils choisiront en première page.

Et Michael la verra.

Et alors, là, il cassera DÉFINITIVEMENT.

OK, je suis vraiment quelqu'un de superficiel : je suis là à penser à mon petit ami qui risque de casser alors qu'il est peut-être en train de vivre la crise la plus douloureuse de sa vie et qu'il a franchement d'autres chats à fouetter que les problèmes de son imbécile de petite amie.

Et d'ailleurs, pourquoi je me ferais du souci pour ça quand je suis censée m'en faire pour le spectacle. Du moins, d'après Grand-Mère.

Tout le monde en coulisses est SUPER nerveux. Amber Cheeseman fait son entraînement de hapkido, histoire de se calmer. Ling Su, elle, refait les exercices de respiration qu'elle a appris dans son cours de yoga. Kenny arpente la pièce tout en murmurant : « Chassé, chassé-croisé, pirouette ; chassé, chassé-croisé, pirouette. Frapper dans les mains, frapper dans les mains, frapper dans les mains. Chassé,

chassé-croisé, pirouette.» Tina aide Boris à réciter son rôle, et Lilly est assise toute seule dans un coin et essaie de ne pas froisser la traîne de sa robe.

Même Grand-Mère ne respecte pas ses propres règles puisqu'elle fume, bien qu' elle ait mangé pour la dernière fois il y a quatre heures.

Seul Señor Eduardo semble calme. Mais c'est parce qu'il dort dans une chaise au premier rang, aux côtés de sa femme, tout aussi âgée que lui et tout aussi endormie. Ce sont les deux seules personnes que j'ai reconnues avant que Grand-Mère ne me surprenne à épier derrière le rideau.

Le spectacle commence dans deux minutes.

Grand-Mère vient de nous appeler. Elle a éteint sa cigarette.

«Mes enfants, ça y est, a-t-elle commencé. L'instant de vérité. Tout ce pour quoi vous avez travaillé si fort au cours de la semaine passée va se jouer maintenant. Réussirez-vous? Ou vous ridiculiserez-vous devant vos parents et vos amis, sans parler de toutes les célébrités ici présentes? Personne ne peut le savoir. La réponse est entre vos mains. Mais j'ai fait tout ce que je pouvais. J'ai écrit ce qui sera, peut-être, la plus grande comédie musicale de tous les temps. À partir de maintenant, vous ne pouvez plus blâmer le texte, la musique ou les danses. Vous ne pouvez vous en prendre qu'à vous-mêmes. C'est à votre tour, maintenant. Déployez vos ailes, comme je l'ai fait, et prenez votre envol ! Prenez votre envol ! PRENEZ VOTRE ENVOL ! »

Puis, dans un talkie-walkie qu'aucun de nous n'avait remarqué, elle a ajouté : « Qu'est-ce que vous attendez ! Il est dix-neuf heures ! Levez le rideau ! »

Et les premières notes de musique ont retenti...

Mercredi 10 mars, au Plaza, pendant le spectacle

Oh, mon dieu ! Ils ADORENT ! Sérieux ! Ils en redemandent, même ! Je n'ai jamais entendu un public applaudir aussi fort ! Ils deviennent FOUS ! Et ce n'est même pas encore le finale !

Tout le monde s'en sort TELLEMENT bien ! Boris n'a pas oublié une seule de ses répliques – il a chanté *Le Chant de la guerre* à la perfection :

Tuer et massacrer
C'est ce que je fais de mes journées
Aucune autre activité ne me plaît
Ce que j'aime c'est marauder

CHŒUR

Chevaucher à travers la forêt la nuit venue
Quand j'en sors quelle vue
Les yeux des villageois expriment la peur
Mais pour moi, quel bonheur !

Quant à Kenny, il ne s'est pas trompé une seule fois dans son enchaînement. Bon d'accord, il a fait un faux pas, mais un tout petit et personne ne l'a remarqué.

Et quand Lilly a entonné *Le Chant de la courtisane*, on aurait pu entendre une mouche voler tellement la salle était muette d'admiration !

Comment aurais-je su
Quand à lui ma mère m'a vendue
Qu'un jour, mon amant
Je l'aimerais tant

Même s'il ne fait que voler et piller
Pour moi, c'est toujours la félicité
Car une fois qu'il a fini
Vers moi il revient et m'aime toute la nuit.

Elle tenait la foule dans la paume de sa main ! Sa voix VIBRAIT d'intensité, exactement comme Madame Puissant lui avait appris. *Et* elle n'a pas oublié de soulever sa traîne avec une main seulement quand elle a monté l'escalier.

J-P, lui, a carrément eu droit à une ovation debout pour sa *Chanson du forgeron.*

Comment une femme comme elle
Pourrait jamais aimer un homme comme moi ?
Le monde est à ses pieds tant elle est belle
Jamais elle ne viendra sous mon toit.

Jamais elle n'aimera
Un pauvre homme comme moi !

Et la chanson juste avant que j'étrangle Boris, c'était tellement ÉMOUVANT !!!! Les gens, dans le public – en tout cas, ceux qui ne connaissaient pas l'histoire de Genovia – retenaient carrément leur respiration quand j'ai entonné : « Et avec cette natte/Je ferai le tour/De ton cou, j'ai hâte/Que tu meures avant le jour. » Je ne plaisante pas.

Au crépuscule, cette journée prendra fin,
De quoi demain sera fait,
Nul le ne sait
Dans ce lit haï
J'attends que la nuit
Mon destin me dise enfin…

CHŒUR

Mon père, Genovia, ensemble nous lutterons
Mon père, Genovia, l'avenir nous verrons !
Croix de bois, croix de fer
La mort de mon père, je vengerai, j'en suis fière
Avec cette natte,
Je ferai le tour,
De son cou j'ai hâte,
Qu'il meure avant le jour.

Lorsque j'ai chanté pour la deuxième fois: *Mon père, Genovia, ensemble nous lutterons, Mon père, Genovia, l'avenir nous verrons!*, je suis quasi sûre d'avoir entendu Grand-Mère – GRAND-MÈRE, j'ai bien dit – renifler!

Bon d'accord, elle a peut-être attrapé froid, mais quand même.

Ça y est! C'est le finale. L'apothéose du spectacle! Le moment du baiser.

J'espère que Tina a raison et que J-P ne m'aime que comme une bonne copine. Parce que, quoi qu'il arrive, mon cœur appartient à Michael et lui appartiendra toujours.

Attention, embrasser un garçon dans une pièce – pardon, une comédie musicale –, ce n'est pas tromper son petit ami. Non, pas du tout. Ce que J-P et moi...

Mais où est-il? On est censés se tenir par la main et entrer sur scène en courant, le visage rayonnant de bonheur, et ensuite s'embrasser.

Mais comment pourrais-je lui donner la main et entrer sur scène en courant s'il n'est PAS là?????

Ça ne va pas. Il était pourtant juste à côté de moi après notre dernier passage. Où a-t-il bien pu passer?

Ah, le voilà.

Mais... Ce n'est pas lui. Ce n'est pas J-P...

Mercredi 10 mars, pendant la fête

Je n'arrive toujours pas à y croire. Sérieux.

Je n'arrive tellement pas à y croire que je ne peux pas m'empêcher de me dire que j'ai rêvé. Car lorsque j'ai tendu la main à J-P et qu'on s'est élancés tous les deux vers la scène, je me suis aperçue que ce n'était pas la main de J-P que je tenais, MAIS CELLE DE MICHAEL.

« Michael ? ai-je fait, même si on n'a pas le droit de parler en coulisses à cause de nos micros. Qu'est-ce que tu… »

Mais Michael a posé un doigt sur ses lèvres, m'a montré d'un signe de tête le micro, puis m'a prise par la main et m'a entraînée sur scène.

Exactement comme J-P, pendant les répétitions.

À ce moment-là, tout le monde s'est mis à chanter :

Genovia ! Genovia !, et Michael, habillé en Gustav, m'a enlacée, m'a penchée en arrière et a planté sur mes lèvres le plus gros baiser qui puisse exister.

Personne n'a remarqué que ce n'était pas J-P jusqu'à ce qu'on se retrouve tous sur scène, main dans la main, et qu'on salue le public.

« *Michael* ? ai-je répété. Qu'est-ce que tu fabriques ici ? »

Cette fois, on n'avait pas à se faire du souci à cause des micros : les gens applaudissaient tellement fort qu'ils ne nous auraient pas entendus.

« Comment ça, qu'est-ce que je fabrique ici ? a demandé Michael, un large sourire aux lèvres. Tu crois vraiment que je serais resté là, les bras ballants, pendant que tu embrasses un autre garçon ? »

J-P est passé à côté de nous pile au même moment et a lancé : « Salut, mec ! Bien joué ! », et ils se sont tapé dans la main, Michael et lui.

« Une minute, ai-je fait. Que se passe-t-il ? »

Ça été au tour de Lilly de surgir brusquement. Elle m'a prise par le cou et a murmuré :

« Relax, PDG ! »

Elle m'a alors expliqué qu'avec son frère – et l'aide de J-P –, ils avaient concocté ce plan pour que Michael prenne la place de J-P à la fin de *Nattes !*, de sorte que ce soit lui, et non J-P, que j'embrasse.

Comment ils y sont parvenus sans que je devine rien, je ne le saurai jamais.

« Est-ce que ça veut dire que tu me pardonnes d'avoir dansé comme une allumeuse ? ai-je demandé à Michael après qu'on a ôté nos micros et qu'on s'est retrouvés seuls dans un coin des coulisses pendant que les autres étaient félicités par leurs parents ou rencontraient les célébrités de leurs rêves.

Moi, les célébrités, je m'en fichais un peu, car la personne pour qui j'avais le plus de respect au monde se tenait JUSTE DEVANT MOI.

« Oui, je te pardonne, a dit Michael, si toi, tu me pardonnes d'avoir été aussi absent ces derniers jours.

– Ce n'est pas ta faute. Tu étais bouleversé à cause de tes parents. Je comprends complètement, Michael.

– Merci », a-t-il répondu, tout simplement.

J'ai su, à ce moment-là, que la maturité n'avait rien à voir avec le fait de boire de la bière ou d'être une fêtarde. Non, la maturité, c'est pouvoir compter sur quelqu'un et se dire que ce n'est pas parce qu'on a dansé avec un autre garçon que son petit ami va obligatoirement rompre. Et c'est également ne pas se sentir visée quand il n'appelle pas aussi souvent qu'on le voudrait parce qu'il est en plein examen ou en pleine crise familiale.

« Je suis vraiment désolée, Michael, ai-je repris. J'espère que ça va s'arranger pour tes parents. Et, tu sais… ce qui s'est passé à ta fête, la bière, le béret, la danse…, ça ne se reproduira plus jamais.

– Sauf que te voir danser comme une allumeuse ne m'a pas franchement déplu, a fait observer Michael.

– QUOI ? me suis-je écriée.

– C'est vrai, mais à une condition, a-t-il soufflé en se penchant avant de m'embrasser. C'est que tu me promettes que la prochaine fois, c'est avec moi que tu danseras comme ça. »

J'ai promis.

UN PEU QUE J'AI PROMIS.

Lorsque Michael s'est écarté de moi, il a ajouté, d'une voix légèrement troublée :

« En vérité, Mia, je ne veux pas de fêtarde pour petite amie. Tout ce que ce je veux, c'est toi. »

Alors, c'est ÇA qu'il voulait me dire l'autre jour !

« Dis, et si on enlevait ces stupides costumes et si on rejoignait les autres ? », a-t-il proposé.

J'ai hoché la tête et j'ai répondu que c'était une excellente idée.

Mercredi 10 mars, toujours pendant la fête

Ils sont en train de faire des discours. Les promoteurs de The World, je veux dire. Ce qui m'a brusquement rappelé la raison essentielle pour laquelle Grand-Mère a organisé cette soirée. Ce n'est PAS DU TOUT pour aider les producteurs d'olives de Genovia, ou pour monter une pièce – pardon, une comédie musicale.

Non, Grand-Mère a fait tout ça pour passer de la pommade aux personnes chargées de décider à qui ira telle ou telle île.

Je ne peux pas dire que je les envie. C'est vrai, quoi. Comment savoir qui mérite le plus la fausse Irlande ? Bono ou Colin Farrell ? Et la fausse Angleterre ? Elton John ou David Beckham ?

J'imagine que c'est celui qui paie le plus qui l'emporte. Mais si les acheteurs refusent de proposer plus d'argent, comment décider à qui ira l'île convoitée? Qu'est-ce que je suis contente de ne pas avoir à prendre ce genre de décision!

En tout cas, je suis SÛRE qu'en ce qui concerne l'île de Genovia, la question est réglée. Je l'ai su dès que J-P, les joues en feu et l'air penaud, nous a rejointes, Grand-Mère et moi, en compagnie d'un homme énorme, chauve et fumant le cigare.

« Ah! Enfin, la voilà! s'est exclamé celui-ci – j'ai alors deviné qu'il s'agissait de John Paul Reynolds-Abernathy III, le père de J-P. La princesse de Genovia, celle qui a fait que mon fiston est sorti de sa coquille! Comment ça va, ma chérie? »

Au début, j'ai pensé que le père de J-P s'adressait à Grand-Mère. Après tout, vu qu'elle avait choisi J-P pour jouer dans son spectacle, on pouvait considérer qu'elle l'avait « fait sortir de sa coquille ».

Mais, à ma grande surprise, je me suis rendu compte que Mr. Reynolds-Abernathy III me regardait MOI, et non Grand-Mère.

Grand-Mère, elle, fronçait le nez comme devant une mauvaise odeur. Le cigare, probablement.

Pourtant, elle s'est écriée:

« John Paul ! Laissez-moi vous présenter ma petite-fille, Son Altesse Royale la princesse Amelia Mignonette Thermopolis Renaldo. »

Grand-Mère inverse toujours mes deux derniers noms. C'est un truc entre maman et elle.

« Comment allez-vous ? » ai-je dit en tendant ma main droite…

… qui a aussitôt disparu, avalée par l'énorme paluche de John Paul Reynolds-Abernathy III.

« Bien, bien, j'ai jamais été aussi bien, a-t-il répondu en agitant mon bras de bas en haut tandis que J-P, debout à côté de son père, les mains dans les poches, donnait l'impression d'avoir envie de mourir. Oui, j'ai jamais été aussi bien, a répété Mr. Reynolds-Abernathy III. Ravi de rencontrer la fille – pardon, la *princess* – qui a été la première dans cette école de bêcheurs à inviter mon fiston à manger ! »

Je suis restée sans voix. Quoi ? Personne à Albert-Einstein n'avait jamais invité J-P à sa table pour déjeuner ?

D'un autre côté, J-P m'avait confié qu'il était plutôt solitaire. C'est vrai aussi que son truc avec le maïs était curieux. Quand on ne sait pas pourquoi il fait ça, on ne peut que le trouver bizarre. Jusqu'à ce qu'on le connaisse mieux, bien sûr.

« Et regardez-moi comme il a changé ! a continué Mr. Reynolds-Abernathy III. Un simple déjeuner de rien du tout et le gosse décroche le rôle principal dans la comédie musicale de l'école ! Et se fait des copains à la fac ! Comment tu m'as dit qu'il s'appelait déjà, J-P ? Celui à qui tu parlais hier soir au téléphone ? Mike ? »

J-P avait gardé les yeux baissés. Je ne pouvais pas lui en vouloir.

« Oui, c'est ça, a-t-il marmonné. Michael.

– Voilà, Mike ! a dit Mr. Reynolds-Abernathy III. Et la princesse ! a-t-il ajouté en me prenant par le menton. Le gamin mange seul depuis qu'il est entré dans cette école de snobinards. Je l'aurais changé si ça avait continué comme ça. Mais maintenant, voilà-t-il pas qu'il déjeune avec une princesse ! J'en reviens pas ! Ça, on peut dire que vous avez une sacrée petite-fille, Clarisse !

– Merci, John Paul, a répondu Grand-Mère gracieusement. Si je puis me permettre, votre fils est un jeune homme absolument charmant. Je suis persuadée qu'il ira loin dans la vie.

– Un peu qu'il ira loin ! s'est exclamé Mr. Reynolds-Abernathy en prenant cette fois J-P par le menton. Tout le monde ne mange pas avec des princesses, hein ? En tout cas, je voulais vous remercier. Au fait, j'allais oublier. Je retire mon offre pour cette île. Comment s'appelle-t-elle déjà ? Ah oui, c'est ça, Genovia ! "Ensemble nous lutterons." J'aime bien ça. Bref, elle est à vous, Clarisse, étant donné la faveur que votre petite-fille nous a faite, à mon fiston et à moi. »

Les yeux de Grand-Mère ont failli sortir de leurs orbites. Ceux de Rommel aussi, vu que Grand-Mère s'est mise à l'étrangler contre elle.

« Vous en êtes sûr, John Paul ? a-t-elle demandé.

— À cent pour cent ! a répondu le père de J-P. Je n'aurais pas dû faire d'offre au départ, c'était une erreur. Je n'ai jamais voulu de Genovia. Il m'a fallu voir votre spectacle ce soir pour m'en rendre compte. En fait, c'est une autre île qui m'intéresse. Il faut d'ailleurs que je me dépêche, j'aimerais bien l'offrir à la mère de J-P pour son anniversaire. Allez, viens, mon garçon, a-t-il enchaîné en prenant J-P par le bras. Faisons une offre avant qu'une autre… personne ne l'emporte. »

Et là-dessus, il s'est dirigé droit vers Cher qui, malgré sa tenue très… spéciale, faisait quand même humaine.

Dès que J-P et son père se sont éloignés, je me suis tournée vers Grand-Mère et j'ai dit :

« OK. Avoue maintenant que la raison pour laquelle tu as monté cette comédie musicale n'était PAS d'amuser les masses qui donneraient ensuite de l'argent pour les producteurs d'olives de Genovia, mais de te faire bien voir du père de J-P afin qu'il abandonne son offre pour la fausse île de Genovia.

– Au départ, oui, a admis Grand-Mère, mais par la suite, je me suis laissé prendre au jeu. Une fois que tu as été mordue par le virus du théâtre, il est difficile de s'en débarrasser, Amelia. Je ne parviendrai jamais à tourner complètement le dos aux arts dramatiques. Surtout quand mon spectacle – tout en disant cela, elle a jeté un coup d'œil aux photographes et aux critiques de théâtre qui attendaient qu'elle fasse un discours – est un tel succès.

– Oui, peut-être, ai-je fait, mais j'aimerais que tu répondes à une question. Pourquoi était-ce si important pour toi que J-P et moi, on s'embrasse à la fin ? Et s'il te plaît, épargne-moi le laïus comme quoi le public attend qu'une comédie musicale se termine par un baiser. »

Grand-Mère a coincé Rommel sur sa hanche de façon à pouvoir se regarder dans le petit miroir de poche qu'elle venait de sortir de son sac à main et, tout en vérifiant que son maquillage était parfait avant de donner son interview, elle s'est exclamée :

« Mon Dieu, Amelia ! Tu n'as que seize ans et tu n'as embrassé qu'un seul garçon dans ta vie !

– Deux, ai-je rectifié. Tu te rappelles Josh…

– Pftt ! a-t-elle fait en refermant son miroir d'un coup sec. Quoi qu'il en soit, tu es bien trop jeune pour être aussi sérieuse. Une princesse doit embrasser plusieurs crapauds avant d'être sûre d'avoir trouvé son prince.

– Et tu pensais que John Paul Reynolds-Abernathy IV pourrait être mon prince ? ai-je demandé. Parce que, à l'inverse de Michael, son père est riche… et faisait une offre plus importante que la tienne pour la fausse île de Genovia.

– Cela m'a effectivement traversé l'esprit, a vaguement répondu Grand-Mère. Mais de quoi te plains-tu ? Voilà ton argent. »

Et là-dessus, elle m'a tendu un chèque de cinq mille sept cent vingt-huit dollars.

« C'est bien le montant qu'il te fallait pour régler ton petit problème financier, n'est-ce pas ? a-t-elle ajouté. Cela ne représente qu'un infime pourcentage de ce qu'on a collecté ce soir. Jamais les producteurs d'olives de Genovia ne s'en apercevront. »

J'ai brusquement eu la tête qui tournait.

« Grand-Mère ! me suis-je écriée. Tu parles sérieusement ? »

Est-ce que cela signifiait que je n'avais plus à redouter qu'Amber Cheeseman ne se déchaîne contre moi et ne me réduise en bouillie ? C'était comme dans un rêve.

« Vois-tu, Amelia, a repris Grand-Mère d'un ton suffisant. Tu m'as aidée, et je t'ai aidée. C'est la façon de faire des Renaldo. »

J'ai éclaté de rire.

« Sauf que *je* t'ai obtenu ton île, ai-je répliqué, avec un sentiment de triomphe – oui, de *triomphe* –, parce que j'ai proposé à J-P de déjeuner avec moi. C'est pour ça que son père a retiré son offre. Je n'ai pas eu besoin de mentir ou de faire chanter ou d'étrangler qui que ce soit, ce qui est selon moi, la façon de faire des Renaldo. Et je pense que cette façon-là pourrait t'intéresser. Ça s'appelle être *gentil* avec les gens. »

Grand-Mère a battu plusieurs fois des paupières avant de déclarer :

« Où en serait Rosagunde si elle avait été *gentille* avec Alboin ? La gentillesse ne mène nulle part dans la vie, Amelia.

– Au contraire, Grand-Mère, ai-je aussitôt rétorqué. Car, grâce à la gentillesse, tu as ton île, et moi, l'argent dont j'avais besoin… »

« Et, ai-je pensé, mon petit ami m'est revenu. »

Mais Grand-Mère s'est contentée de lever les yeux au ciel.

« Je suis bien coiffée ? a-t-elle demandé. Il faut que j'aille retrouver les photographes.

– Tu es parfaite », ai-je répondu.

Après tout, ça ne faisait pas de mal d'être gentille, non ?

Dès que Grand-Mère s'est retrouvée assaillie par la horde de journalistes, J-P m'a rejointe et m'a offert un verre de cidre que j'ai bu d'un trait. Ça donne soif de chanter.

« Voilà, tu as rencontré mon père, a-t-il déclaré en guise d'introduction.

– Il semble t'aimer énormément », ai-je fait observer avec diplomatie.

C'est vrai que cela n'aurait pas été gentil de dire : « Mon dieu, comme tu avais raison ! Moi aussi, j'aurais honte à ta place ! »

« Malgré l'histoire du maïs, ai-je ajouté.

– Oui, a-t-il admis. Sinon, tu m'en veux ?

– T'en vouloir ? me suis-je écriée. Mais pourquoi me demandes-tu tout le temps si je t'en veux ? Tu es le garçon le plus formidable que je connaisse !

– À l'exception de Michael, m'a-t-il rappelé en se tournant vers Michael qui était en pleine discussion avec Bob Dylan, tandis qu'à quelques pas de lui Lana Weinberger et Trisha Hayes faisaient la tête parce que Colin Farrell ne leur accordait pas la moindre attention.

– Oui, bien sûr, à l'exception de Michael, ai-je répété. Mais sérieux, c'était TELLEMENT ADORABLE ce que tu as fait pour moi… et pour Michael. Je ne sais pas comment te remercier.

– Ne t'inquiète pas, a fait J-P avec un petit sourire. Je trouverai bien quelque chose.

– J'ai une question à te poser, ai-je commencé en puisant enfin en moi la force de lui demander ce qui me turlupinait depuis un moment. Si tu détestes autant le maïs, pourquoi prends-tu du chili ? Quand ils en servent à la cafétéria, je veux dire ? »

J-P a cligné des yeux.

« Parce que je déteste le maïs mais que j'adore le chili, a-t-il répondu.

– Oh ! me suis-je exclamée. Je vois. Eh bien, à demain ! »

Et sur ces paroles, je lui ai souri et je me suis éloignée avec l'impression que je n'avais pas tout compris.

En même temps, quand j'y réfléchis bien, je me rends compte qu'il n'y a que cinquante pour cent de ce que me disent les gens que je comprends. Par exemple, ce que m'a confié Amber Cheeseman tout à l'heure, quand je l'ai croisée au buffet. « Tu es vraiment une drôle de fille, Mia, m'a-t-elle dit.

Après tout ce que j'ai lu sur toi, je pensais que tu étais super sérieuse et plutôt coincée. Et je découvre que tu es une vraie fêtarde ! »

J'en ai donc conclu que la définition de « fêtarde » variait en fonction des gens.

Amber Cheeseman venait à peine de s'éloigner que Lilly s'est glissée timidement vers moi. Si je n'avais pas été au courant pour ses parents, je me serais sans doute exclamée : « Lilly ! Qu'est-ce qui te prend ? Ça ne te ressemble pas d'être aussi timide ! » Mais comme je savais pourquoi elle avait l'air si triste – elle devait obligatoirement connaître la vérité maintenant –, j'ai juste dit :

« Salut.

– Salut », a-t-elle répondu tout en regardant Boris qui serrait la main de Joshua Bell si vigoureusement qu'il risquait à tout instant de la lui briser, tandis que derrière lui, deux personnes qui ne pouvaient être que Mr. et Mrs. Pelkowski souriaient béatement en contemplant leur fils, et que derrière EUX, ma mère, Mr. G et les parents de Lilly écoutaient avec attention Leonard Nimoy, le célèbre acteur de *Star Trek*.

« Ça se passe bien ? m'a-t-elle demandé.

– Oui, et toi ? ai-je demandé à mon tour. Tu as pu parler à Benazir ?

– Elle n'est pas venue, a répondu Lilly. Mais j'ai eu une conversation très intéressante avec Colin Farrell. »

Je n'ai pas pu m'empêcher d'écarquiller les yeux.

« Ah bon ? Avec Colin Farrell ? ai-je répété.

– Hum, hum, a fait Lilly. Il pense comme moi qu'il faudrait désarmer l'IRA, sauf qu'il a des idées plutôt radicales pour le faire. Et j'ai parlé longuement aussi avec Paris Hilton.

—Mais de *quoi* avez-vous parlé, Paris Hilton et toi ? ai-je questionné.

—Essentiellement de la paix au Moyen-Orient. Cela dit, elle m'a confié qu'elle adorait mes chaussures. »

J'ai baissé les yeux sur les Converses noires de Lilly, sur lesquelles elle avait dessiné, spécialement pour ce soir, des étoiles de David en hommage à son héritage juif.

« C'est vrai qu'elles sont super, ai-je reconnu. Au fait, Lilly, je voulais te remercier d'avoir arrangé les choses entre Michael et moi.

—À quoi servent les amis ? a-t-elle lâché avec un haussement d'épaules. Mais ne t'inquiète pas. Je n'ai pas raconté à mon frère que tu avais embrassé J-P.

—Tu sais très bien que ce baiser ne signifiait rien ! me suis-je exclamée.

—Hum, hum…, a-t-elle fait.

—Je te le jure », ai-je insisté.

Et puis, parce qu'il m'a semblé que c'était la chose à faire, j'ai ajouté :

« Écoute, je suis vraiment désolée pour tes parents.

—Je sais, a dit Lilly. Ça faisait un moment déjà que je sentais que cela n'allait pas très bien entre eux. Morty s'est éloigné de l'école de psychiatrie néo-psychanalytique dès la fin de ses études. Ruth et lui se disputaient à ce sujet depuis des années, mais ça a dégénéré à la suite d'un article qu'il a fait paraître dans *Psychanalyse Aujourd'hui* dans lequel il accuse les jungiens d'essentialisme. Ruth est persuadée que l'attitude de Morty à l'égard du mouvement néopsychanalytique n'est que le symptôme de ce qu'on appelle la crise de la quarantaine et que dans peu de temps, il s'achètera une Ferrari et passera ses vacances au Club Med. Mais Morty, lui, est persuadé d'être sur le point de faire une découverte capitale. Ni l'un ni l'autre ne veut revenir sur ce qu'il a dit. Résultat, Ruth a demandé à Morty de partir tant qu'il n'a pas revu ses priorités. Ou ses publications. En fonction de ce qui arrive en premier.

– Oh ! » ai-je fait, car je ne voyais pas très bien quoi répondre d'autre.

Y a-t-il vraiment des couples qui se séparent pour ce genre de choses ? En même temps, j'ai entendu parler de gens qui divorçaient parce que l'homme ou la femme ne remettait jamais le bouchon du tube de dentifrice.

Mais rompre à cause de différences méthodologiques ?

Ça, c'est sûr que cela ne nous arrivera pas, à Michael et moi !

« J'aurais dû t'en parler, a continué Lilly. Ça t'aurait permis de comprendre pourquoi j'étais si bizarre, ces derniers temps.

—Au moins, tu as une excuse, toi, pour expliquer ton comportement, ai-je déclaré d'un ton grave. Tandis que moi… »

Lilly a éclaté de rire. J'ai souri.

« Excuse-moi pour ta nouvelle, a-t-elle dit. Tu avais totalement raison de ne pas vouloir la publier. Cela n'aurait pas été sympa pour J-P. Sans parler du fait que c'était assez insultant pour ton chat.

—Oui, ai-je répondu en jetant un coup d'œil à J-P, qui se tenait non loin de Doo Pak, lequel était en grande conversation avec Elton John. J-P est vraiment quelqu'un de bien. Et tu sais… après tout, pourquoi pas ? Puisque j'avais décidé d'être gentille –… je crois qu'il t'apprécie beaucoup.

—Tais-toi, a lâché Lilly, mais d'une voix moins morne que celle qu'elle avait eue un instant plus tôt. J'ai renoncé aux garçons, tu le sais. Ils ne t'apportent que des problèmes et des migraines. C'est ce que je disais à David Mamet tout à l'heure quand…

—Quoi ? l'ai-je coupée. *David Mamet* est ici ?

—Oui, a répondu Lilly. Il achète l'île Massachusetts, je crois. Pourquoi ?

—Lilly ! me suis-je exclamée, soudain très excitée. Va vite voir J-P et dis-lui que tu veux lui présenter quelqu'un. Et ensuite emmène-le voir David Mamet.

—Pourquoi ? a-t-elle demandé.

—Ne cherche pas à savoir, ai-je répliqué. Fais ce que je te dis. Je te promets que tu ne le regretteras pas. En fait, je suis prête à parier que J-P te demandera de sortir avec lui après.

—Tu penses vraiment que J-P m'apprécie? a voulu savoir Lilly en l'épiant du coin de l'œil.

—J'en suis sûre, ai-je affirmé.

—Dans ce cas, j'y vais, a déclaré Lilly.

—Fonce», ai-je ajouté. Et elle est partie.

Sauf que je n'ai pas pu voir la réaction de J-P car au même moment, Michael s'est approché de moi et m'a prise par la taille.

« Salut! ai-je dit. Comment va Bob?

—Super, a répondu Michael. Et *toi*, comment tu vas?

—Moi? ai-je fait. Très bien. »

Et pour une fois, je ne mentais pas.

Fin

Mesdames les Princesses

Note de Son Altesse Royale, la Princesse Mia

Depuis la nuit des temps, des millions et des millions de femmes rêvent d'être un jour enlevées dans les bras d'un beau Prince Charmant (ou, dans mon cas, dans les bras du frère de ma meilleure amie). Certaines personnes (dont la meilleure amie en question) disent que ce fantasme est le résultat d'un esprit jeune et influençable, perverti à force d'avoir trop lu et vu Cendrillon. À l'époque où a été écrite cette histoire, l'émancipation féminine n'était pas vraiment à la mode. Moi, je voudrais rétablir la vérité et crier haut et fort que ce n'est pas parce qu'on est marié à quelqu'un qui devient un jour un membre de la royauté, riche et célèbre, qu'on a renoncé à sa quête d'émancipation ! Pour preuve, voici quelques exemples de femmes qui sont devenues des princesses en épousant un homme qu'elles aimaient. Après cela, qu'on vienne encore me dire qu'elles ont perdu leur indépendance !

Grace Kelly

Par Tina Hakim Baba, une experte en littérature romantique de mon lycée et fille d'un célèbre top model et cheik arabe

[avec les commentaires de la Princesse Mia]

Grace Kelly était une superbe star du cinéma des années cinquante qui devint riche et célèbre à juste titre quand elle se rendit dans la petite principauté de Monaco pour y tourner le film *La Main au collet*. Sur place, elle rencontra le Prince de Monaco (Monaco est une principauté comme Genovia, elle est donc gouvernée par un prince ou par une princesse plutôt qu'un roi ou une reine).

Le Prince Rainier III fut instantanément frappé par la beauté et le charme de Grace Kelly et lui proposa de l'épouser. Grace accepta, et ensuite elle ne fit plus qu'un seul film. Demande-toi ce que toi tu ferais ? Si tu trouvais l'homme de tes rêves, continuerais-tu à te démener pour un travail d'actrice, à surveiller constamment ce que tu manges afin de pouvoir rentrer dans les robes super compressées qu'on te fait porter, à manger les sandwichs au thon pas frais du staff, alors que tu pourrais flâner en caftan au bord d'une piscine et manger toutes les Häagen-Dazs que tu souhaites ? Je crois que je connais la réponse.

[Grace Kelly et le Prince Rainier ont eu trois enfants. Tu peux lire leur histoire dans la biographie des Princesses de Monaco, page 258. Il paraît que le troisième, le Prince Albert, est toujours célibataire et cherche toujours sa princesse... Mais je n'ai pas donné son adresse mail à Tina parce qu'il est trop vieux pour elle. Et, en plus, elle en pince déjà pour le Prince William.]

Le conseil de Tina pour faire une bonne princesse :

Comme Grace, porte des vêtements larges, des lunettes noires et un foulard très fin sur tes cheveux la prochaine fois que tu sortiras dans un lieu public. Toutes les personnes que tu croiseras se demanderont qui est cette mystérieuse beauté qui se tient derrière eux chez Blockbuster.

Diana, Princesse de Galles

Lady Diana Spencer était une simple jeune fille timide de dix-neuf ans lorsqu'elle accepta d'épouser le Prince Charles, l'héritier du trône anglais, qui avait vingt ans de plus qu'elle. Mais très vite elle dépassa sa timidité, s'épanouissant à tel point qu'elle devint l'une des plus belles femmes du monde. Elle fut une lanceuse de modes et même une muse pour les stylistes comme Bill Blass et Valentino. Elle devint également porte-parole de causes comme la lutte contre le SIDA ou les mines antipersonnel, dont le but était de désamorcer les charges encore actives dans les contrées dévastées par la guerre comme le Tchad. Diana fut, en réalité, le premier membre de la famille royale anglaise à embrasser en public un malade atteint du HIV.

Lorsque le mariage de Diana et Charles prit fin, ils restèrent malgré tout très proches de leurs fils, les Princes William et Harry, deux des plus beaux spécimens de la gent masculine mondiale. D'ailleurs, s'il y a une justice en ce bas monde, j'épouserai forcément un de ces deux-là !

[J'ai beau répéter en boucle à Tina qu'être une princesse n'est pas aussi fou que ça en a l'air, elle ne veut rien entendre... Je lui ai également fait remarquer que même si elle épousait William elle ne serait jamais reine puisqu'elle

n'a pas la nationalité anglaise et ne sait même pas comment on fait des saucisses cuites au four dans de la pâte à crêpes. Elle dit que ça lui est égal, parce que, quand William sera roi, il pourra changer la loi à son gré et en faire sa reine.

C'est son avis. Et, tout ce que je peux dire, c'est qu'il serait préférable d'avoir une Reine Tina plutôt qu'une Reine Britney. Même si j'adore secrètement Britney et que j'aimerais bien qu'elle soit reine. Ce serait même super cool. Encore plus si elle continue de porter des shorts très très courts à Ascot.]

Le conseil de Mia pour faire une bonne princesse :

Comme Diana, engage-toi pour une cause à laquelle tu crois très fort. Enseigne à tes amis tout ce que tu sais à son propos et fais en sorte d'obtenir leur soutien. Souviens-toi : les petits ruisseaux font les grandes rivières.

(P. S. de Tina : si tu t'investis dans une association dont le thème intéresse les garçons, tu peux en rencontrer un super mignon. Essaie de te joindre à un groupe de fans de comics ou de jeux vidéo par exemple.)

La Reine Noor

Elle naquit sous le nom de Lisa Najeeb Halaby. Elle est devenue membre de la famille royale le jour où elle a épousé le Roi Hussein de Jordanie en 1978. Depuis, bien qu'aujourd'hui son mari soit décédé et qu'elle ne soit plus la reine officielle, Noor a travaillé d'arrache-pied pour faire évoluer l'enseignement, le bien-être des femmes et des enfants, les droits de l'homme, la protection de l'environnement et du patrimoine, et l'urbanisation. Et pas seulement en Jordanie, elle a également travaillé avec les Nations unies. La Reine Noor fit aussi son possible pour faire disparaître ces « crimes d'honneur » qui existent dans son pays, où des pères et des frères tuent leur fille ou leur sœur juste parce qu'elles ont « déshonoré » leur famille par un acte qui, ici, aux États-Unis, ne nous ferait même pas sourciller, comme aller au cinéma avec un garçon. La Reine Noor est vraiment mon modèle, et lorsque je serai adulte je voudrai lui ressembler.

Être comme elle, mais avec les cheveux de Shakira.

[De plus, la reine Noor essayait de faire tout ça tout en restant aussi belle qu'un top model. Je ne veux pas dire que l'apparence soit une chose si importante... Mais quand même, ça aide à servir une cause lorsqu'on est en couverture de *Harper's Bazaar* ou de *People*.]

Le conseil de Mia pour faire une bonne princesse :

Comme Noor, tu n'es pas obligée de porter des Rangers ni d'avoir plein de piercings sur le visage pour montrer que tu milites pour la contre-culture. Il est encore plus subversif d'essayer d'être aussi poli et professionnel que possible, et au moment où les gens sont bercés par un faux sentiment de complaisance, de leur parler de ton plan de sensibilisation à la condition des tortues de mer.

Cendrillon

Tout le monde connaît l'histoire de Cendrillon, cette pauvre « fille des cendres » qui fut forcée par sa diabolique belle-mère à nettoyer le foyer de la cheminée pendant que les autres se rendaient à un bal… Mais Cendrillon fut vengée grâce à l'apparition de sa marraine la fée qui la para de pantoufles de verre (ce ne sont certes pas les chaussures les plus confortables, mais elles sont très jolies !) et transforma une citrouille en carrosse. Puis Cendrillon se rendit au bal dans ses pantoufles de verre et dans son véhicule végétal. Elle conquit le cœur du prince, qu'elle épousa à la fin, après qu'il eut battu la campagne à sa recherche (pour lui rendre une chaussure qu'elle avait perdue) !

Il faudrait être fou pour penser que son travail de nettoyeuse de cheminée lui a manqué ! Évidemment, elle se plut beaucoup à vivre au château et je parie n'importe quoi qu'elle et le prince ont fait un roi et une reine très aimés. Si ça, ce n'est pas une fin heureuse, je ne sais pas ce que c'est !

[Dans la version de Disney de cette histoire, des souris et des oiseaux aident Cendrillon à s'habiller pour aller au bal, et à la fin elle pardonne à sa belle-mère et à ses demi-sœurs tout le mal qu'elles lui ont fait.

Dans la version originale des Frères Grimm, cependant, les oiseaux finissent par crever les yeux de ces méchantes femmes. Ne serait-il pas GÉNIAL que ce détail apparaisse dans la version de Disney ? Ce n'est pas que je supporte la vue du sang... même dans les dessins animés. Néanmoins, ça aurait été marrant de voir cette séquence pendant le générique de fin.]

Le conseil de Tina pour faire une bonne princesse :

Comme Cendrillon, toi aussi tu peux être la belle du bal ! Au lieu de faire ton shopping à la boutique du coin, pour acheter la robe de ton bal de fin d'année, essaie un magasin de fringues vintage, ou bien la friperie de ton quartier. Non seulement tu pourras y trouver de bonnes affaires mais en plus tu seras sûre que personne ne portera exactement la même robe que toi ! Tu seras vraiment originale.

La Belle de « La Belle et la Bête »

Belle n'est pas issue d'une famille royale. Cette jeune femme, indéniablement attirante, propose au monstre hideux qui détient son père emprisonné dans un château, d'échanger sa vie contre celle de son paternel. En récompense de son acte, le monstre lui laisse la vie sauve. Belle finit par se plaire dans ce magnifique palais, avec toutes ces somptueuses robes et ces beaux livres d'amour qu'elle peut lire chaque jour. Mais aussi cette vaisselle magique qui lui apporte quotidiennement son repas ! Elle n'a plus besoin de se lever pour quoi que ce soit, enfin sauf lorsque la Bête lui demande de danser avec elle, ce qu'elle fait souvent. Tout est pour le mieux, jusqu'au jour où Belle rêve que son père a des problèmes et rentre chez elle pour l'aider. La pauvre Bête se meurt d'ennui sans elle. De plus, un groupe de villageois se rend chez lui pour le tuer (dans la version de Disney).

Heureusement, Belle retourne au château enchanté, avoue son amour à la Bête, l'embrasse, et ainsi rompt le charme : à la place de la Bête, elle tient dans ses bras un superbe prince*. Comme vous le savez, ils furent heureux ensemble le restant de leur vie, car ils savaient tous deux ce que c'était que de manquer de perdre la personne à laquelle on tient le plus**.

[* Moi, je trouve que c'est la partie la moins bonne du conte. Pourquoi la Bête ne pouvait-elle pas rester la Bête ? C'est si décevant lorsqu'elle se transforme en prince ; qui voudrait d'un baratineur quand on peut avoir une grosse Bête poilue ? C'est comme de choisir Cyclope au lieu de Wolverine. Quelle personne sensée ferait ça si ce n'est Jean Grey ? Moi, je trouve que la Belle se fait rouler dans la farine...

** Malgré la déception que je ressens vis-à-vis du dénouement, je pense que c'est le plus beau conte de tous les temps. Lilly dit qu'il est inspiré du vieux mythe romain d'Amour et Psyché, ou du mythe grec de Perséphone et Hadès, et qu'il y a une symbolique

SEXUELLE là-dessous. Ça crève les yeux ! La Bête est SI SEXY – particulièrement quand elle donne des ordres à Belle et que celle-ci lui obéit, folle comme elle est !]

Le conseil de Mia pour faire une bonne princesse :

Comme Belle, donne des conseils vestimentaires à ce mec horrible qui est dans ton cours de bio, qui rentre son sweat dans son pantalon et s'habille comme un garçon de café… car il se peut que, le jour où il mettra son sweat à l'extérieur, il devienne soudain un parfait petit ami ! Alors, comme dirait Mme Potts : il aurait soudain ce petit quelque chose qu'il n'avait pas avant.

Clarisse, Princesse douairière de Genovia

Clarisse Renaldo, née Grimaldi, était une simple jeune fille cultivée et sans souci, ayant étudié dans les meilleures écoles européennes, vêtue des créations de stylistes les plus en vue de l'époque, comme Givenchy et Dior, lorsqu'elle attira l'attention du beau prince de Genovia, lors d'un bal donné en l'honneur de celui-ci. Immédiatement sous son charme, le prince poursuivit Clarisse avec acharnement, mais celle-ci ne voulut rien savoir. Elle avait de grandes ambitions personnelles qui n'avaient rien à voir avec le mariage et la maternité. Bien qu'elle ne l'ait jamais avoué à ses beaux-parents, Clarisse voulait faire carrière... sur scène ! Depuis Sarah Bernhardt, le monde n'avait pas connu d'actrice comme Clarisse... et puis elle avait été soutenue par tous ses camarades de classe, après avoir joué le rôle (principal) de Yum-Yum dans la représentation à son école de *The Mikado*.

C'est seulement lorsque la mère de Clarisse lui fit remarquer que, pour devenir une grande actrice, elle devrait partir en Amérique, et plus particulièrement à Hollywood, que la future princesse se rendit compte que son rêve était irréalisable... Elle aurait adoré vivre à Paris ou à New York, mais rien ne lui disait moins que Los Angeles. Alors, elle accepta la proposition en

mariage du jeune prince et devint la princesse la plus belle et la plus charismatique que Genovia ait jamais eue.

[Je n'arrive pas à croire que Grand-Mère se soit engagée sur cette voie… Et qu'elle ait convaincu Tina qu'elle avait voulu être une actrice ! Elle m'avait dit, à moi, qu'elle voulait être chirurgienne spécialisée dans le cerveau…]

Le conseil de Tina pour faire une bonne princesse :

Comme Clarisse, rends-toi au refuge pour animaux le plus proche et adopte un petit chien abandonné. Emmène-le partout où les chiens sont acceptés. Et là où ils ne le sont pas, prends-le quand même mais en le dissimulant dans un grand sac chic.

Composition & Mise en page MCP – 45774 Saran

Imprimé en France par HÉRISSEY - 27000 Évreux
Dépôt légal imprimeur : 102691 - éditeur n° 75202.
20.16.1199-7/01 - ISBN : 2.01.201199.3

Loi n° 49-956 du 16 juillet 1949 sur les publications destinées à la jeunesse
Dépôt légal : septembre 2006